STARTER

STARTER
Vehbi Koç Vakfı Çağdaş Sanat Koleksiyonu'ndan İşler
Works from the Vehbi Koç Foundation Contemporary Art Collection

ISBN 978-975-6959-36-7

Editör | Editor
İlkay Baliç

Metinler | Texts
Tankut Raşit Aykut, İlkay Baliç, René Block, Julia Boeck, Caroline Dabel, Birgit Eusterschulte, Ulrike Gerhardt, Katharina Groth, Isabella Hammer, Barbara Heinrich, Kerstin Kemner, Tomoko Mamine, Friedrich Meschede, Serdar Öcal, Simone Schweers, Rita Somosi, Dr. Necmi Sönmez, Azra Tüzünoğlu, WHW

Almancadan Türkçeye Çeviri | Translation from German to Turkish **g yayın grubu**
Almancadan İngilizceye Çeviri | Translation from German to English **Andrea Lerner**
Türkçeden İngilizceye Çeviri | Translation from Turkish to English **g yayın grubu**
İngilizceden Türkçeye Çeviri | Translation from English to Turkish **g yayın grubu**

Türkçe Düzelti | Turkish Proofreading **Emre Ayvaz**
İngilizce Düzelti | English Proofreading **Ziya Dikbaş**

Tasarım | Design **Esen Karol**

Starter Yazı Tasarımı | Starter Letterform Design **Tony Di Spigna**

Starter Enstalasyon Fotoğrafları | Starter Installation Photographs
Murat Germen

Baskı ve Cilt | Printing and Binding
Ofset Yapımevi
Şair Sokak No: 4 Çağlayan Mahallesi Kağıthane 34410 İstanbul, TR
T: + 90 212 295 86 01

ARTER
sanat için alan | space for art
İstiklal Caddesi No: 211
34433 Beyoğlu, İstanbul, TR
T: + 90 212 243 37 67
F: + 90 212 292 07 90
E: info@arter.org.tr
www.arter.org.tr

Bu katalog Arter'in ilk sergisi "Starter"a eşlik etmektedir.
This catalogue accompanies "Starter", the inaugural exhibition of Arter.

STARTER
Vehbi Koç Vakfı Çağdaş Sanat Koleksiyonu'ndan İşler
Works from the Vehbi Koç Foundation Contemporary Art Collection
May 8 Mayıs – September 19 Eylül 2010
Küratör | Curator **René Block**

Teşekkürler | Acknowledgements

Mehmet Hakan Baltacı,
Seven Sanat Galerisi

Feyza Bayrakçıoğlu,
İstanbul Culinary Institute

Hülya Bilgi, Yeşim Ecevit, Lale Görünür;
Sadberk Hanım Müzesi

Coşkun Bozca, İbrahim Güngörmez,
Nazan Karaçelik, Kurtuluş Sakız;
Koç Özel İlköğretim Okulu ve
Lisesi İktisadi İşletmesi

Selçuk Bilgin, Nurcan Çakıllık Talay,
Ebru Kılıç, Ahmet Özdirek,
Çağla Peynircioğlu, Bülent Tan;
Vehbi Koç Vakfı

Pınar Gözeri, Mavi Jeans

Recep Gürgen,
Emsaş Saat Tamir Atölyesi

Mine Haydaroğlu, Yapı Kredi Yayınları

Gerrit Lichtenberg, Ediz Özeti;
Bergen Fine Art Logistics

Barış Öktem

Sergikur

Şahinler Yapı

Total Aydınlatma

Yapı Kredi Kültür Sanat Yayıncılık

ARTER,
AYGAZ A.Ş. ve ARÇELİK A.Ş.'ye
değerli destekleri için teşekkür eder.

ARTER would like to thank
AYGAZ A.Ş. and ARÇELİK A.Ş.
for their kind support.

VEHBİ KOÇ VAKFI
ÇAĞDAŞ SANAT
KOLEKSİYONU'NDAN
İŞLER

WORKS FROM THE
VEHBİ KOÇ
FOUNDATION
CONTEMPORARY ART
COLLECTION

KÜRATÖR | CURATOR
RENÉ BLOCK

Starter

ARTER

2007 senesinden itibaren çağdaş sanat alanındaki faaliyetlerini yoğunlaştırmaya başlayan Koç Topluluğu, gerek Uluslararası İstanbul Bienali'nin ana sponsoru olarak, gerekse Vehbi Koç Vakfı üzerinden çeşitli projelere sağladığı desteklerle bu alanda önemli bir öncülük görevi üstlenmiş bulunmaktadır. Vehbi Koç Vakfı tarafından İstanbul'a kazandırılan "ARTER - sanat için alan" projesinin bu süreç içinde önemli bir evre oluşturduğunu düşünüyor ve çağdaş sanat alanında destek ve girişimlerimizin süreceğinin işareti olarak görülmesini diliyorum.

ARTER'i kurgularken yeni sanatsal üretimlere destek vermeyi ve bunlara görünürlük kazandıracak bir alan yaratmayı misyonumuz olarak belirledik. Vehbi Koç Vakfı Koleksiyonu'na kazandırılan yapıtların yanısıra özel koleksiyon ve arşivlerimizdeki eserleri süreli sergiler yoluyla sanatseverlerle buluşturmak da hedeflerimiz arasında.

Üç yılı aşkın bir süredir üzerinde çalıştığımız Vehbi Koç Vakfı Çağdaş Şanat Koleksiyonu ve ARTER projesi özellikle sanat çevrelerinde ARTER'in bir müze olarak kurgulandığı algılamasına yol açtı; oysa ARTER bir müze değil ve bu binanın ileride bir müzeye dönüştürülmesi de planlanmıyor. Yine de ARTER, gerçekleştireceği sergi ve etkinliklerle, Vehbi Koç Vakfı'nın ileride kurmayı hedeflediği müze kompleksi için bir hazırlık, araştırma ve laboratuvar ortamı da sağlamış olacak. Bu süreçten hepimizin çok şey öğreneceğini düşünüyorum.

Vehbi Koç Vakfı, 2007 yılından bu yana özellikle Türkiye'ye ve yakın coğrafyamıza odaklanan, günümüz sanatının belleğini gelecek kuşaklara aktarmayı amaçlayan bir çağdaş sanat koleksiyonu oluşturmaktadır. Bu koleksiyonun korunacağı ve sergileneceği kurumsal çatı planlamakta olduğumuz çağdaş sanat müzemiz idiyse de, ARTER'in ilk sergisinin koleksiyonumuzdan seçilen eserlerle oluşturulmasının anlamlı olacağını düşündük. Bu vesileyle "Starter" sergisinin küratörlüğünü üstlenen René Block'a özellikle teşekkür ederim.

ARTER'in projelendirilmesine ve hayata geçirilmesine destek veren Vehbi Koç Vakfı Yönetim Kurulu Başkanı Semahat Arsel'e, VKV Genel Müdürü Erdal Yıldırım'a, VKV Kültür Sanat Danışmanı ve ARTER Yürütme Kurulu üyesi Melih Fereli'ye, binanın restorasyonunu ve bir sergileme alanına dönüştürülmesini gerçekleştiren VKV Projeler ve İnşaat Koordinatörü Yüksek Mimar Fahrettin Ayanlar'a, çalışmalarımızın her aşamasını değerli görüşleriyle destekleyip eşgüdümü sağlayan ARTER Genel Koordinatörü Bahattin Öztuncay'a, ARTER projesinin ve açılış sergisi "Starter"ın hayata geçirilmesinde emeği geçen Sergiler Direktörü Emre Baykal'a ve tüm ekibimize teşekkürlerimi sunarım.

Ömer M. Koç

FOREWORD

The Koç Group has intensified its activities in contemporary art since 2007, and both as the main sponsor of the International İstanbul Biennial and through the support it has given to various other projects via the Vehbi Koç Foundation, it has become one of the major pioneers in the field. I believe that "ARTER - space for art," the Vehbi Koç Foundation's new project for Istanbul, will mark an important phase as part of these developments; and is a clear sign that our support for and efforts in the field of contemporary art are going to continue.

In creating ARTER, our aim was to support the production of new works of art and to establish a space that will offer them visibility. We also intend to organise regular exhibitions that will make available to those interested in contemporary art the works in the Vehbi Koç Foundation Collection, along with those in private collections and archives.

It has been over three years now since we started working on the Vehbi Koç Foundation Contemporary Art Collection and the ARTER project, leading artistic circles to believe ARTER was being conceived as a museum; ARTER, however, is not a museum; neither do we have any plans to convert the building into a museum in the future. Nonetheless, through its exhibitions and activities, ARTER will provide a platform for the required preparation, exploration and testing work towards the actualisation of the museum complex the Vehbi Koç Foundation envisions.

The Vehbi Koç Foundation has been assembling a contemporary art collection that expressly focuses on Turkey and the neighbouring geography, with the aim of transmitting the artistic memory of our times to future generations. Even though the planned contemporary art museum is to be the institutional body entrusted with housing and exhibiting our collection, it seemed a meaningful choice to select works from it for ARTER's first exhibition. I would like to take this opportunity to extend my special thanks to René Block, who curated the "Starter" exhibition.

I would also like to thank Semahat Arsel, Chairman of the Vehbi Koç Foundation's Executive Board, who supported ARTER during both the planning and implementation stages; Erdal Yıldırım, president of the VKF; Melih Fereli, the Culture and Arts Advisor of the VKF, and executive board member of ARTER; Fahrettin Ayanlar, Coordinator of Projects and Construction at the VKF, and the master architect responsible for the restoration of the building and its conversion into an exhibition space; Bahattin Öztuncay, General Coordinator of ARTER, who provided valuable feedback at every stage of our work and coordinated our efforts; Emre Baykal, Exhibitions Director; and all the members of our team, who contributed to the realisation of ARTER and the opening exhibition "Starter".

Ömer M. Koç

KLAVIERDUETT

Kunst
play a tune on the piano

Music
withOut
horiZon
soundscApe
that neveRs
sTops

EVERYTHING YOU
HEARD ABOUT
TURKISH MEN
IS TRUE
YANGIN

YARD

YARD

... ama bu daha sadece başlangıç!

Martin Glaser *ve* **René Block**, *15 Mart 2010 tarihinde İstanbul'da, "Starter" sergisinin kurulumu sırasında sohbet ediyorlar.*

MG İstanbul bu sene "Avrupa Kültür Başkenti" unvanına layık görüldü, Almanya'nın Essen ve Macaristan'ın Pécs kentleri ile birlikte. Birkaç hafta önce Essen'deki bir müze (Museum Folkwang) David Chipperfield tarafından yeniden tasarlanıp genişletildi. İstanbul'da ise Vehbi Koç Vakfı'nın planladığı ve vakfın çağdaş sanat koleksiyonunu da barındıracak bir müze projesine yönelik hazırlıklar halen sürüyor. Bu arada, Arter'le, şehrin merkezinde yeni bir sergi mekânı yaratıldı. Sen de açılış sergisini organize etmek için davet edildin ve serginin adını "Starter" koydun. Burada başlayan, "start alan", tam olarak nedir?

RB Bu açılış sergisi, Vehbi Koç Vakfı'nın planladığı müze için bir araya getirmekte olduğumuz koleksiyona ilk kez göz atma fırsatı sunuyor.

MG Genç bir koleksiyon?

RB Bu fikir üç yıl önce gelişti ve o zamandan beri sanat eserleri toplanıyor. Vakıf koleksiyonlarının ilginç bir konumu var; kamu kurumu da değiller, özel koleksiyon da; bu iki ucun arasında bir yerde duruyorlar. Biz bir koleksiyon fikrine dolaysız bir yaklaşımı, belki de pek çok iyi eğitimli özel koleksiyonerinkinden daha dolaysız bir yaklaşımı benimsemeye karar verdik. Henüz kariyerinin başındaki sanatçıları da koleksiyonumuza katıyoruz. Bu da bizim sadece müzayede evleri, fuarlar ve galeriler üzerinden değil, aynı zamanda doğrudan atölyelerden de yapıt aldığımıza işaret ediyor.

MG Başka bir deyişle: Kimi yapıtlarla söylemsel süreci, yani kurumsallaşma sürecini devreden çıkarmış oluyorsunuz.

RB Biz, koleksiyon oluşturmayı, sanat yapıtının müzeye girişinden, kurumsallaşmasından ve akademik olarak

... but this is only just for starters!

René Block *in conversation with* **Martin Glaser** *in Istanbul on March 15, 2010, during the preparations for the exhibition "Starter".*

MG This year, Istanbul has been awarded the distinguished title of "European Capital of Culture", along with Essen in Germany and Pécs in Hungary. A few weeks ago in Essen, an existing museum (Museum Folkwang) was redesigned and expanded by David Chipperfield. In Istanbul, there is an ongoing process concerning Vehbi Koç Foundation's planned museum complex including a signature building housing the Vehbi Koç Foundation Contemporary Art Collection. Meanwhile, with Arter, a new exhibition venue has been created in the centre of the city. You were invited to organise the inaugural exhibition and named it, simply, "Starter". What exactly is starting here?

RB This opening show offers a first glimpse into the Vehbi Koç Foundation Collection, which is being assembled for the planned museum.

MG A new collection?

RB The concept was developed three years ago, and we have been acquiring works of art since. A foundation collection enjoys an interesting position. It's neither a public institution nor a private collection, but situated somewhere between those two poles. We decided to approach the idea of acquiring a collection very directly, perhaps more so than a private collector with a cultivated background would have considered doing. We're also collecting works of artists who are emerging, or not yet established. This means that our holdings are frequently acquired directly from the artists' studios, not just via auction houses, art fairs and galleries.

MG In other words: with some of the works, you're bypassing the whole process of discourse or, as the case may be, the process of institutionalisation.

tanımlanmasından önce gelen bir süreç olarak görüyoruz. Bunun da ötesinde, bir çağdaş sanat koleksiyonu oluşturmayı başlı başına bir laboratuvar süreci olarak görüyorum. Geçmişi güvenceye almak yerine, geleceğe hizmet ediyoruz. Bu benim Fluxus akımıyla olan yakınlığımdan ileri gelen "Akışkan Müze" (*flowing museum*) tasavvurumla, yani sahip olduğu biçimleri devamlı değiştiren, bazılarını kaybedip bazılarını kazanan, ancak asla bir nihayete ermeyen türden bir müze tahayyülümle de örtüşüyor.

MG Buna karşın bir müzenin esas ve ayırt edici alameti sürekliliğidir. Koleksiyon yapmak bir müzenin varoluş koşuludur. Bugün ise, bilindiği gibi, koleksiyon oluşturmanın çeşitli üslupları var. Malum, kamusal koleksiyonlar yöneticilerine kendi sanatsal tercihlerinin peşinden gitme özgürlüğü tanımıyor. Öte yandan özel koleksiyonerler belli bir tarz ya da belli sanatçılar üzerine odaklanabilir, yalnızca sanat eserleri satın almak suretiyle kendilerini sanatsal meselelerin uzmanları olarak farklılaştırabilirler. Başkalarını yapıtların değerine ikna etmek için argümanlara ya da teorilere ihtiyaçları yoktur.

RB Bir müze yöneticisi, yüz yıllık geçmişe sahip bir koleksiyonu devralmak ve bu nedenle belirli bir geleneğe eklemlenmek durumunda kalabiliyor. Vehbi Koç Vakfı ise koleksiyonculuğa sıfırdan başladı. Bir koleksiyon meydana getirmek, yaratıcılık meselesidir. Koleksiyon yapmak, eserleri birer birer toplayarak yaratıcı bir kozmos tasarlamaya imkân tanır. Koleksiyon bütün dünyayı kapsayabilecek görsel köprüler de kurar. Büyük köprülerin inşasının ne kadar uzun sürdüğünü sen de bilirsin. Ancak koleksiyonun oluşturulmasıyla Vakıf bir kültürel aktör olarak konumunu belirginleştirmiştir. Çağdaş sanat gibi, henüz kültürel hafızaya kazınmamış şeyler koleksiyona dahil edildiğinde, bu aynı zamanda "şimdi"nin, yani günümüz kültürünün, gelecek nesillere aktarımı anlamına gelir.

MG Ben tekrar 87 sanatçının 160'ın üzerinde yapıtını içeren "Starter" sergisine değinmek istiyorum. Bu başlangıç sunumunu gerçekleştirirken hangi küratöryel ölçütlere göre hareket ettin?

RB Koleksiyon şu anda aşağı yukarı 100 sanatçıdan 400 kadar yapıtı içeriyor. Daha önce de belirttiğim gibi, kavramsal çerçevemizin bir bölümünü doğrudan yapıtlara odaklanma tercihimiz, yani spontane bir yaklaşım teşkil ediyor. Yine de benim takip ettiğim belli başlı izlekler mevcut. Ne var ki, bu seçkiyi oluştururken, bu sergi ile birlikte yeni bir sergi

RB We see collecting as a process that takes place before art moves into the museum; before it becomes institutionalised and academically defined. Beyond that, I see collecting contemporary art as a laboratory. Rather than working to secure the past, we serve the future, which corresponds to my notion—probably coming from my involvement with the Fluxus art movement—of a "flowing museum" that constantly changes its forms; losing some, gaining others, but endlessly eluding completion.

MG ... and yet a foremost and characteristic feature of a museum is none other than its permanence. Collecting is a prerequisite for the museum. Now, there are obviously very different kinds of collecting. It's clear that public collections do not give their directors the freedom to pursue unhindered their personal artistic preferences. Private collectors, on the other hand, can focus on a specific style or a few select artists. They can distinguish themselves as experts on artistic questions solely on the basis that they buy artworks. They do not need to resort to any arguments or theories in order to convince others of the works' value.

RB A museum director is faced with a collection that may already be hundreds of years old; he has to restrict his focus on a specific tradition. The Vehbi Koç Foundation is starting from ground zero. Building a collection has the nature of creation. Collecting allows a creatively formed new cosmos to take shape piece by piece. The collection builds visual bridges with the rest of the world as well. You know how long it can take to build great bridges. But from the outset, by building the collection, the Foundation is reaffirming its role as a cultural player. When things not yet anchored in cultural memory become part of the collection, like contemporary art for instance, this is simultaneously a transfer of "the present", of contemporary culture, to future generations.

MG I'd like to return, this time to discuss it in more definite terms, to the exhibition "Starter", which features more than 160 works by 87 artists. What curatorial criteria guided your approach in forming this initial presentation?

RB Well, actually the entire collection probably contains about 400 works by more than 100 artists at this point. I already mentioned that part of the concept entails a direct approach to the works, which also means spontaneity. Nevertheless there are certain leitmotifs I work with. But in putting together this selection, I started with the building that is being inaugurated as an exhibition house with this show. It's mekânı olarak açılışı yapılacak olan binanın verilerinden de yola çıktım. Bu, İstanbul'un başlıca alışveriş caddelerinden birinde bulunan ve 1910'lara tarihlenen eski bir bina. Binada, ideal durumdan biraz daha dar boyutlarda dört sergi katı yer alıyor. Binanın dış cephesini oluşturan duvarlarda çok sayıda pencere ve kolon yer alıyor ve katlar birbirine hoş bir döner merdivenle bağlanıyor. Şunu da ifade etmek gerekir ki, koleksiyona alınanlar —ister resim, ister heykel, ister enstalasyon olsun— çoğunlukla büyük boy eserlerden oluşuyor. Türk sanatçılardan alınan büyük boy eserlerin de bu güzel sergi mekânında —en azından bir grup sergisi kapsamında— barındırılmaya müsait olmadıklarını belirteyim. Pratik bir örnek: Nezaket Ekici'nin bir performans sırasında oluşturduğu ve geleneksel Türk evlilik ritüellerini konu ederek toplumsal bir eleştiriyi de ifade ettiği, dolayısıyla bu serginin merkezi önemdeki yapıtlarından biri olacağı düşünülmüş olan "Lifting a Secret" ("Bir Sırrı Açığa Çıkarmak") isimli çalışması, merdiven sahanlığından geçemeyecek kadar genişti, bu nedenle sergide yer alamadı. Füsun Onur, Ayşe Erkmen, Ali Kazma, Cengiz Çekil, Hale Tenger, Nasan Tur, Sarkis ya da Esra Ersen'in çalışmaları için de benzer durumlar söz konusu oldu. Kimi diğer Türk sanatçıları ise koleksiyonda daha kapsamlı şekilde yer alsalar da, tek tek eserleri sergiye dahil edilebildi. Planlanan müze projesinin gerçekleştirilmesi için zamana ihtiyaç olduğundan eminim. Dolayısıyla, bu sergiyi oluştururken koleksiyonun karakterini yansıtmayı gözetmekle birlikte, daha ziyade küçük formatlara yoğunlaştık.

MG İsimleri duydukça, bu sanatçıların en azından bir kısmının Yapı Kredi Yayınları tarafından yayımlanan monografi dizisindeki sanatçılar olduğunu görüyoruz.

RB Bu kesinlikle doğru. Koleksiyonun uzun vadeli hedefi elbette çağdaş Türk sanatının kapsamlı bir resmini de oluşturmak. Tabii bunun için bir yerden başlamak ve çeşitli ağırlık noktaları tayin etmek gerekiyor. Buralardan başlayarak elbette yeni çemberler meydana gelecek, tıpkı suya bir taş attığınızda olduğu gibi. Biz tam da bunu yaptık. Starter'ın açılışı ile birlikte bu taş suya düşecek ve ilk halkaları oluşturacak. Başlangıç için oldukça güçlü halkalar bunlar.

MG Bu koleksiyon Vehbi Koç Vakfı'nın Türk sanatına yönelik kapsamlı girişiminin bir parçası. Burada monografilerin yanı sıra Berlin'deki TANAS'ı da anmak gerekiyor, TANAS'ın kuruluş amacı...

RB ...Türkiyeli sanatçılar için özel ve yeni bir platform oluşturmaktı. Genellikle yurtdışında olan bitenler, yurtiçinde

Nezaket Ekici
Bir Sırrı Açığa Çıkarmak | Lifting a Secret
2007
Performans Enstalasyonu | Performance Installation
Müdahale, Performans / Rölik | Intervention, Performance / Relic
Galerie Luciano Fasciati, Chur Schweiz, 03.11–01.12.2007
Fotoğraf | Photo © Luciano & Marlen Fasciati

Nezaket Ekici
Bir Sırrı Açığa Çıkarmak | Lifting a Secret
2008
4 ahşap tablo, kahve, vazelin | 4 wood tableaus with coffee and vaseline
4 × (207 × 300) cm
Enstalasyon görüntüsü: Solo sergi "Nesnelerin Hafızaları"
Installation view: Solo exhibition, "Memories of Objects"
DNA Galerie Berlin, 27.06–09.07.2008
Fotoğraf | Photo © Nezaket Ekici

Esra Ersen
Türküm, Doğruyum, Çalışkanım | I Am Turkish, I Am Honest, I Am Diligent...
2005
Video enstalasyonu, 21 Türk okul üniforması, DVD pal, mini DV, ses
Video installation, 21 Turkish school uniforms, DVD pal, mini DV, sound
45'10"
Fotoğraf | Photo © O. Saxinger, Graz

Sarkis
Pilav ve Tartışma Yeri | Rice and Discussion Place
1995
Ahşap sıra, plastik bardak, kaşık ve tabak, su şişesi, çöp tenekesi, peçete, 19. yüzyıl Osmanlı kazanı, nohutlu pilav, avize, neon yazılar
Wood bench, plastic glasses, spoons and plates, water bottle, garbage can, napkin, 19th century Ottoman cauldron, rice & chickpeas, chandelier, neon text
Enstalasyon görüntüsü: Antrepo I, 4. Uluslararası İstanbul Bienali, Küratör: René Block
Installation view: Antrepo I, 4th International İstanbul Biennial, Curated by René Block

an historic building dating back to the 1910s situated on one of Istanbul's main shopping streets. There are four exhibition floors available, which are narrower than ideal. The outside walls are punctuated by a series of windows and pillars, and a beautiful spiral staircase connects the floors. Now it should be said that most of the collection's acquisitions have been works in large formats, whether in reference to paintings, sculptures or installations. In particular, large-scale works by Turkish artists have been acquired that simply can't be accommodated in this handsome Arter exhibition space—at least not as part of a group exhibition. To give a practical example: the work "Lifting a Secret" by Nezaket Ekici—which grew from a performance in which the artist disclosed customary Turkish marriage rituals and which, with its socially critical stance, was to be one of the show's central works—was simply too large to be taken up the staircase and therefore, we decided to do without this piece. Among others affected are groups of works by Füsun Onur, Ayşe Erkmen, Ali Kazma, Cengiz Çekil, Hale Tenger, Nasan Tur, Sarkis and Esra Ersen. In the case of other Turkish artists, only individual pieces, part of a more comprehensive range of works, are being shown. I'm sure that it is going to take quite some time for the planned museum to be built. So in putting together the show, we've concentrated on the smaller sizes, while still trying to convey the character of the collection.

MG Hearing those names, it strikes me that they correspond at least in part to the artists in the series of monographs being released by Yapı Kredi Publications.

RB That's absolutely right. Naturally the collection's long-term aim is to present a comprehensive picture of contemporary Turkish art. But you have to start somewhere and establish some core areas of emphasis wherever possible. Additional ones will develop quite naturally from there. It's as if you throw a stone into the water. And that's exactly what we have done. The opening of Starter is the splash and at the moment we're seeing the first ripples emanate—and just for starters, they're vibrant indeed.

MG The collection is part of the Vehbi Koç Foundation's broader engagement with Turkish art. Along with the monographs, TANAS in Berlin can be mentioned here, which was established...

RB ... in order to provide a separate and new type of platform as part of our commitment to Turkish artists. Often, things that happen abroad subsequently get more focused at-daha yoğun bir algının oluşmasına yol açabiliyor. TANAS'ın iki hedefi var. Birincisi monografik sergiler oluşturmak. Yapı Kredi Kâzım Taşkent Sanat Galerisi'nde "İstiklâl Serüveni - Adventure İstiklâl" (2007–2010) adı altında başlattığımız, İstanbul için oldukça sıradışı olduğu söylenebilecek sergiler dizisinde izlediğimiz prensibi TANAS'ta da takip ediyor ve sanatçıları yeni projeler geliştirmek üzere davet ediyoruz. Prensibimiz sanatçılara büyük çaplı çalışmalar gerçekleştirmelerini sağlayacak bir bütçe sunmak. Bence ilginç olan, bu sayede ortaya çıkan kimi işlerin koleksiyona dahil edilerek nihayetinde bir araya geliyor olmaları. Bu sebeple "İstiklâl Serüveni" gibi diğer çalışma süreçlerine refakat etmek bu koleksiyonun bir çeşit sorumluluğu oluyor. Yapı Kredi Kâzım Taşkent Sanat Galerisi, Mayıs ayında Esra Ersen'in ve Eylül'de Sarkis'in yapıtlarını sergileyecek. Ali Kazma da bu galeride kısa bir süre önce, koleksiyonumuza da ait olan "Obstructions" ("Engellemeler") isimli video dizisini gösterdi. Bu diziden sekiz video ise Berlin'deki TANAS'ta büyük ölçekli enstalasyonlar biçiminde sergilendi.

MG Yapı Kredi Yayınları'nın çağdaş Türk sanatçıları hakkındaki on bir monografiden oluşan kitap dizisi de "İstiklâl Serüveni" sergileriyle yakından ilişkili. Şu ana kadar dokuz monografi yayımlandı. Bu kitaplar şimdiden koleksiyon nesnesi olarak görülüyor.

RB Bu dizi küçük bir baskı koleksiyonunun yapı taşı olarak da düşünüldü. Dizide yer alan her sanatçı, kendi monografisi için özel bir iş hazırladı. Bu işler, kitaplara eşlik etmekle birlikte aynı zamanda birer özgün baskı. Monografileri satın alan biri, sanatçının bir baskısına da sahip oluyor denebilir. Kitapların fiyatları da oldukça düşük olduğundan, henüz öğrenimlerine devam eden genç meraklılar da böylelikle küçük bir koleksiyon oluşturmaya başlayabiliyorlar. Söz konusu sanatçıların şahsi imzalarını taşıyan 150'şer kitap da, biraz daha yüksek, ama yine de pahalı olmayan fiyatlarla satışa sunuldu. Bana kalırsa bunlar, müzelerin özgün baskı koleksiyonlarında bulunması "zorunlu" parçalar.
Ancak tekrar TANAS'a geri dönmek istiyorum. Konseptimizin ikinci bir izleği de Türkiyeli küratörleri ilgilendiriyor. Türkiyeli küratörler bir süreliğine proje mekânının ve yerel sanat ortamının havasını solumak için Berlin'de yaşama fırsatı bulacaklar ve Berlin'deki deneyimlerinin ardından, herhangi bir ulusal çerçeve kısıtlaması olmaksızın, kendi projelerini geliştirebilecekler. Burada da bu koleksiyonla bir bağlantı görüyorum. Koleksiyon oluşturma sürecinin, aynı zamanda bu kadar farklı çalışma süreçlerini de tetiklemiş olması gerçekten dikkate değer bir şey.

Cengiz Çekil
Saat Kaç? | What Time Is It?
"İstiklâl Serüveni" sergi dizisi kapsamındaki "Saat Kaç?" sergisinden enstalasyon görüntüsü
Installation view from the exhibition "What Time Is It?" within the scope of the exhibition series "Adventure İstiklâl"
Küratör | Curator René Block
Danışman | Consultant Melih Fereli
Yapı Kredi Kâzım Taşkent Sanat Galerisi | Yapı Kredi Kâzım Taşkent Art Gallery
18.12.2008–31.01.2009

Füsun Onur
Erratum Musicale
"İstiklâl Serüveni" sergi dizisi kapsamındaki "Erratum Musicale" sergisinden enstalasyon görüntüsü
Installation view from the exhibition "Erratum Musicale" within the scope of the exhibition series "Adventure İstiklâl"
Küratör | Curator René Block
Danışman | Consultant Melih Fereli
Yapı Kredi Kâzım Taşkent Sanat Galerisi | Yapı Kredi Kâzım Taşkent Art Gallery
07.09–06.11.2007

tention in one's own country. TANAS pursues two aims. One is to realise monographic shows. As a rule, artists are invited to develop new projects, whereby we're continuing a principle that was established with the "Adventure İstiklâl" series (2007–2010) at the Yapı Kredi Kâzım Taşkent Art Gallery and was out of the ordinary for Istanbul. And that is the principle of providing artists with a generous budget that allows them to think in terms of considerably elaborate projects. What's interesting, in my opinion, is the various consequences this has on the collection—whether some of the works created in this way can at a later stage be added to the acquisitions. It therefore emerges as a kind of responsibility of the collection to accompany other working processes, such as the series of shows "Adventure İstiklâl". Within the scope of "Adventure İstiklâl," the Yapı Kredi Kâzım Taşkent Art Gallery will be exhibiting Esra Ersen in May and Sarkis in September. And Ali Kazma just had a show there of his work "Obstructions", a series of video portraits that belongs to the collection. Incidentally, eight videos from this series will be concurrently on show in Berlin, as a major large-scale installation at TANAS.

MG That Istanbul exhibition series itself is closely related to the Yapı Kredi Publications' monograph series on contemporary Turkish artists, consisting of eleven volumes. Nine have been published thus far. Already the books are considered collectors' items.

RB The series is conceived as a building block for a small collection of prints. Each artist develops a special work for his or her book. It's printed along with the book, but it is nevertheless an original print. Anyone buying the monographs gets a print by the artist as a bonus, so to speak. Since the price of the books is very low, young people with an interest who are still at school or college can start building a small collection. A special edition of one hundred and fifty copies, not much more expensive, is additionally signed by the respective artists. In my view, these are a real "must" for the print collections of museums.
But I'd like to come back once more to TANAS. A second theme of our concept is reserved for Turkish curators. They will have the benefit of living in Berlin for a period of time to gain experience with the project space and the local scene. Out of these Berlin experiences, they will be able to develop their own projects, for which there are no restrictions imposed in terms of nationality. Here again I see a correlation with the collection. It is really remarkable that the process of creating a collection has triggered such a range of complementary working processes.

MG Kassel'deki Kunsthalle Fridericianum'daki küratörlük görevini ve diğer büyük ölçekli ulusal ve uluslararası projeleri de kapsayacak şekilde son yıllardaki çalışmalarına, bunların yanısıra bir özel koleksiyoner ve Edition Block'un yayıncısı olarak sürdürdüğün etkinliklere dönüp baktığımızda, çağdaş Türk sanatına başlangıçta duyduğun özel ilginin giderek daha profesyonel bir nitelik kazandığı görülüyor. Acaba burada koleksiyonun tek yönlü biçimde gelişmesi gibi bir tehlike var mı?

RB Edebiyatı, yeni film yönetmenlerini ve özellikle görsel sanatçıları düşündüğümüzde, Türkiye'de kültür-sanat alanında neredeyse bir patlamadan bahsedebileceğimiz büyüleyici bir dönemi tecrübe ettiğimizi söyleyebiliriz. Burada tabii ki koleksiyonculuk önemli bir ağırlık noktasını teşkil ediyor. Ancak Türkiyeli sanatçıları yalıtılmış bir şekilde düşünemeyiz, düşünmemeliyiz. Onlar uluslararası sanat sahnesinin bir parçası. Üstelik artık görmezden gelinemeyecek türden bir parçası. Bu koleksiyon bu gerçeği yansıtacaktır. Coğrafi anlamda denk öneme sahip üç alan belirginleşiyor. Genç Türkiye sanatının yanısıra, komşu ülkelerdeki —kuzeydeki, doğudaki ve güneydeki ülkeleri içine alan, yani İstanbul'un halen kültürel bir mıknatıs işlevi gördüğü genişletilmiş bir Güneydoğu Avrupa / Orta Doğu bölgesindeki— sanata da yoğunlaşıyoruz. Oradan da dünyanın geri kalanına açılıyoruz. Bu "geri kalan" elbette ancak aşama aşama yaklaşılabilecek devasa bir alan. Merakımızın ilk odağı Kuzey Avrupa oldu.

MG Berlin'i merkeze alacak olursak, bu senin uzun yıllardır ilgilendiğin diğer Avrupa periferisi. Kore'deki Gwangju Bienali için 2000 yılında Güney Afrika'dan, Kuzey Avrupa'dan ve kıtaların birleştiği Orta Doğu'dan çeşitli sanatçıları bir araya getiren EURAFRICA başlıklı bir sergi oluşturdun. Bu sergiye Türkiye'den Ayşe Erkmen, Gülsün Karamustafa, Bülent Şangar ve Hale Tenger katılmıştı.

RB Uzaklardaki Kore'de büyük bir aile olduk. Herkes geldiği yerden eşit derecede uzaktaydı.

MG 2007 Venedik Bienali'nin, küratörlüğünü senin üstlendiğin İskandinav Ülkeleri Pavyonu'ndan Vehbi Koç Vakfı Koleksiyonu için ilk alımlar yapıldığında, Kuzey Avrupa'da bir hayli ses getirmişti.

RB Evet, hem İsveç, hem de Finlandiya'nın yapıtlarını koleksiyona katmak mümkün oldu. İsveçli iki sanatçı büyük pavyonda önemli rol oynuyorlardı. "Oynama"yı burada ne-

Türkiye'de Güncel Sanat | Contemporary Art in Turkey
Dizi Editörü | Series Editor René Block
Danışman | Consultant Melih Fereli
Kitap Editörü | Book Editor Mine Haydaroğlu
Yapı Kredi Yayınları | Yapı Kredi Publications
Hale Tenger, Gülsün Karamustafa, Füsun Onur, 2007.
Halil Altındere, Ayşe Erkmen, Kutluğ Ataman, 2008.
Cengiz Çekil, Aydan Murtezaoğlu, Bülent Şangar, 2009.
Türkçe/İngilizce; 128 sayfa. | Turkish/English; 128 pp.
24,5 × 19 cm

MG Tracing your work in recent years as the curator of Kunsthalle Fridericianum in Kassel and other major national and international projects, and your activities as a private art collector and the publisher of Edition Block, it becomes clear that your initially private commitment to Turkish art has gradually assumed a more professional aspect. Could there be a danger of the collection developing in a very one-sided way?

RB We're currently experiencing a fascinating epoch in Turkish culture, which, thinking about the changes in literature, the new film directors and particularly the visual artists, seems to be going through a phase of literally explosive developments. Naturally, this constitutes one of the focus points of collecting. But we cannot and should not view Turkish artists in isolation. They are part of the international art scene—actually a part that can no longer be ignored. The collection will reflect this. In geographic terms, three areas of emphasis of just about equal importance have emerged. In addition to young Turkish art, we're concentrating on the neighbouring countries, those to the north, east and south—that is, the extended cultural sphere of southeast Europe/the Middle East, for which Istanbul is still apparently the cultural magnet. And then we devote ourselves to the rest of the world. This "rest" is naturally a formidable area that can be approached only in stages. Northern Europe was the initial focus of attention.

MG From the vantage point of Berlin, that's the other European periphery you've been interested in for many years. For the 2000 Gwangju Biennale in Korea, you organised an exhibition titled EURAFRICA, which brought together artists from Southern Africa, Northern Europe and the Middle East, which is where the continents meet. Ayşe Erkmen, Gülsün Karamustafa, Bülent Şangar and Hale Tenger participated from Turkey.

RB In faraway Korea, we became one big family. Everyone was equally far away from their origins.

MG It created quite a stir in Northern Europe when several works from the Nordic Pavilion at the 2007 Venice Biennale, which you curated, were the first acquisitions made for the Vehbi Koç Foundation Collection.

RB Yes, it was possible to acquire both the Swedish and Finnish contributions. Works by the two artists from Sweden were being "dis-played" in the large pavilion. In this case,

Kutluğ Ataman
Sen Zaten Kendini Anlat
You Tell Me About Yourself Anyway
2008
Ofset baskı | Offset print
Ed. 1800
88 × 62 cm

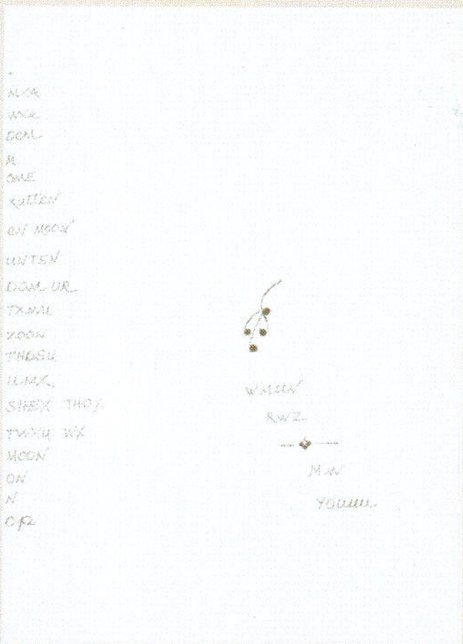

Füsun Onur
İsimsiz | Untitled
2007
Altın varaklı baskı | Hot gold stamp
Ed. 1800
88 × 62 cm

Hale Tenger
World Cracker
2007
Ofset baskı | Offset print
Ed. 1800
62 × 88 cm

Gülsün Karamustafa
Sincaplar Gibi | Like Squirrels...
2007
"Ünlü sanatçılar Müzeyyen Senar ve Mualla Gökçay bir sıçrayışta çıktıkları bir ağacın altında."
"Celebrity singers Müzeyyen Senar and Mualla Gökçay need no effort at all to reach the heights of their favourite tree."
Ofset + altın varaklı baskı |
Offset print + Hot gold stamp
Ed. 1800
88 × 62 cm

redeyse düz anlamıyla alabilirsin, çünkü Jakob Dahlgren'in çalışması izleyicileri de katılmaya ve oynamaya davet ediyordu. Duvardaki yüzlerce nişan tahtasına atılmayı bekleyen yüzlerce ok vardı ve böylelikle ortaya özellikle genç ziyaretçilerin çok beğendikleri bir iş çıkmıştı. Bu performansa dayalı yapıta karşıt biçimde, Sirous Namazi'nin çok güzel ve sakin iki minimalist heykeli, içindeki üç büyük ağacıyla İskandinav ruhu iyice vurgulanan bu kendine has sergi mekânına son derece uyumlu bir şekilde ekleniyordu. Finlandiyalı ve Norveçli sanatçıların yapıtları ana mekânın dışında yer almıştı. Finlandiyalı sanatçı Maaria Wirkkala ise, Finlandiyalı mimar Alvar Aalto'nun tasarladığı, İskandinav Ülkeleri Pavyonu'nun görüş mesafesinde bulunan ve ilk defa bu yapıt topluluğu için kullanılan tarihi pavyona, Venedik'e yönelik baş döndürücü bir aşk ilanı yerleştirdi. Paramparça edilmiş binlerce Murano ürününden artakalan cam kırıklarının üstünde bir Venedik gondolu yavaşça bir o yana bir bu yana hareket ederken, zeminindeki su gondolun hareketine göre iki yana çarpıp duruyordu. Başka bir yapıda ise, Adel Abidin, kurduğu Bağdat turizm bürosu ile çok farklı ve siyasi anlamda epey radikal bir tutum benimsemişti. Bu bütünüyle sıradışı Kuzey Avrupa birlikteliği, katılımcılardan ikisinin, İranlı Namasi ile Iraklı Abidin'in birkaç yıldır Stockholm ve Helsinki'de yaşıyor olsalar da İskandinav olmadıkları gerçeğinde de kendini gösteriyordu. Koleksiyon için Venedik Bienali'nden satın aldığımız bir başka çalışmaya ise Bulgaristan Pavyonu'nda rastlamıştık: Sanatçı Stefan Nikolaev'in eseri olan devasa bir çakmak. Ancak izleyicilerin bu büyük ölçekli eserlerin heybetini görmek için başka bir sergiyi beklemeleri gerekecek.

MG Bu koleksiyon, yapımı henüz başlamamış olan bir müze için oluşturuldu ve üç yıl önce Venedik'te gerçekleştirilen alımlarla başladı. Bir çağdaş sanat müzesi için bir çağdaş sanat koleksiyonu. "Çağdaş"ı nasıl tanımlıyorsun? Çağdaş olanın ebedi refakatçimiz oluşu, sonunun bulunmayışı tamam; ama çağdaş nerede başlıyor?

RB Altmışlı yıllar "çağdaş"ın menşei olarak şimdi yeniden keşfediliyor. Ve bizim koleksiyonumuz da, şimdiden elli yıl, yani yarım asır ötede bulunan bu dönemle başlıyor. Elbette daha da önceye gitmemizi sağlayacak, bizi 20. yüzyılın başına götürecek yapıtları da bulmayı ümit ederiz. Koleksiyonda 1960'larda eser vermiş olan ve Fluxus ismiyle anılan sanatta yenilenme hareketinin temsilcileri saydığım Joseph Beuys, John Cage, Arthur Köpcke ve Nam June Paik gibi sanatçıların yapıtları mevcut. Beuys, yapıtıyla ve yorulmak bilmeyen tartışma azmiyle sanat kavramını radikal bir biçimde değiş-

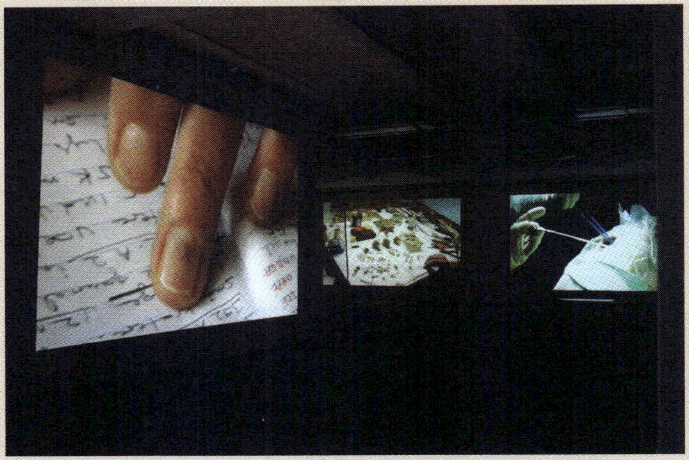

Ali Kazma
Yaptığımız Şeyler. Engellemeler video serisinden 8 iş
Things We Do. 8 works from the video series Obstructions
2010
Enstalasyon görüntüsü | Installation view: TANAS, 24.03–29.05.2010
Fotoğraf | Photo © Ali Kazma

Maaria Wirkkala
Karaya Çıkmak Yasaktır | Landing Prohibited
2007
Parçalanmış Murano camları, Venedik gondolu
Shattered Murano glass, a Venetian gondola
Enstalasyon görüntüsü: 52. Venedik Bienali, İskandinav Pavyonu, "Elveda Refah",
Küratör: René Block
Installation view: 52nd Venice Biennale, Nordic Pavilion, "Welfare Fare Well",
Curated by René Block

Jacob Dahlgren
Ben, dünya, şeyler, hayat | I, the world, things, life
2007
İnteraktif nişan tahtası enstalasyonu | Interactive dart board installation
396 × 1517 cm
Enstalasyon görüntüsü: 52. Venedik Bienali, İskandinav Pavyonu, "Elveda Refah",
Küratör: René Block
Installation view: 52nd Venice Biennale, Nordic Pavilion, "Welfare Fare Well",
Curated by René Block

you can take the "played" part pretty much literally, because in Jakob Dahlgren's large piece, the public was invited to join in and play. There were hundreds of darts to throw at a wall consisting of several hundred dartboards, so that work turned out to be a favourite with the younger crowd. In contrast to that performance-based piece, Sirous Namazi's two minimalist sculptures—they possessed great beauty and calm—fit harmoniously into the very idiosyncratic exhibition space, which had three large trees growing in it, giving it a very Scandinavian feel. The pieces by the Finnish and the Norwegian artists were outside that main space. In the historic pavilion designed by the Finnish architect Alvar Aalto (within sight of the main Nordic Pavilion, and used for the first time for this set of works), the Finnish artist Maaria Wirkkala installed an absolutely thrilling declaration of love to Venice. On thousands of shards of shattered Murano glass, a Venetian gondola rocked slowly to and fro, as the water filling its base slapped gently against the sides. In another outbuilding, Adel Abidin took a very different, politically quite radical stand with a Baghdad tourist office. This on the whole extraordinary contingent from northern Europe also was distinguished by the fact that two of its participating artists—Iranian Namasi and Iraqi Abidin—were not Scandinavians, although Namasi had lived in Stockholm and Abidin in Helsinki for a number of years. Another work acquired at the Biennale was discovered in the Bulgarian Pavilion—a colossal cigarette lighter created by the artist Stefan Nikolaev. However, these are large-scale works. Therefore, the audience will have to wait for another exhibition to enjoy their splendour.

MG This collection is being assembled for a museum that has yet to be built. It began three years ago with the Venice acquisitions. A collection of contemporary art for a museum of contemporary art. How do you define "contemporary"? It's clear that the present is our constant companion, it has no end—but where does it begin?

RB The 1960s are only now being rediscovered as the origins of our contemporary standpoint. And that is the period, which now lies fifty years, half a century, in the past, where the collection begins. Naturally we maintain hope that occasionally a work will be found that reaches even further back, for instance to the beginnings of the twentieth century. Standing for the sixties era in the collection are artists such as Joseph Beuys, John Cage, Arthur Köpcke and Nam June Paik, whom I'll name as representative of the movement for artistic renewal known as Fluxus. Beuys radically changed the concept of art through his work, but also tirdi. Nam June Paik, Türkiye'deki de dahil olmak üzere günümüz çağdaş sanat pratiklerini domine eden video sanatının ilk örneklerini üretti. Biz de koleksiyonumuzda elektronik imgenin sanatçılar tarafından yeni biçimlerde keşfedilip dönüştürüldüğü video sanatının erken döneminden örneklere yer vereceğiz. Besteci Paik'in görsel medya dünyasına girişi, ilk bakışta televizyonlarla yapılan basit düzenlemeler gibi görünen işlerle oldu. Koleksiyona Paik'in en çarpıcı işlerinden biri olan "Fransız Saati Televizyonu"nu katabildik. Bu arada, Paik'in ne kadar mükemmel bir çizer olduğu fazla bilinmez. Bir öngörüde bulunmama müsaade edersen, onun kâğıt üzerinde yaptığı çalışmaların keşfi büyük bir heyecan uyandıracak.

MG Starter sergisini gezdikten sonra, bunun senin gayet iyi tanınan imzanı açıkça taşıdığını fark ettiğimi belirtmem gerek. Hatta biraz ileri giderek, bu serginin temellerinin altında senin İstanbul'la ilişkinin başlangıcı da olan ve 1995'te "Orient/ation" başlığı altında düzenlediğin 4. Uluslararası İstanbul Bienali ile buna paralel olarak aynı tarihlerde Gabriele Knapstein ile birlikte organize ettiğin büyük Fluxus retrospektifinin yattığını iddia edeceğim.

RB Bu şehirde sanatla uğraşan pek çok kimse ve bizzat sanatçılar bana sık sık 1995 yılındaki bu iki serginin birlikteliğinin İstanbul'daki çağdaş sanat algısında çok belirleyici bir dönüm noktası teşkil ettiğini belirtti. Yani sanat tarihinin çok önemli fakat fazla bilinmeyen bir bölümünün kapağını tekrar açan bir ön sergi, çoğunluğu gençlerden oluşan yerel ve uluslararası sanatçılar için, tarihsellikten uzak bir atölye çalışması olması da hedeflenen 1995 İstanbul Bienali'ne bir girizgâh oluşturdu. Eğer geri dönüp baktığımızda bu iki etkinliğin bu şehirdeki sanat sahnesinin gelişimi için büyük önem taşıdığı ifade edilebiliyorsa, koleksiyon aracılığıyla bununla tekrar bir bağ kurma çabasını mantıklı bulduğumu söyleyebilirim. Vehbi Koç Vakfı Koleksiyonu, kendisini diğer koleksiyonlardan açık bir şekilde farklılaştıracak. Gelecekte olacaklarla ilgili berrak bir vizyonumuz var. Müze bir gün açıldığında, salt koleksiyonunun niteliğiyle, uluslararası müze dünyasına ilgi çekici bir değer katacaktır. Bugün burada gördüğümüz yalnızca küçük bir seçki, ama koleksiyonun yelpazesiyle ilgili ciddi bir fikir veriyor.

MG Tasarımcı Esen Karol serginin başlığı olan "Starter" kelimesini düz anlamıyla yorumladı ve ünlü Amerikalı kaligraf Tony Di Spigna'nın, üç yıldızlı bir restoranın gösterişli mönü kartında görebileceğimiz türden harfler tasarlamasını istedi.

Sirous Namazi
Konteyner | Container
2007
Çelik levha, emay | Steel sheet, enamel
736 × 773 cm
Enstalasyon görüntüsü: 52. Venedik Bienali, İskandinav Pavyonu, "Elveda Refah",
Küratör: René Block
Installation view: 52nd Venice Biennale, Nordic Pavilion, "Welfare Fare Well",
Curated by René Block

Sirous Namazi
İsimsiz | Untitled
2007
Alüminyum, cam, PVC kapaklar | Aluminium, glass, PVC doors
410 × 500 × 500 cm
Enstalasyon görüntüsü: 52. Venedik Bienali, İskandinav Pavyonu, "Elveda Refah",
Küratör: René Block
Installation view: 52nd Venice Biennale, Nordic Pavilion, "Welfare Fare Well",
Curated by René Block

Stefan Nikolaev
Yukarı Çıkan Aşağı İnmeli | What Goes Up Must Come Down
2007
Bronz, gazla çalışan çakmak | Bronze, gas generated flame
440 × 230 × 230 cm (kaideyle birlikte | with plinth)
320 × 130 × 40 cm (bronz gövde | bronze body)
Enstalasyon görüntüsü: 52. Venedik Bienali, Bulgaristan Pavyonu
Installation view: 52nd Venice Biennale, Bulgarian Pavilion
Sanatçının ve Galerie Michel Rein, Paris izniyle | Courtesy of the artist and Galerie Michel Rein, Paris
Fotoğraf | Photo © Kalin Serapionov

through his tireless discussions. Nam June Paik, in turn, was present at the conception of video art, which dominates current practice, especially among Turkish artists. And we'll have examples from that early period of video art, when artists discovered and altered the electronic image in new ways, in the collection. For Paik the composer, entrance into the world of visual media happened through what seems at first glance to be simple manipulations of television sets. The collection was able to acquire a striking example, Paik's "French TV Clock". By the way, it's a little known fact that Paik was a wonderful draftsman. The discovery of his works on paper will create quite a sensation, if I may aspire to be prophetic just this once.

MG After a first tour through the Starter exhibition, I have to say that it very obviously bears your signature, which we have come to recognise since long I'd even go so far as to suggest that it can be traced back quite directly both to your beginnings in Istanbul in 1995 with the 4th International İstanbul Biennial, descriptively titled "Orient/ation", and to the major Fluxus retrospective you organised with Gabriele Knapstein around the same time.

RB People intensively involved with art in this city, and above all artists, have repeatedly told me how that constellation of two shows in 1995 marked a significant turning point in the perception of contemporary art in Istanbul. That is to say, a preliminary exhibition that re-opened an important, largely unknown chapter in art history served as the introduction for the 1995 İstanbul Biennial, which was actually also intended to be an utterly unhistorical workshop for local and international artists, who were predominantly young. Looking back, if it is possible to state that those arrangements made important contributions to the development of the art scene in this city, then I must say it seems reasonable to re-establish ties with it through this collection. So the Vehbi Koç Foundation Collection will clearly differentiate itself from others. Here, we have a very clear vision of what is to come in the future. When the museum opens someday, it will be an interesting enhancement to the international museum landscape just by virtue of the character of its collection. What we see here today is a small selection, but it does convey a sense of the range.

MG The designer Esen Karol has taken the show's title "Starter" literally by having the renowned American calligrapher Tony Di Spigna create letterforms reminiscent of a luxurious menu at a three-star restaurant.

RB Esen bu serginin konseptini anladı. İnsan bu sergiyi ancak bizi ardından gelecek ana yemeğe hazırlayan büyük ve bol çeşitli bir başlangıçlar seçkisi olarak görebilir. Tabii aynı zamanda merak uyandıran türden bir seçki. Tam anlamıyla bir iştah açıcı.

MG Koleksiyonun yalnız burada sergilenen örneklerine bakıldığında dahi, belirli izleklerin tekrar tekrar kendisini göstereceği anlaşılıyor. Sanatçıların toplumsal eleştiri olarak görülebilecek siyasi bir tutum takındıkları sıklıkla fark ediliyor. Öte yandan kimi belli nesneler var ki, her katta işaret direği gibi beliriyor —piyanolar, iskemleler, halılar, pinpon masaları...

RB ... ve tabii burjuva toplumuna ironi ve alayın buz gibi ısırığını yönelten çalışmaları da unutmamak gerek. Bu alay, üst orta sınıf evlerinde bir statü sembolü olarak görülen piyanoya yönelik tutumda da açığa çıkıyor. Besteci ve piyano virtüözü Carles Santos'un piyanoya yaptığı bir dizi "heykelsi" müdahalede ve Slovak sanatçı Július Koller'in de işlerinde olduğu gibi. Ayrıca Joe Jones, George Maciunas ya da Henning Christiansen gibi Fluxus sanatçılarının enstrümanla olan ilişkileri daha da geriye gidiyor. Özellikle besteci-sanatçılarda piyanoyla bir çeşit sevgi-nefret ilişkisi bulunuyor olmalı. Beuys piyanoyu farklı eserlerinin ve eylemlerinin merkezine koymuş olsa da, onu asla alaycı bir biçimde ele almadı. 1978 yılında Nam June Paik ile yaptığı piyano düeti bunun çarpıcı bir örneği. Sanatçıların piyanoyu konu ettikleri ve koleksiyonda bulunan toplam sekiz eserden beşi Starter kapsamında farklı katlarda sergilenecek. Bunlar hemen girişte Július Koller ile başlayıp dördüncü katta Maaria Wirkkala ile son buluyor.

MG Dikkati çeken başka bir nokta da, kadın sanatçılar tarafından üretilen yapıtların oranının alışılagelmişten çok yüksek oluşu. Özellikle en genç nesil için durum böyle.

RB Biz burada sanatın son elli yıl yıldaki gelişiminde gözlenen başka bir kayda değer fenomenle uğraşıyoruz. 1950'lere dek kadınların sanatın gelişimine olan katkısı —burada Batı sanatından bahsediyorum— oldukça marjinaldi. Bu durum 1960'larda değişti ve buna Fluxus'un katkısı göz ardı edilebilecek türden değil. Grubun ikinci başkanı Shigeko Kubota, Yoko Ono ve Alison Knowles önemli konumlarda bulundular. Henüz erkeklerin egemenliğine girmemiş olan video, performans ve kavramsal sanat gibi alanların gelişiminde kadın sanatçılar önemli rol oynadı. Bu süreç özellikle Batıdaki büyük kentlerde gerçekleşti, ve bir süre sonra diğer

RB Esen understood the concept of this exhibition. It can only be seen as a selection of a large and varied array of appetisers, designed to prepare us for the main course to follow. And it definitely ought to make us curious. In every way a starter dish to whet the appetite.

MG Just looking at the sample of works in the collection, one notices that certain aspects keep turning up. Often one detects a political stance on the artist's part that can only be described as being socially critical. On the other hand, there are also certain objects that appear like guideposts on every floor—pianos, chairs, rugs, ping-pong tables...

RB ... and not to forget the works with the icy bite of irony and ridicule directed at bourgeois society. This derision is also apparent in the way the piano, here seen as the status symbol of the upper middle class household, gets treated. The composer and piano virtuoso Carles Santos is a prime example of someone who tackled the instrument in a series of "sculptural" interventions, as did the Slovak artist Július Koller. Further in the past there are Fluxus artists such as Joe Jones, George Maciunas and Henning Christiansen who made this instrument the subject of their attention. For the composer-artists, it must be a kind of love/hate relationship. Beuys, however, in no way derided the piano when he made it the centrepiece of various works and actions. His 1978 piano duet with Nam June Paik remains a striking example of this. Of the eight pianos adapted by artists that have thus far been acquired for the collection, five will be shown in Starter, distributed among the different floors. It begins right at the entrance with Július Koller and ends on the fourth floor with Maaria Wirkkala.

MG One also notices that the share of works created by women artists is unusually high. Especially in the most recent generation.

RB We're dealing here with another remarkable phenomenon in the development of art over the last fifty years. Because as late as the 1950s, women's contribution to the development of art—I'm speaking now of Western art—was rather marginal. This changed in the 1960s, and the influence Fluxus had on this process was certainly far from insignificant. Shigeko Kubota, the vice president of the group; Yoko Ono and Alison Knowles held important positions. Women artists also stormed the scene when performance art, video art and conceptual art, not yet dominated by men, began to take root. Initially this happened in Western metropolises;

bölgelerde de kendisini gösterdi. İstanbul'da da gözlenebilen bu rol değişimine dair pek çok çarpıcı örnek mevcut. 1995 yılındaki "Orient/ation" temalı Bienal'in en genç katılımcıları arasında Maria Eichhorn, Ceal Floyer, Esra Ersen ve Fatma Binnaz Akman yer alıyordu; Starter'da ise, yapıtları satın alınırken henüz Berlin'de ya da Budapeşte'de öğrenci olan Sophia Pompéry ve Diána Keller'ın yanı sıra Ebru Özseçen yer alıyor.

MG Müzik bağlantısı senin pek çok serginde güçlü bir şekilde vurgulandı. 4. Uluslararası İstanbul Bienali'nin (1995) katalog metninde bir küratörün görevini bir orkestra şefininkine benzetiyorsun.

RB Orkestra şefi olmayı çok isterdim. O nedenle de her zaman sergilerimin müzikalitesine çok özen gösterdim. Şarkı söylemeyen ve kulağa hoş gelmeyen sergiler tatsız tuzsuz şeylerdir. Sergiler, tıpkı bir orkestrada olduğu gibi ortaya çıkan sesin bütünüyle ilişkilidir. Bir koleksiyon da kürasyondan geçmeli ve toplu ve uyumlu bir ses çıkarmalıdır. Müzikal teşbihe bağlı kalmak gerekirse, kimi belli leitmotiflere bağlı kalmak faydalı ve anlamlı oluyor. Daha önce John Cage'i koleksiyonun geleceği için önemli bir referans olarak andım. Cage'in "33 1/3" isimli büyük enstalasyonunu henüz sergileyemiyoruz, ancak küçük bir versiyonu olan, ölmeden kısa süre önce, 1991-92 senelerinde gerçekleştirdiği, yine izleyicinin akustik katılımına dayalı bir yapıt olan "Mozart Mix"i sergiliyoruz. Cage, müziğin —ya da sessizliğin— gelişiminde oynadığı rolün öneminin yanısıra, ilginç bir şekilde görsel sanatlar ile müzik arasındaki çok önemli bağlantı noktalarında yer aldı. İlk başta, aynı zamanda iyi bir ressam da olan besteci Arnold Schoenberg'in öğrencisiydi. Ancak bu ilişki kısa sürdü ve Cage'in düşünce tarzında belirleyici olan başka bir sanatçı ortaya çıktı: Marcel Duchamp. Cage 1950'lerde yeni müzik üzerine ders verirken, sınıfında ağırlıkla güzel sanatlar öğrencileri bulunuyordu: Allan Kaprow, George Brecht, Al Hansen ve Dick Higgins, ki hepsinin bu sergide yapıtları bulunuyor.

MG Bir sanat koleksiyonu için sıradışı bir şey yaparak, bir de akustik arşiv oluşturacaksınız.

RB Görsel sanatçılar ile bestecilerin karşılıklı ilişkileri son onyılların disiplinlerarası kültürel gelişmelerinin başlıca zenginliklerinden biri. Bu karşılıklı verimliliğin sonucunda sınırları zorlayan heyecan verici yapıtlar ortaya çıkıyor. Görsel sanatlarla uğraşanlar sesi, yeni ve heykelsi bir boyut olarak keşfettiler. Cage'in "müziğin esas belirleyici yanı için-

somewhat later, other regions followed suit. There are also striking examples of this role change connected with Istanbul. Among the youngest participants in the 1995 "Orient/ation" Biennial were Maria Eichhorn, Ceal Floyer, Esra Ersen and Fatma Binnaz Akman; among those in Starter are Ebru Özseçen as well as Sophia Pompéry and Diána Keller, who were still students in Berlin or Budapest when the acquisitions were made.

MG In many of your exhibitions, there is a pronounced connection to music. In your text for the 4th International İstanbul Biennial (1995) catalogue, you compare the task of the curator with that of a conductor.

RB I would like to have been a conductor. And so I've always paid attention to the musicality of exhibitions. A show that doesn't sing and resonate is just dull. Like with an orchestra, it all depends on the total sound. A collection, too, has to be curated, it has to harmonise. For this, to stay with the musical analogy, certain leitmotifs are helpful and make sense. Earlier I mentioned John Cage as an important reference point for the future collection. We're not yet showing his large installation "33 1/3", but the smaller version "Mozart Mix", realised in 1991/92, shortly before his death, is also an acoustic audience participation piece. In addition to his significance for the development of music—or silence—Cage is interestingly situated at the very important juncture between visual art and music. He was originally a pupil of the composer Arnold Schoenberg, who was also a good painter. But the relationship quickly broke down and it was another artist who had a decisive influence on Cage's thinking: Marcel Duchamp. When Cage taught courses in new music in the 1950s, most of the students were visual artists: Allan Kaprow, George Brecht, Al Hansen, Dick Higgins, all of whom are represented in this show.

MG Also unusual for an art collection is that you will be setting up an acoustic archive.

RB Interactions between visual artists and composers have significantly enriched interdisciplinary cultural developments of recent decades. Exciting genre-bending works have resulted from this cross-fertilisation. Visual artists discovered sound as a new and sculptural dimension. If you accept Cage's definition that the essential feature of music is the time in which it takes place, and that consequently everything that takes place within a certain period of time can be heard as music, then for sculptors, this temporal aspect is de var olduğu zamandır" tanımını ve dolayısıyla belirli bir zaman dilimi içerisinde gerçekleşen her şeyin müzik olarak duyulabileceğini kabul edersek, "zaman" boyutu heykeltıraşlar için yolunu dört gözle bekledikleri meşhur dördüncü boyuttur. Öte yandan, her gün daha fazla besteci kendini görsel olarak ifade etme ihtiyacı duyuyor; bu 1950'lerin resimsel partisyonlarından günümüzün ses enstalasyonlarına kadar uzanıyor. Bunun dışında bir de bazı bestecilerin mikrotonalite ya da sinesteziye yönelik heyecan verici eğilimleri var. Bunların hepsi CD'lere ya da DVD'lere kaydedilmiş durumda. Bu ses arşivi, pek çok müzede bulunan bilindik kütüphaneler ve video kütüphanelerinin yanında önemli bir akademik kaynak olacak.

MG Senin kendi özel koleksiyonun, önemli bir Fluxus koleksiyonu olarak biliniyor. Bunun bazı parçaları, bu sergideki birkaç küçük parçanın da gösterdiği gibi Vehbi Koç Vakfı Koleksiyonu'nu, tarihsel anlamda güçlendirecek. Geçtiğimiz senelerde Nürnberg ve Bremen müzeleri "Who killed the painting?" ("Resmi kim öldürdü?") başlığıyla Fluxus eserleriyle Block Koleksiyonu'nun Güneydoğu Avrupa'ya denk gelen ve içinde Türk sanatçıların eserlerinin de bulunduğu bölümünden kimi eserlerin bir arada sunulduğu bir sergi gerçekleştirdi. Koleksiyonun bu bölümünün akıbeti ne olacak?

RB Bunu zaman gösterecek. Planlanmakta olan Vehbi Koç Vakfı müzesi gerçekleştirildiğinde koleksiyonumun söz konusu bölümüne ait yapıtlar herhangi bir süre kısıtlaması olmaksızın Vehbi Koç Vakfı'na ödünç verilerek İstanbul'a gelirse, en önemli dileklerimden biri gerçekleşmiş olur. Onlar için daha iyi bir yer düşünemiyorum.

actually the long sought-after fourth dimension. Conversely, more and more composers are also tempted to express themselves visually—this ranges from the painterly scores of the 1950s to the sound installations of today. And then there are the exciting excursions some composers are carrying out in the fields of microtonality or synaesthesia. All these are made available, documented on records, CDs or DVDs. The sound archive will constitute an important scholarly resource, along with the customary book and video libraries found in many museums.

MG Your own private collection is regarded as an important Fluxus collection. Certain parts of it will strengthen the Vehbi Koç Foundation Collection in historical areas, as already indicated by the presence of a few of the smaller objects in this show. Last year, the museums of Nuremberg and Bremen presented an exhibition titled "Who killed the painting?" that juxtaposed Fluxus works with works from the Block Collection that corresponded to Southeast Europe, which included some major works of Turkish art. What is going to happen to this part of the collection?

RB Time will tell. When the planned Vehbi Koç Foundation museum is completed, one of my most heartfelt wishes would be fulfilled if that part of the collection found its way to Istanbul, at least as a permanent loan. I could imagine no better home for those works.

Maaria Wirkkala
Sahne Arkası | Backstage
2009
VKV-00237 ↪ 266

Superflex
Copy Right (Tek Sandalye, Beyaz Versiyon) |
Copy Right (Single Chair, White Version)
2006
VKV-00190 ↪ 260

Superflex
Copy Right (Tek Sandalye, Kahverengi Versiyon) |
Copy Right (Single Chair, Brown Version)
2006
VKV-00191 ↪ 260

Sigmar Polke
Çeşitli Karakter Dönüşümlerinin Sonucu Olarak Yüz İfadesindeki Değişiklikler | Physiognomical Changes as Consequences of Several Character Transformations
1967
VKV-00326 ↪ 253

Sigmar Polke
İsimsiz | Untitled
1968
VKV-00328 ↪ 253

Sigmar Polke
Bir Patatesin Diğer Bir Patatesin Etrafında Dönmesini Sağlayan Alet | Apparatus Whereby One Potato Can Orbit Another
1969
VKV-00327 ↪ 253

Sigmar Polke
İsimsiz | Untitled
1966
VKV-00322 ↪ 253

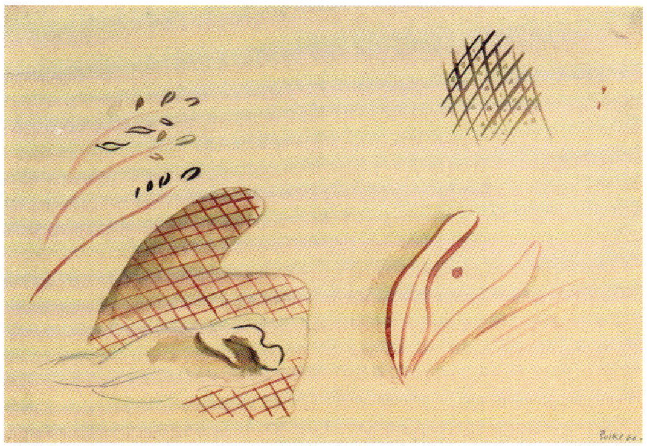

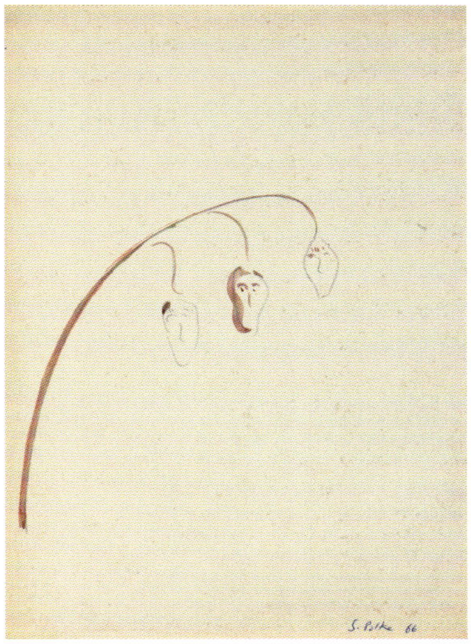

Sigmar Polke
İsimsiz | Untitled
1966
VKV-00323 ↪ 253

Sigmar Polke
İsimsiz | Untitled
1965
VKV-00321 ↪ 253

Sigmar Polke
İsimsiz | Untitled
1966
VKV-00324 ↪ 253

Sigmar Polke
İsimsiz | Untitled
1966
VKV-00325 ↪ 253

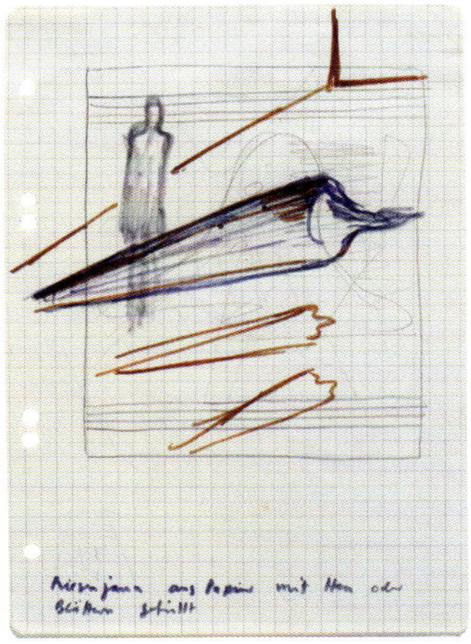

Sigmar Polke
Polke-Droge
Polke İlacı | Polke Drug
1966
VKV-00329 ↪ 253

Sigmar Polke
Riesendinger: gefüllt mit Glas, Heu, Zucker
Dev Şeyler: cam, saman ve
şekerle doldurulmuş |
Giant Things: filled with glass, hay, sugar
1968
VKV-00330 ↪ 253

Maja Bajević
Çifte Balon | Double Bubble
2001
VKV-00134 ↪ 209

Ilya & Emilia Kabakov
Uçuş | The Flying
2005
VKV-00032 ↪ 233

Rebecca Horn
Schwarze Hörner
Siyah Boynuzlar | Black Horns
1971
VKV-00269 ↪ 231

Rebecca Horn
Messkasten
Ölçüm Kutuları | Measuring Boxes
1970
VKV-00270 ↪ 231

Rebecca Horn
Brusthorn
Göğüsboynuzu | Breasthorn
1969
VKV-00272 ↪ 231

Rebecca Horn
Brusthorn
Göğüsboynuzu | Breasthorn
1969
VKV-00267 ↪ 231

Rebecca Horn
Federkleid
Tüyden Elbise | Feather Dress
1972
VKV-00268 ↪ 231

Rebecca Horn
Überströhmer
1969
VKV-00271 ↪ 231

Rebecca Horn
Handschuhfinger
Parmak Eldiveni | Finger Gloves
1973
VKV-00303 ↪ 231

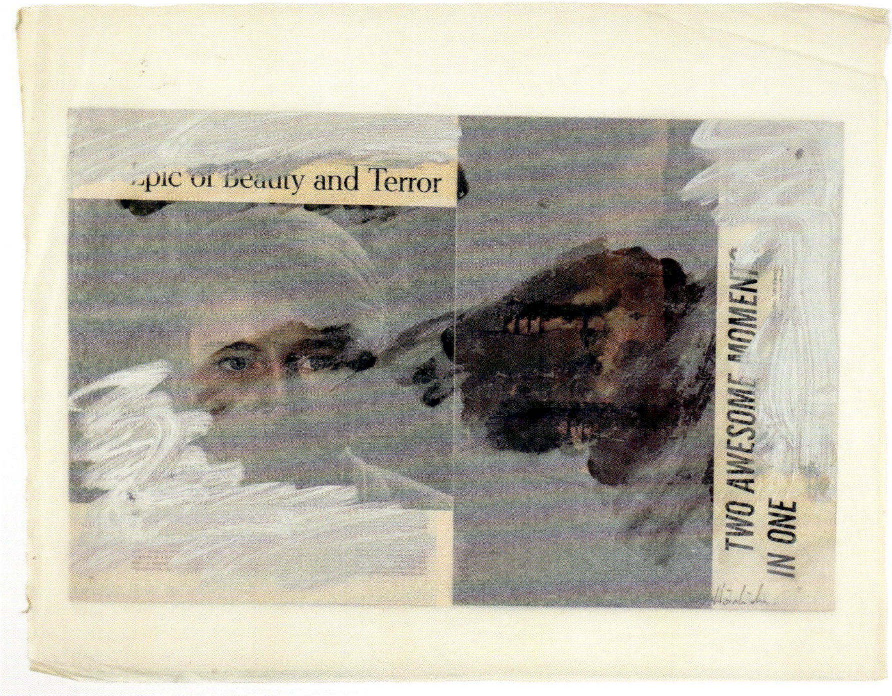

KH Hödicke
İsimsiz | Untitled
1965
VKV-00302 ↪ 232

KH Hödicke
Wendung verboten
1966
VKV-00301 ↪ 232

Richard Hamilton
Guggenheim Müzesi (siyah) | Guggenheim Museum (black)
1970
VKV-00296 ↪ 229

Servet Koçyiğit
Everything
2009
VKV-00218 ↪ 239

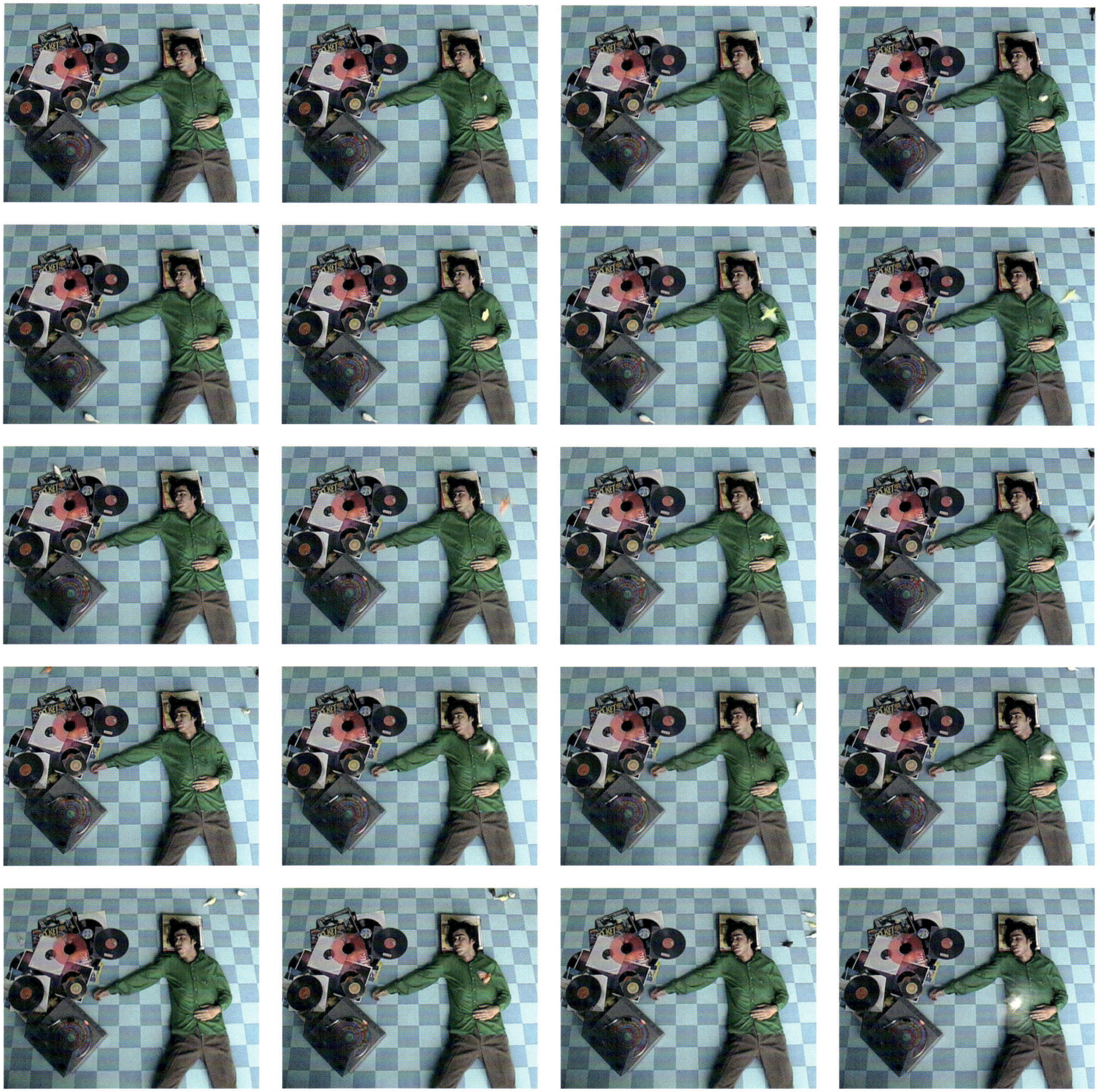

Servet Koçyiğit
Uğruna Ölmek | To Die For
2003
VKV-00035 ↪ 239

Cengiz Tekin
Armağan | Potlatch
2009
VKV-00240 ↪ 261

Cengiz Tekin
Serbest Vuruş | Free Kick
2005
VKV-00239 ↪ 261

Cengiz Tekin
Sakin Durum | Calm Situation
2005
VKV-00078 ↪ 261

Cengiz Tekin
Normalizasyon | Normalisation
2009
VKV-00241 ↪ 261

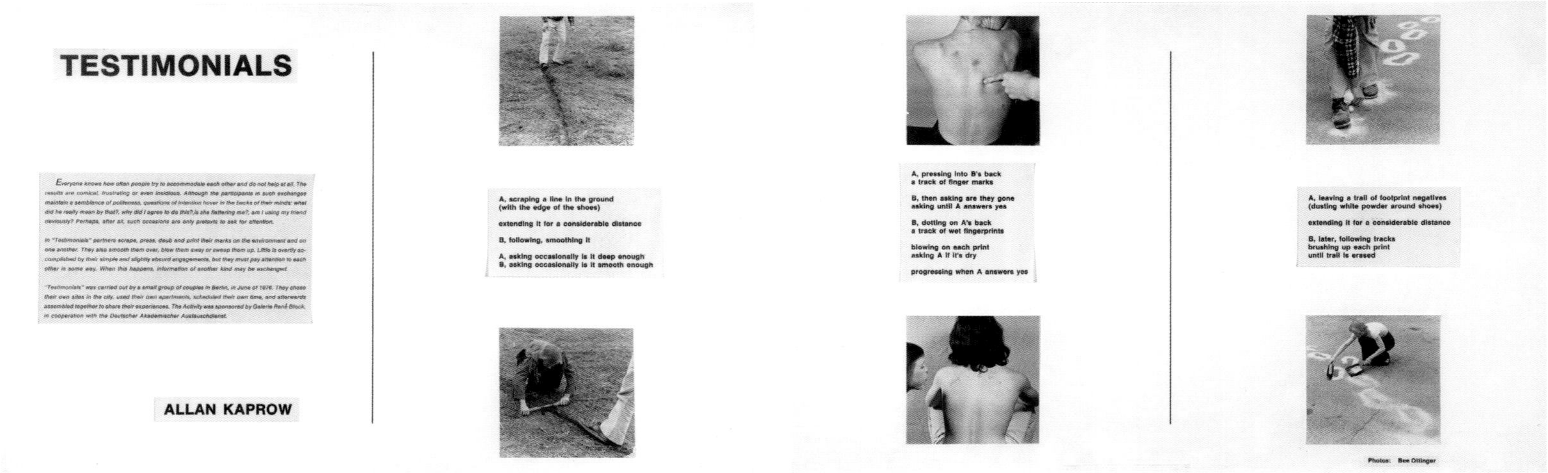

TESTIMONIALS

Everyone knows how often people try to accommodate each other and do not help at all. The results are comical, frustrating or even insidious. Although the participants in such exchanges maintain a semblance of politeness, questions of intention hover in the backs of their minds: what did he really mean by that?, why did I agree to do this?,is she flattering me?, am I using my friend deviously? Perhaps, after all, such occasions are only pretexts to ask for attention.

In "Testimonials" partners scrape, press, daub and print their marks on the environment and on one another. They also smooth them over, blow them away or sweep them up. Little is overtly accomplished by their simple and slightly absurd engagements, but they must pay attention to each other in some way. When this happens, information of another kind may be exchanged.

"Testimonials" was carried out by a small group of couples in Berlin, in June of 1976. They chose their own sites in the city, used their own apartments, scheduled their own time, and afterwards assembled together to share their experiences. The Activity was sponsored by Galerie René Block, in cooperation with the Deutscher Akademischer Austauschdienst.

ALLAN KAPROW

A, scraping a line in the ground
(with the edge of the shoes)

extending it for a considerable distance

B, following, smoothing it

A, asking occasionally is it deep enough
B, asking occasionally is it smooth enough

A, pressing into B's back
a track of finger marks

B, then asking are they gone
asking until A answers yes

B, dotting on A's back
a track of wet fingerprints

blowing on each print
asking A if it's dry

progressing when A answers yes

A, leaving a trail of footprint negatives
(dusting white powder around shoes)

extending it for a considerable distance

B, later, following tracks
brushing up each print
until trail is erased

Photos: Bee Ottinger

Allan Kaprow
Tanıklıklar | Testimonials
1976
VKV-00304 ↪ 235

Allan Kaprow
Tanıklıklar | Testimonials
1976
VKV-00304 ↪ 235

Allan Kaprow
Yard
1990
VKV-00305 ↪ 235

Harun Farocki
Gegen-Musik
Karşı-Müzik | Counter-Music
2004
VKV-00099 ↪ 224

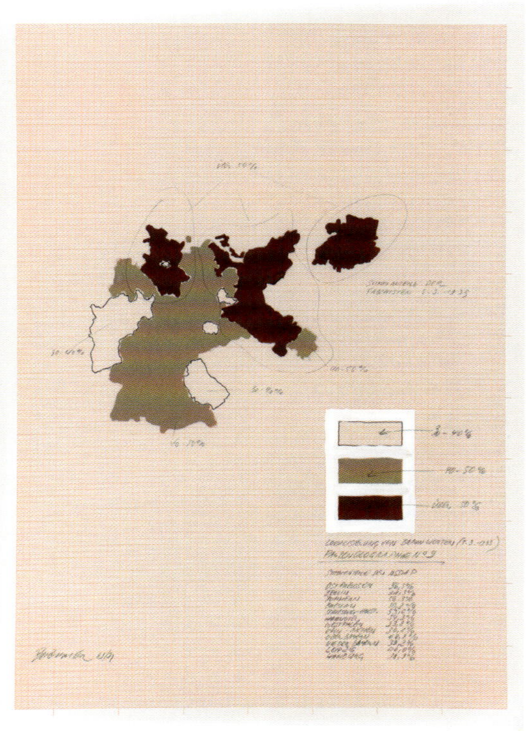

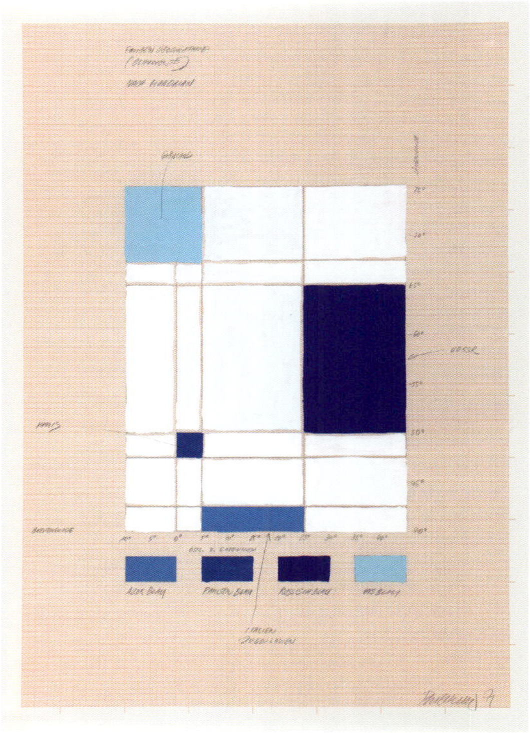

KP Brehmer
Farbengeographie Nr. 9, Lokalisierung von Braunwerten (5.3.1933)
Renk Coğrafyası No.9, Kahverengi Değerlerinin Konumları (5.3.1933) |
Geography of Colours No.9, Localisation of Brown Values (5.3.1933)
1971
VKV-00261 ↪ 213

KP Brehmer
Farbengeographie (Blauwerte) nach Mondrian
Mondrian'dan Esinlenen Renk Coğrafyası (Mavi değerleri) |
Geography of Colours After Mondrian (Blue values)
1971
VKV-00263 ↪ 213

KP Brehmer
Analphabetentum
Okumaz-Yazmazlık | Illiteracy
1975
VKV-00262 ↪ 213

Gülsün Karamustafa
Panter/Tabure | Panther/Stool
2007
VKV-00183 ↪ 236

Gülsün Karamustafa
Şehirde Gizli Panter Modası | The City and the Secret Panther Fashion
2007
VKV-00121 ↪ 236

Aino Kannisto
İsimsiz (Cevizler) | Untitled (Walnuts)
2006
VKV-00225 ↪ 234

Aino Kannisto
İsimsiz (Beyaz Ayna) | Untitled (White Mirror)
2006
VKV-00226 ↪ 234

Aino Kannisto
İsimsiz (Kırmızı Çiçekli Elbise) | Untitled (Red Floral Dress)
2007
VKV-00230 ↪ 234

Aino Kannisto
İsimsiz (Pembe Çiçekli Elbise) | Untitled (Pink Floral Dress)
2007
VKV-00229 ↪ 234

Diána Keller
Çiçekli Natürmort | Still Life with Flowers
2009
VKV-00219 ↪ 237

Mandana Moghaddam
Chelgis I
2003
VKV-00046 ↪ 245

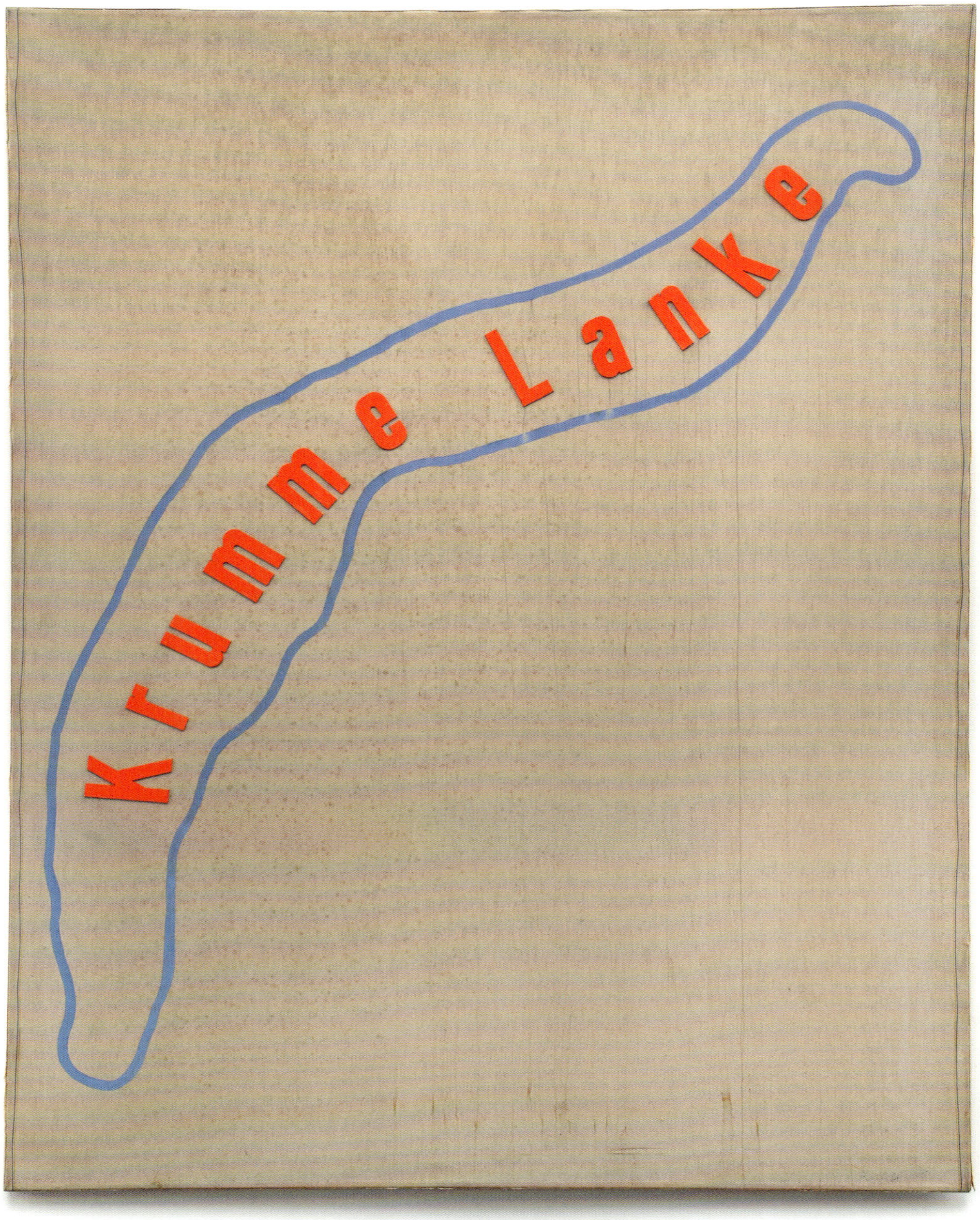

Konrad Lueg
Krumme Lanke
Krumme Lanke Gölü | Lake Krumme Lanke
1965
VKV-00314 ↪ 242

William Kentridge
Telefon | Telephone
1999
VKV-00034 ↪ 237

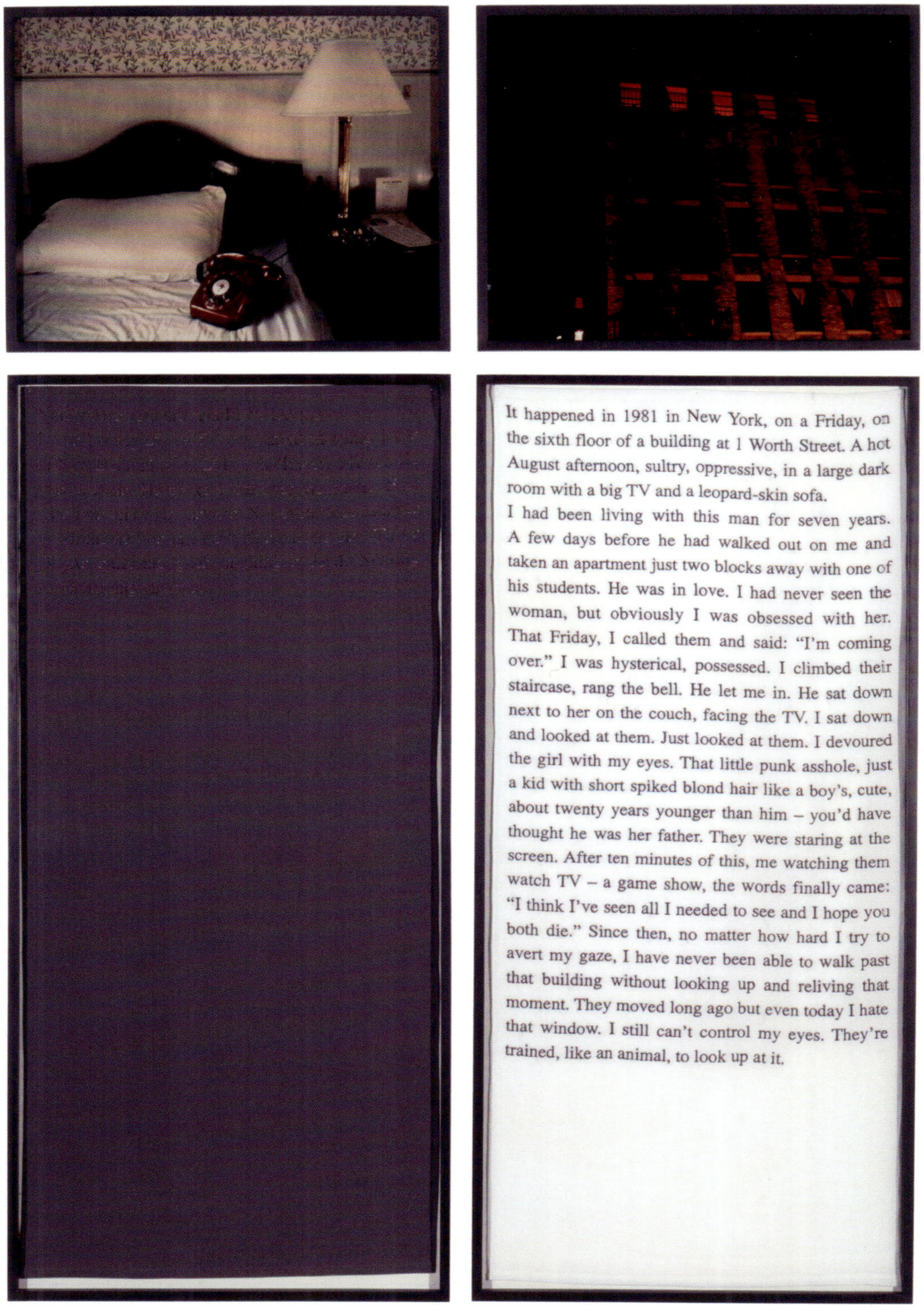

Sophie Calle
Mutsuzluğa Kadar Say, 90. Gün | Count up to Unhappiness, Day 90
"Yoğun Acı" serisinden | From the series "Exquisite Pain"
1984–2003
VKV-00017 ↪ 216

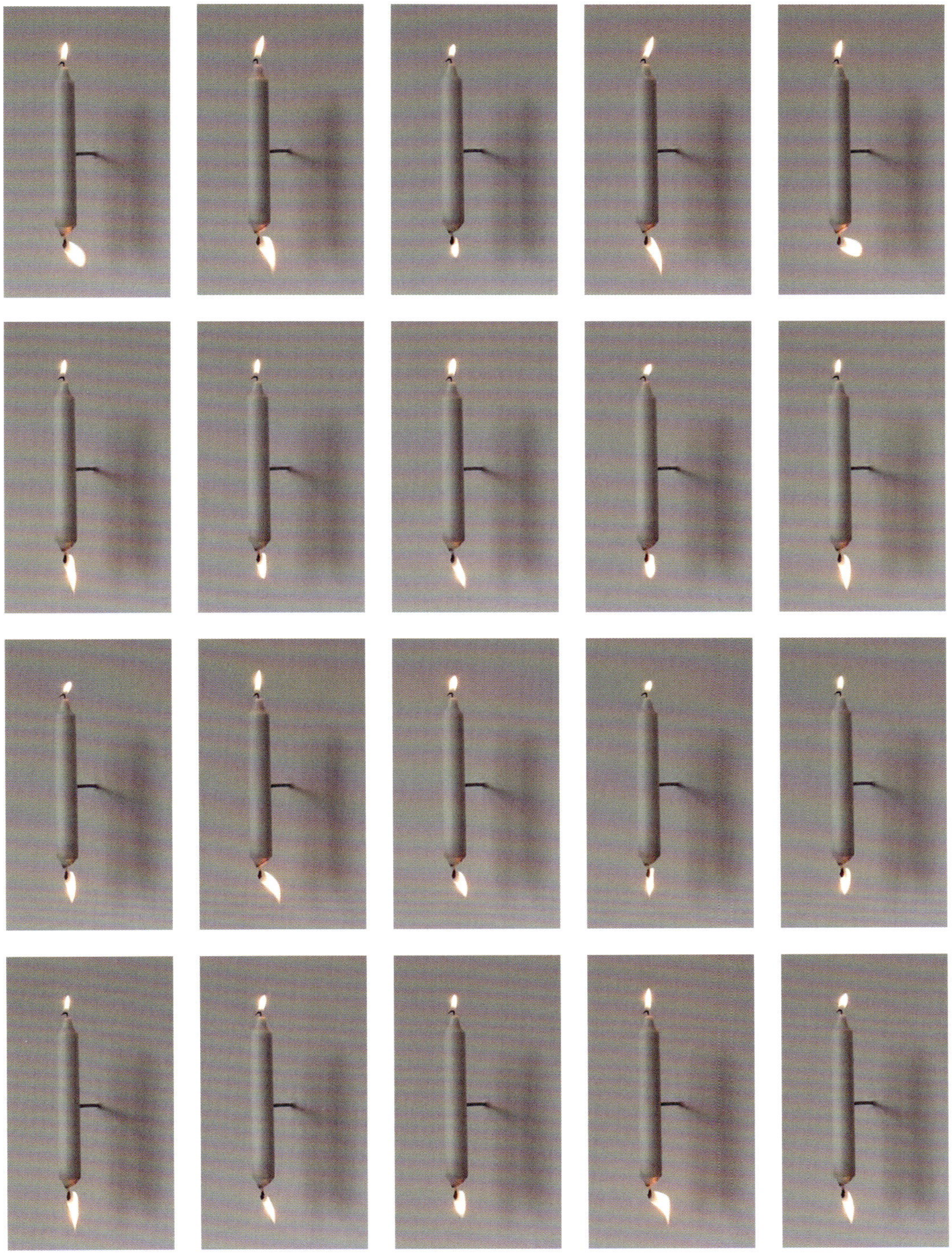

Sophia Pompéry
üstü ışıtır, altı yakar | lighting up, burning down
2009
VKV-00138 ↪ 254

Joe Jones
Otomatik Piyano | Player Piano
1977
VKV-00141 ↪ 233

Mircea Cantor
NIDO
2007
VKV-00018 ↪ 216

Karin Sander
Tischtennisball auf Leinwand II
Tuval Üzerine Pinpon Topu II |
Ping-Pong Ball on Canvas II
2008/09
VKV-00198 ↪ 257

Karin Sander
Tischtennisball auf Leinwand III
Tuval Üzerine Pinpon Topu III |
Ping-Pong Ball on Canvas III
2008/09
VKV-00199 ↪ 257

Karin Sander
Tischtennisball auf Leinwand IV
Tuval Üzerine Pinpon Topu IV |
Ping-Pong Ball on Canvas IV
2008/09
VKV-00200 ↪ 257

Karin Sander
Tischtennisball, grün, poliert
Pinpon Topu, Yeşil, Cilalı | Ping-Pong Ball, Green, Polished
2009
VKV-00197 ↪ 257

Cengiz Çekil
Yazısız | Unwritten
1976
VKV-00343 ↪ 220

George Maciunas
Flux Pinpon | Flux Ping-Pong
1976
VKV-00143 ↪ 242

George Maciunas
Piyano Parçası | Piano Piece
1970
VKV-00202 ↪ 242

Ben Vautier
Kunst
Sanat | Art
1971
VKV-00275 ↪ 263

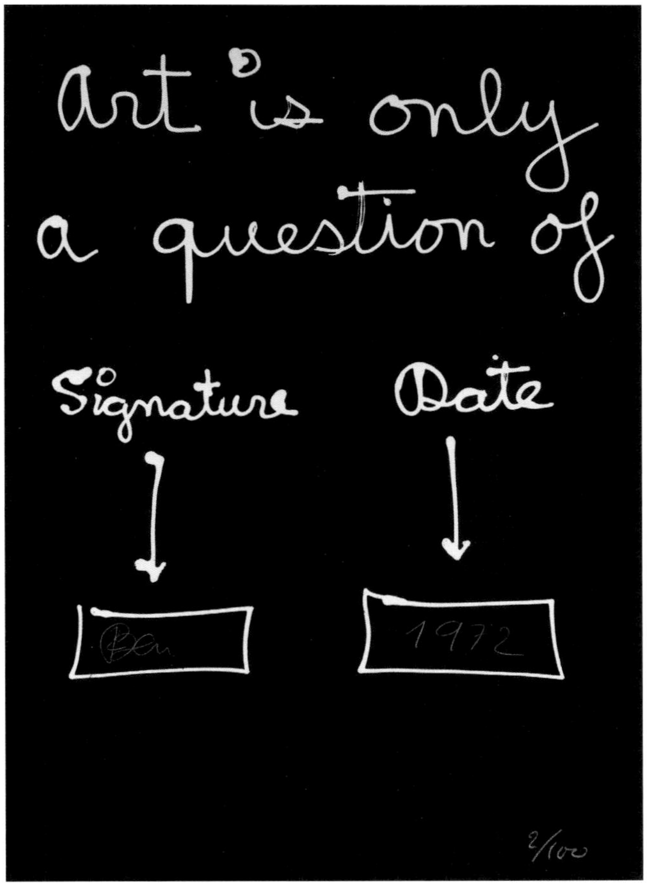

Ben Vautier
Sanat sadece bir imza ve tarih meselesidir | Art is only a question of signature and date
1972
VKV-00335 ↪ 263

Ben Vautier
Piyanoda bir şeyler çal | Play a tune on the piano
1972
VKV-00336 ↪ 263

Carles Santos
Parçalanmış Piyano ve Fotoğrafı | Destroyed Piano with Photograph
2008
VKV-00149 ↪ 257

In memoriam
George Maciunas
1931 · 1978

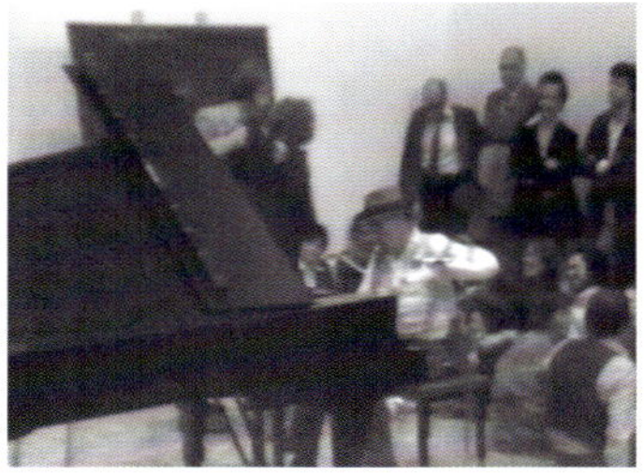

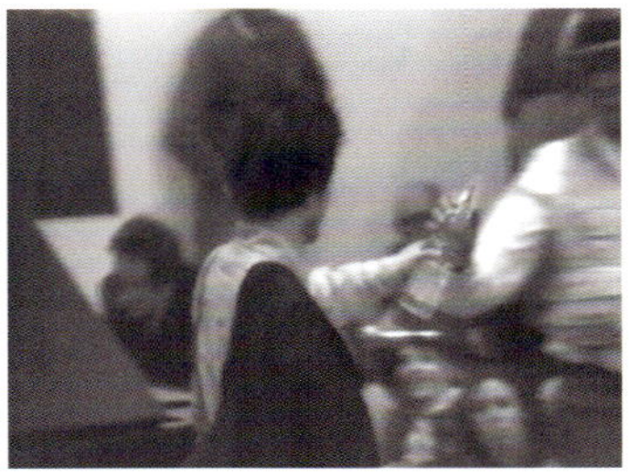

Joseph Beuys / Nam June Paik
George Maciunas Anısına | In Memoriam George Maciunas
1978–82
VKV-00244 ↪ 209 ↪ 250

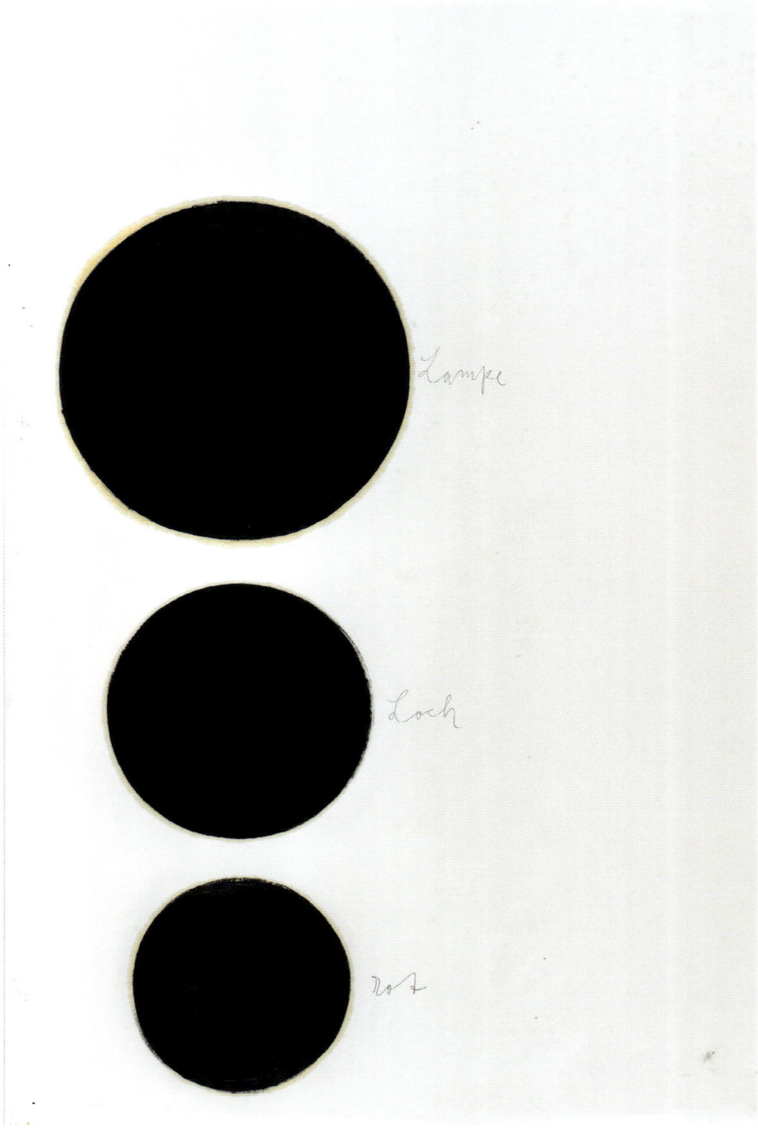

Joseph Beuys
Rot/Loch/Lampe
Kırmızı/Delik/Lamba | Red/Hole/Lamp
1976
VKV-00280 ↪ 209

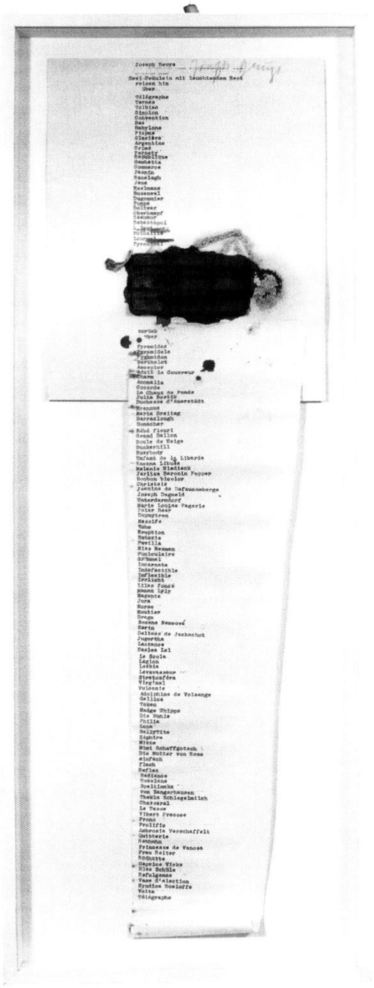

Joseph Beuys
Zwei Fräulein mit leuchtendem Brot
Işıldayan Bir Ekmekle İki Hanımefendi | Two Women with Shining Bread
1966
VKV-00281 ↪ 209

Nam June Paik
RCA
1975
VKV-00273 ↪ 250

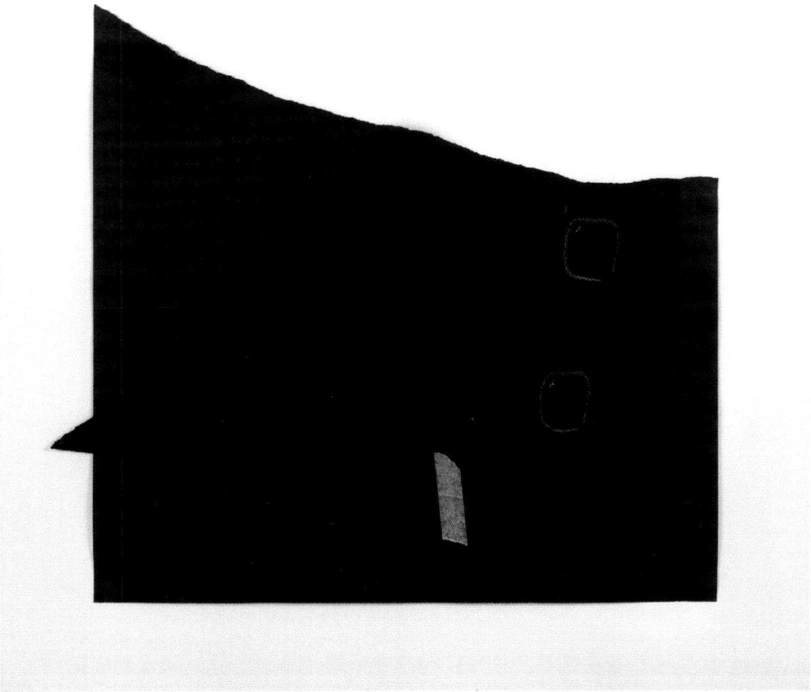

Nam June Paik
İsimsiz | Untitled
1980
VKV-00319 ↪ 250

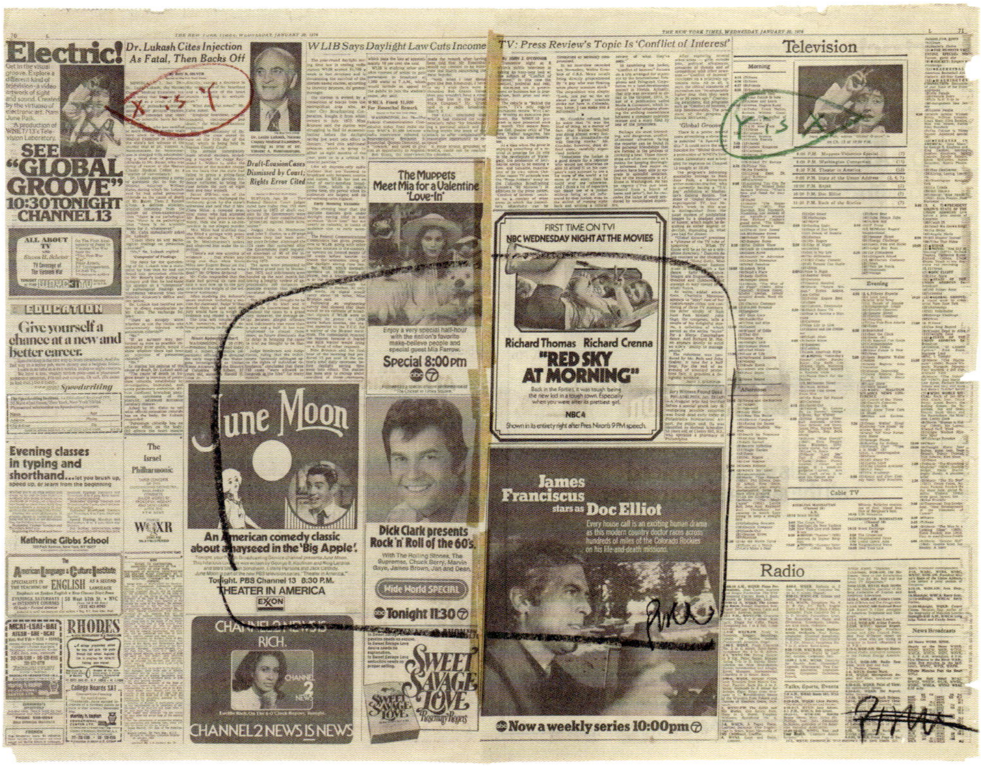

Nam June Paik
x y'dir, y x'tir | x is y, y is x
1974
VKV-00317 ↪ 250

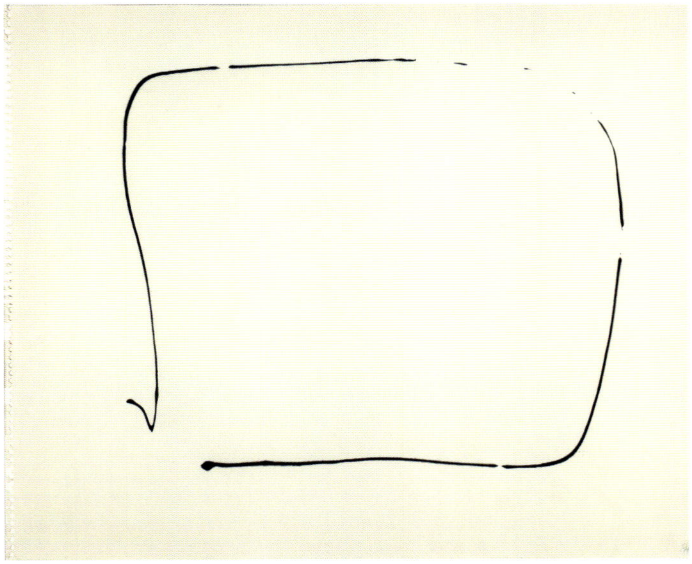

Nam June Paik
İsimsiz | Untitled
1974
VKV-00316 ↪ 250

Nam June Paik
İsimsiz | Untitled
1975
VKV-00318 ↪ 250

Nam June Paik
Fransız Saati Televizyonu | French Clock TV
1989
VKV-00142 ↪ 250

Nam June Paik
İsimsiz | Untitled
1979
VKV-00320 ↪ 250

Lene Adler Petersen
Temizleme | Cleaning Up
1990
VKV-00006 ↪ 204

John Cage
Mozart Mix
1991
VKV-00243 ↪ 215

Cevdet Erek
SSS - Sahil Sahnesi Sesi | SSS - Shore Scene Soundtrack
2006–2009
VKV-00180 ↪ 222

Annette Ruenzler
Kabul Edilemez Bir Konumun Güzelliği | The Beauty of an Unacceptable Position
2008
VKV-00069 ↪ 255

Endre Tót
Adam und Eva (nach A. Dürer)
Adem ile Havva (A. Dürer'den esinlenerek) | Adam and Eve (after A. Dürer)
2005/06
VKV-00185 ↪ 262

Endre Tót
Adam im Paradies ohne Eva
Adem Cennette, Havvasız | Adam in Paradise without Eve
2005
VKV-00186 ↪ 262

Ay-O
Ay-O ve Joe'nun Ses Kutusu | Ay-O's and Joe's Soundbox
1979
VKV-00278 ↪ 208

George Brecht
Taşınabilir Merdiven | Ladder
1960
VKV-00285 ↪ 212

Henning Christiansen
Europa Reale
Gerçek Avrupa | Real Europe
1990
VKV-00291 ↪ 219

Henning Christiansen
Viva la musica
Yaşasın Müzik | Long Live Music
1991
VKV-00292 ↪ 219

Henning Christiansen
Özgürlük Toplumsaldır | Freedom is Social
1996
VKV-00290 ↪ 219

Henning Christiansen
Jouez ma pipe
Pipomu Çalın | Play my Pipe
1986
VKV-00095 ↪ 219

Henning Christiansen
Die Freiheit ist um die Ecke
Özgürlük Köşeyi Dönünce | Freedom is Around the Corner
2008
Neon ışık enstalasyonu | Neon light installation
VKV-00096 ↪ 219

Claus Böhmler
Claude Money–Sous les Peupliers
Claude Money–Kavaklar Altında | Claude Money–Under the Poplars
1999
VKV-00284 ↪ 211

Claus Böhmler
Amsel, Drossel, Funk und Star
1988
VKV-00283 ↪ 211

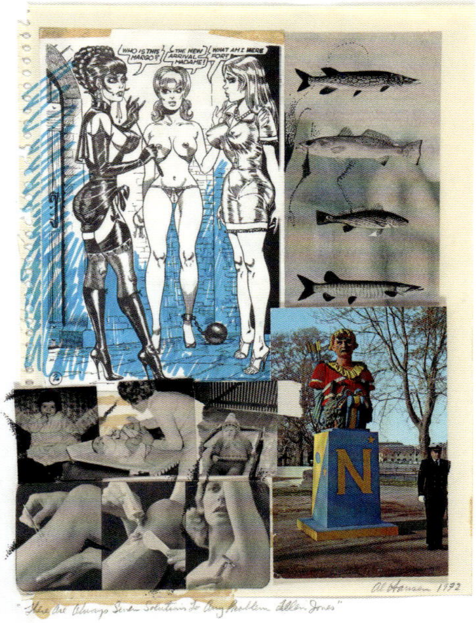

Al Hansen
Charles Manson'un İkinci Sırrı |
2nd Secret of Charles Manson
1973
VKV-00299 ↪ 230

Al Hansen
Herhangi Bir Sorunun Her Zaman Yedi Çözümü Vardır Allan Jones |
There Are Always Seven Solutions to Any Problem Allan Jones
1972
VKV-00300 ↪ 230

Al Hansen
Stefan Wewerka'nın Gelmediği Kahvaltı |
The Breakfast Stefan Wewerka Didn't Show Up for
1973
VKV-00298 ↪ 230

Al Hansen
E.M. Bir Parti Verdi | E.M. Had a Party
1972
VKV-00297 ↪ 230

Alison Knowles
ACE Sargı Bezi | ACE-Bandage
1974
VKV-00306 ↪ 238

Maria Eichhorn
Vier Multiples in Tasche
Çantada Dört Multiple | Four Multiples in a Bag
2009
VKV-00259 ↪ 222

Arthur Köpcke
...'nın bir Portresi | A Portrait of...
1966
VKV-00311 ↪ 241

Arthur Köpcke
Puderbild
Pudra-resim | Powder-painting
1973
VKV-00310 ↪ 241

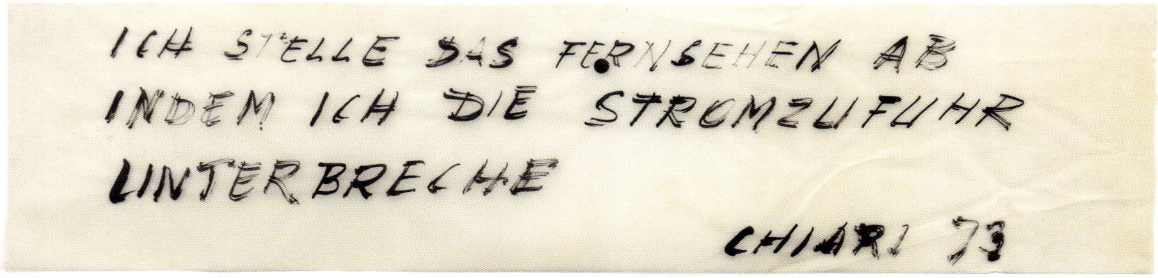

Giuseppe Chiari
Ich stelle das Fernsehen ab, indem ich die Stromzufuhr unterbreche
Cereyanı keserek televizyonu durduruyorum. | I stop the TV by cutting the current.
1973
VKV-00289 ↪ 218

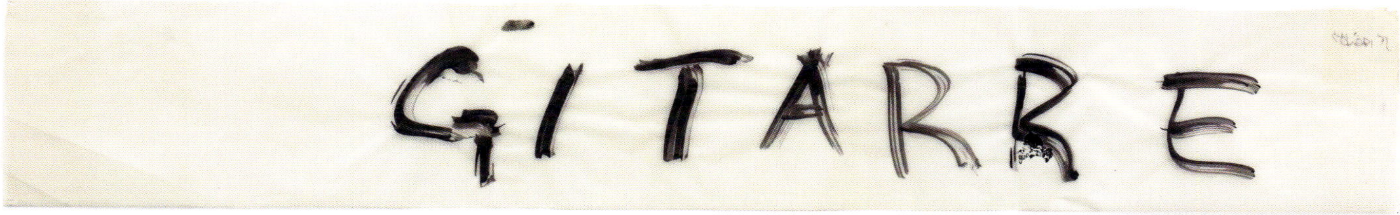

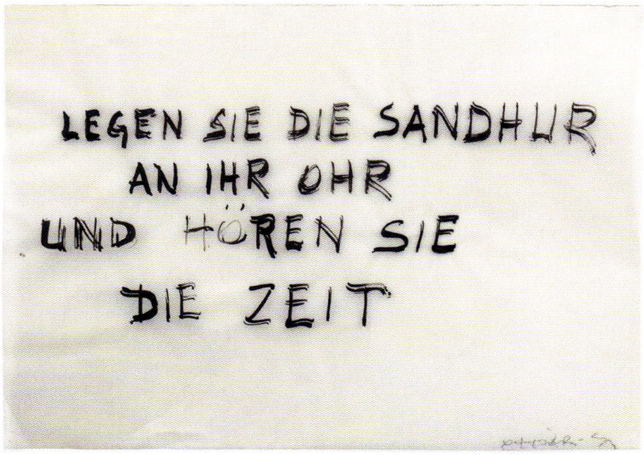

Giuseppe Chiari
Legen Sie die Sanduhr an Ihr Ohr und hören Sie die Zeit.
Kulağınızı kum saatine dayayın ve zamanı duyun. |
Hold the hourglass to your ear, and hear the time.
1973
VKV-00288 ↪ 218

Giuseppe Chiari
Gitarre
Gitar | Guitar
1973
VKV-00287 ↪ 218

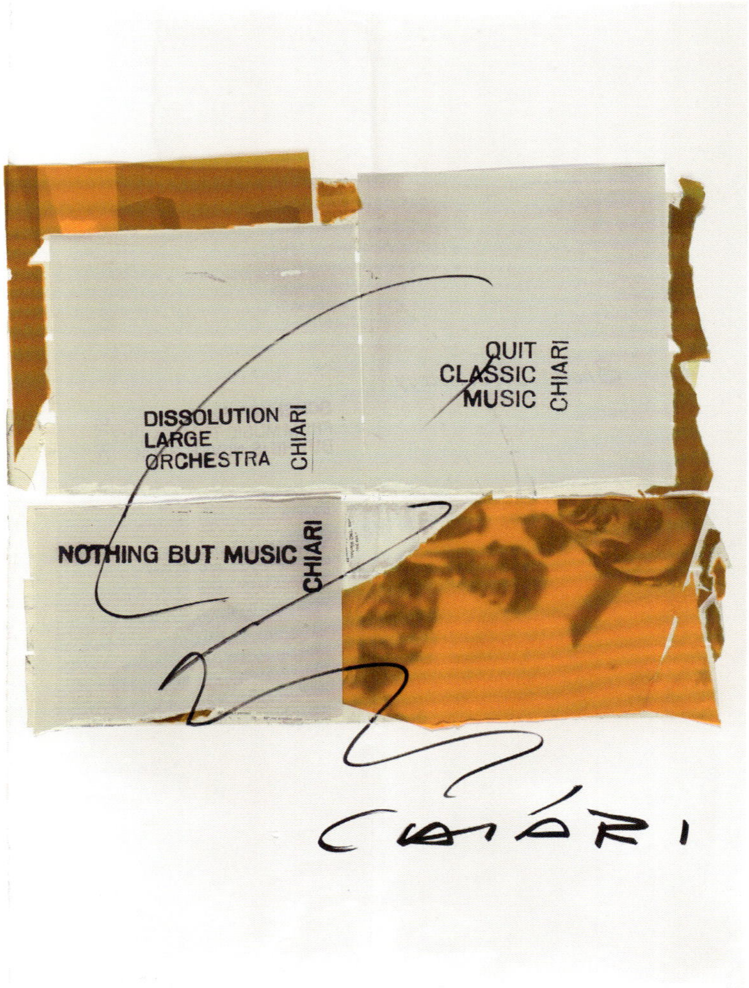

Giuseppe Chiari
Klasik Müziği Bırak | Quit Classical Music
Tarihsiz | Undated
VKV-00265 ↪ 218

Dick Higgins
Albumblatt
Albüm Yaprağı | Album Leaf
1982
VKV-00266 ↪ 230

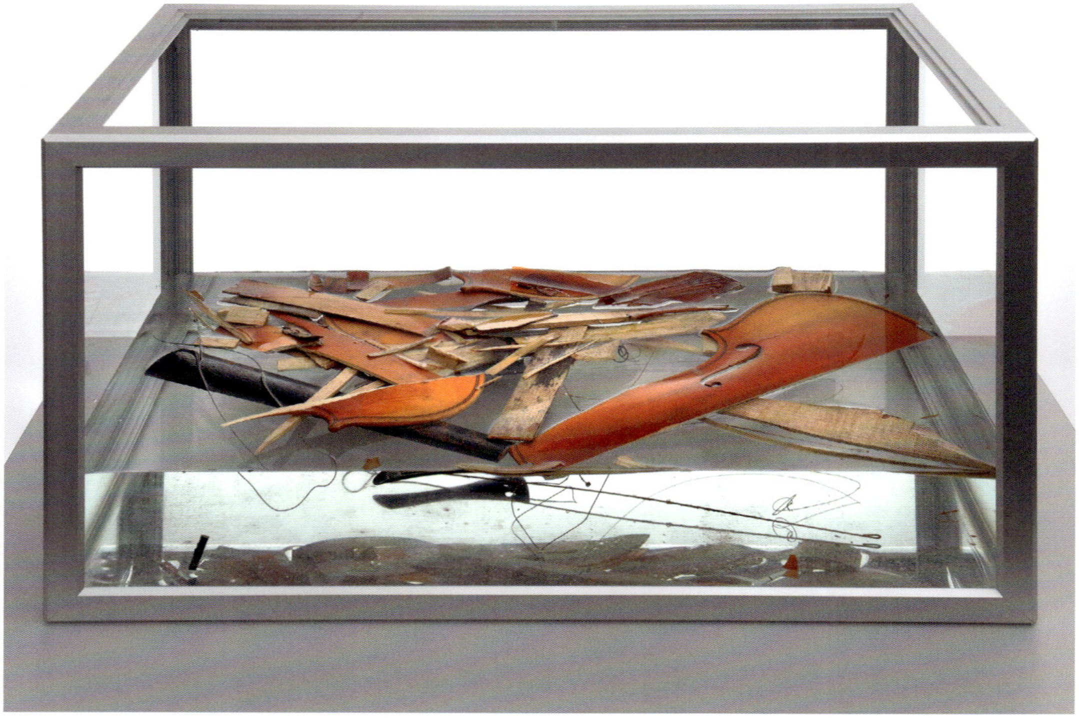

Walter Marchetti
Wassermusik
Su Müziği | Water Music
1981
VKV-00315 ↪ 243

Robert Filliou
Ateş Yok Kül De Yok | No Fire No Ashes
1970
VKV-00293 ↪ 225

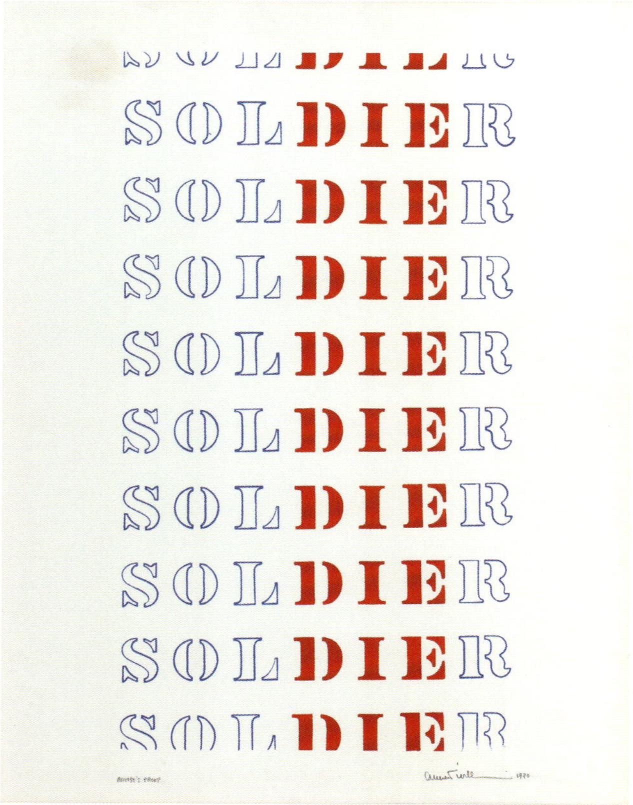

Emmett Williams
Asker/Öl | Soldier
1970
VKV-00276 ↪ 265

Emmett Williams
"A Yolculuğu" için Etüt | Study for "A Journey"
1979
VKV-00277 ↪ 265

Emmett Williams
Richard Hamilton 982
1982
VKV-00341 ↪ 265

Emmett Williams
Richard Hamilton bir Moteli Etüt Ediyor | Richard Hamilton Studies a Motel
1982
VKV-00342 ↪ 265

Diter Rot
Entenjagd
Ördek Avı | Duck Chase
1972
VKV-00331 ↪ 254

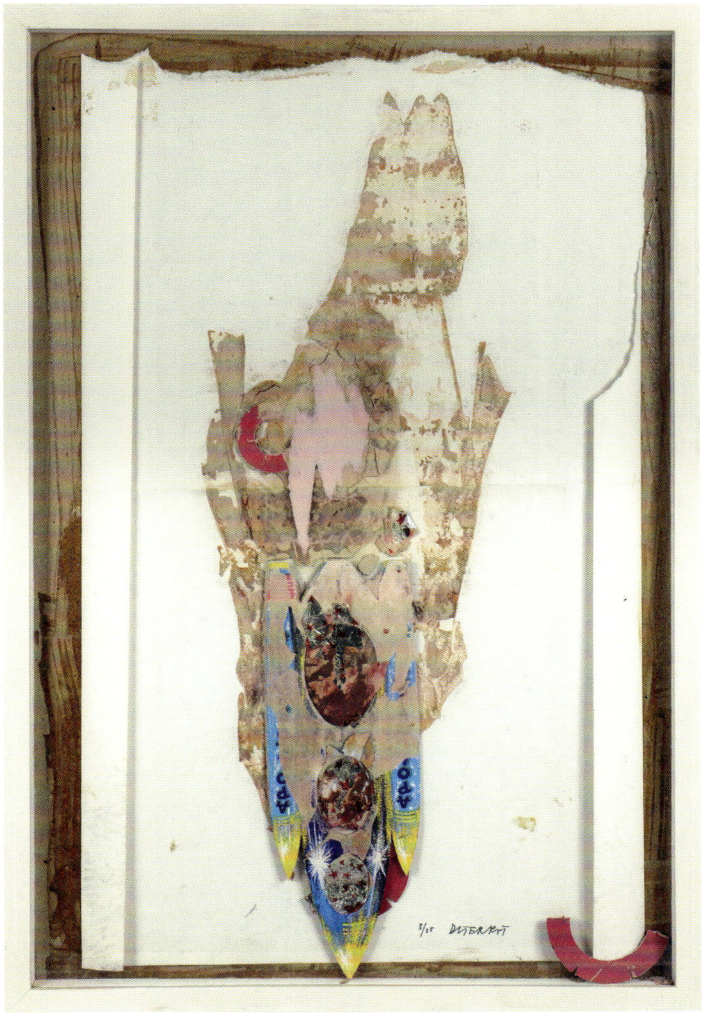

Diter Rot
Rakete (Schokoladenbombe)
Roket (Çikolata Bombası) | Rocket (Chocolate Bomb)
1968
VKV-00332 ↪ 254

Stuart Sherman
Koffer
Bavul | Suitcase
1984
VKV-00334 ↪ 258

Braco Dimitrijević
Simyacıların Dirilişi | The Resurrection of Alchemists
2006
VKV-00023 ↪ 221

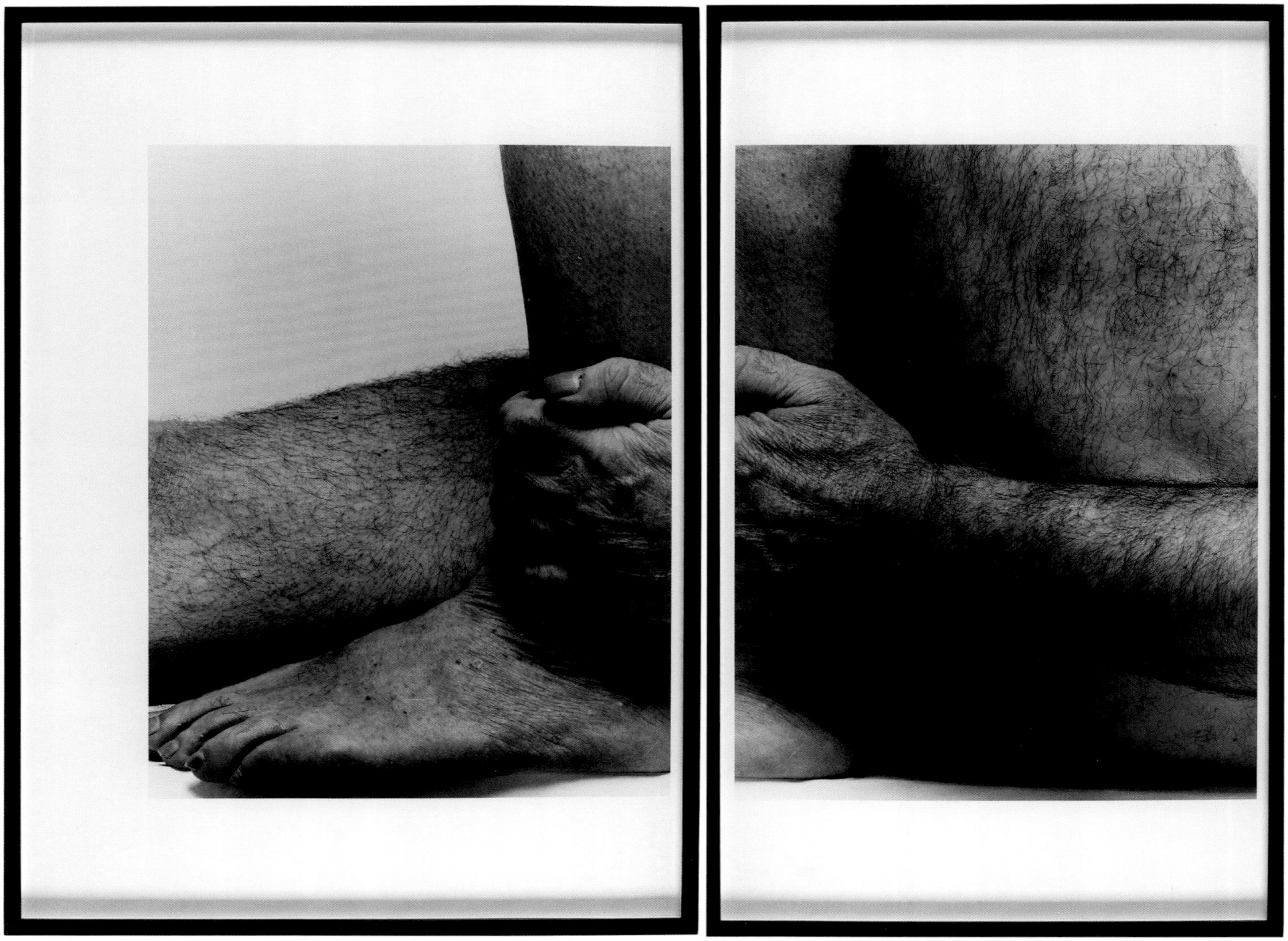

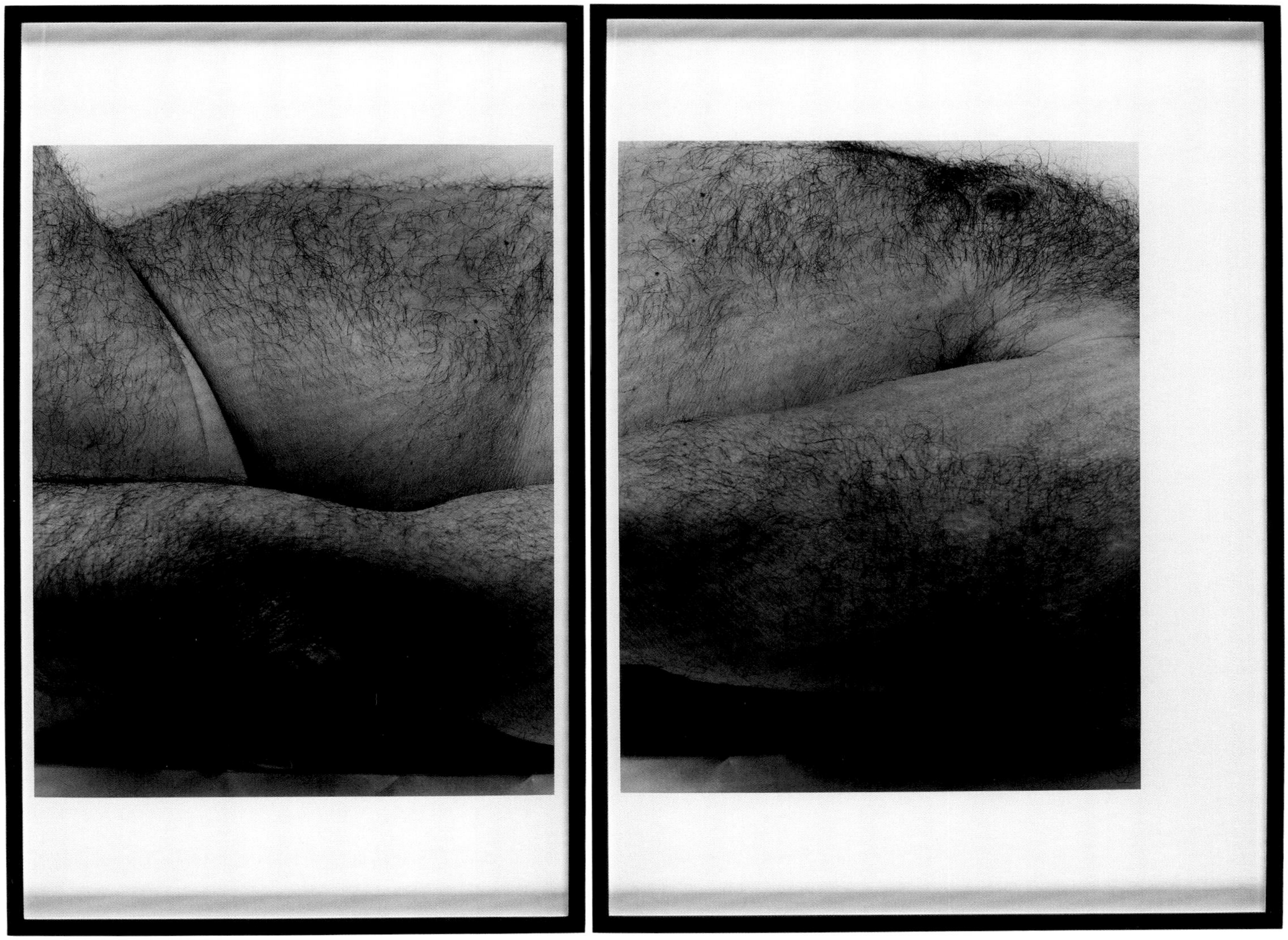

John Coplans
Otoportre; Uzanmış, Ayağını Tutan Figür | Self Portrait, Lying Figure Holding Leg
1990
VKV-00146 ↪ 220

Barbara Bloom
Barbara Bloom's gesammelte Werke
Barbara Bloom'un Toplu Yapıtları | Barbara Bloom's Collected Works
1990
VKV-00094 ↪ 210

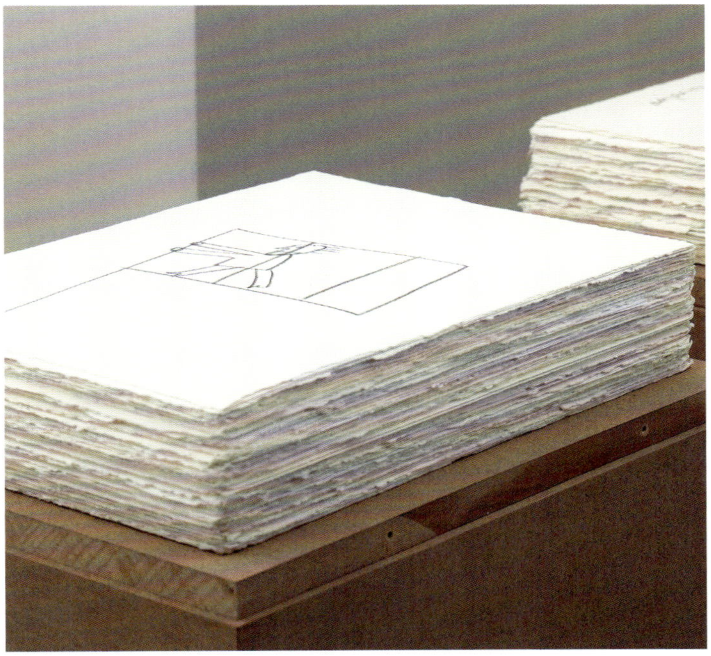

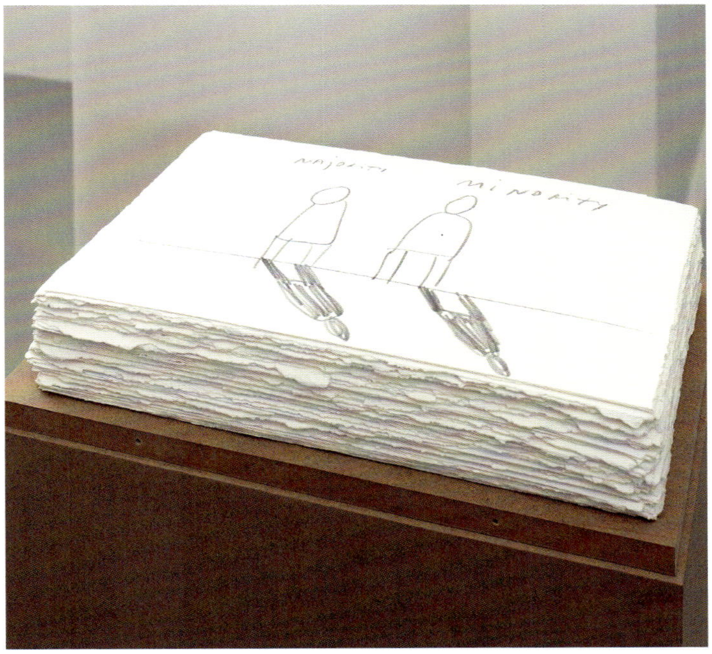

Dan Perjovschi
Sin Titulo, Patriotismo (Bandera)
İsimsiz, Vatanseverlik (Bayrak) | Untitled, Patriotism (Flag)
2007
VKV-00062 ↪ 251

Dan Perjovschi
Sin Titulo (Sombras)
İsimsiz (Gölgeler) | Untitled (Shadows)
2007
VKV-00061 ↪ 251

Dan Perjovschi
İsimsiz (Gösterici ve Polis) | Untitled (Demonstrator and Police)
2008
VKV-00063 ↪ 251

Dan Perjovschi
İsimsiz (Manzara Sanatçısı) | Untitled (Landscape Artist)
2008
VKV-00065 ↪ 251

Dan Perjovschi
İsimsiz (Don Kişot) | Untitled (Don Quixote)
2008
VKV-00064 ↪ 251

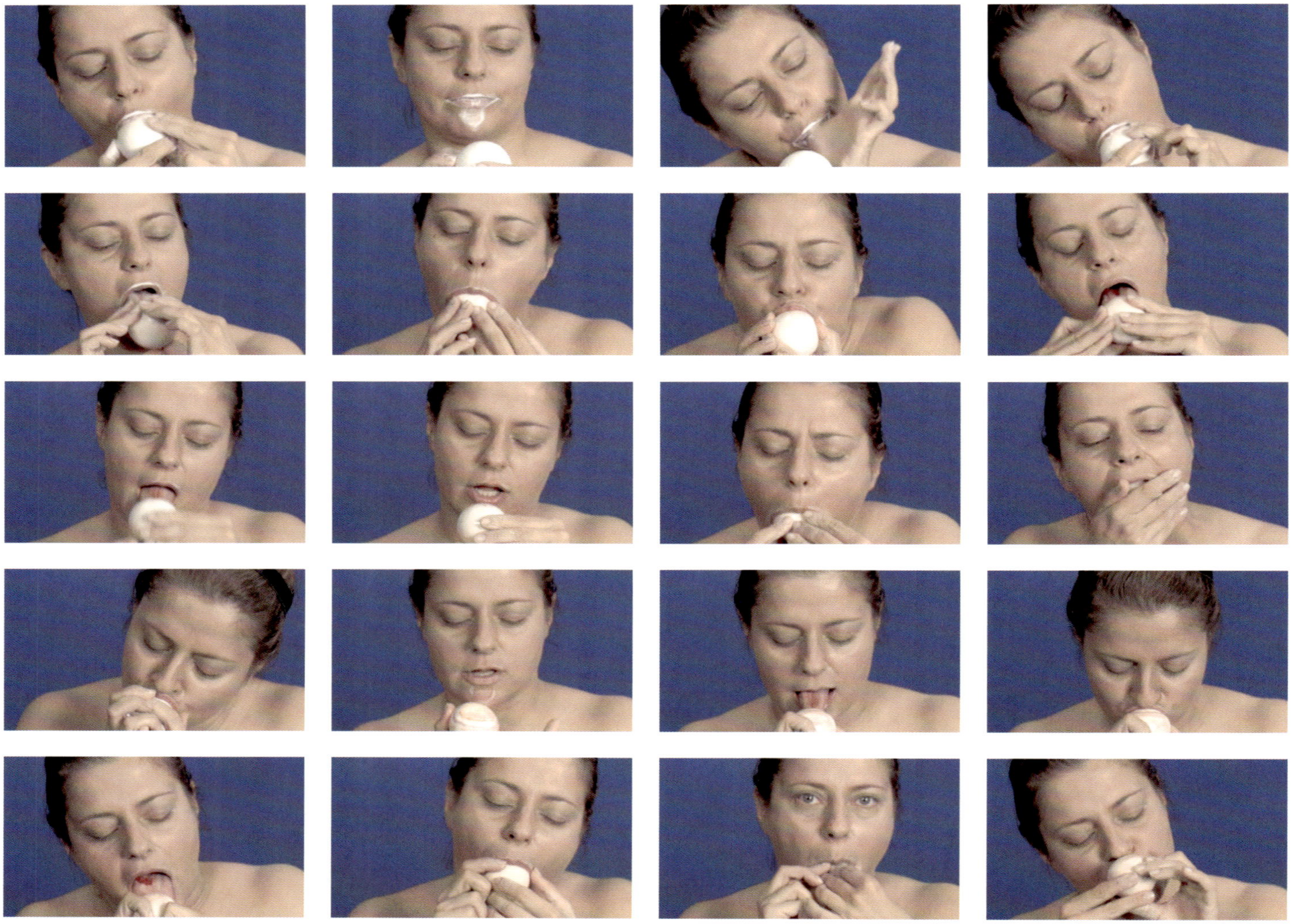

Ebru Özseçen
Çenekıran | Jawbreaker
2009
VKV-00260 ↪ 250

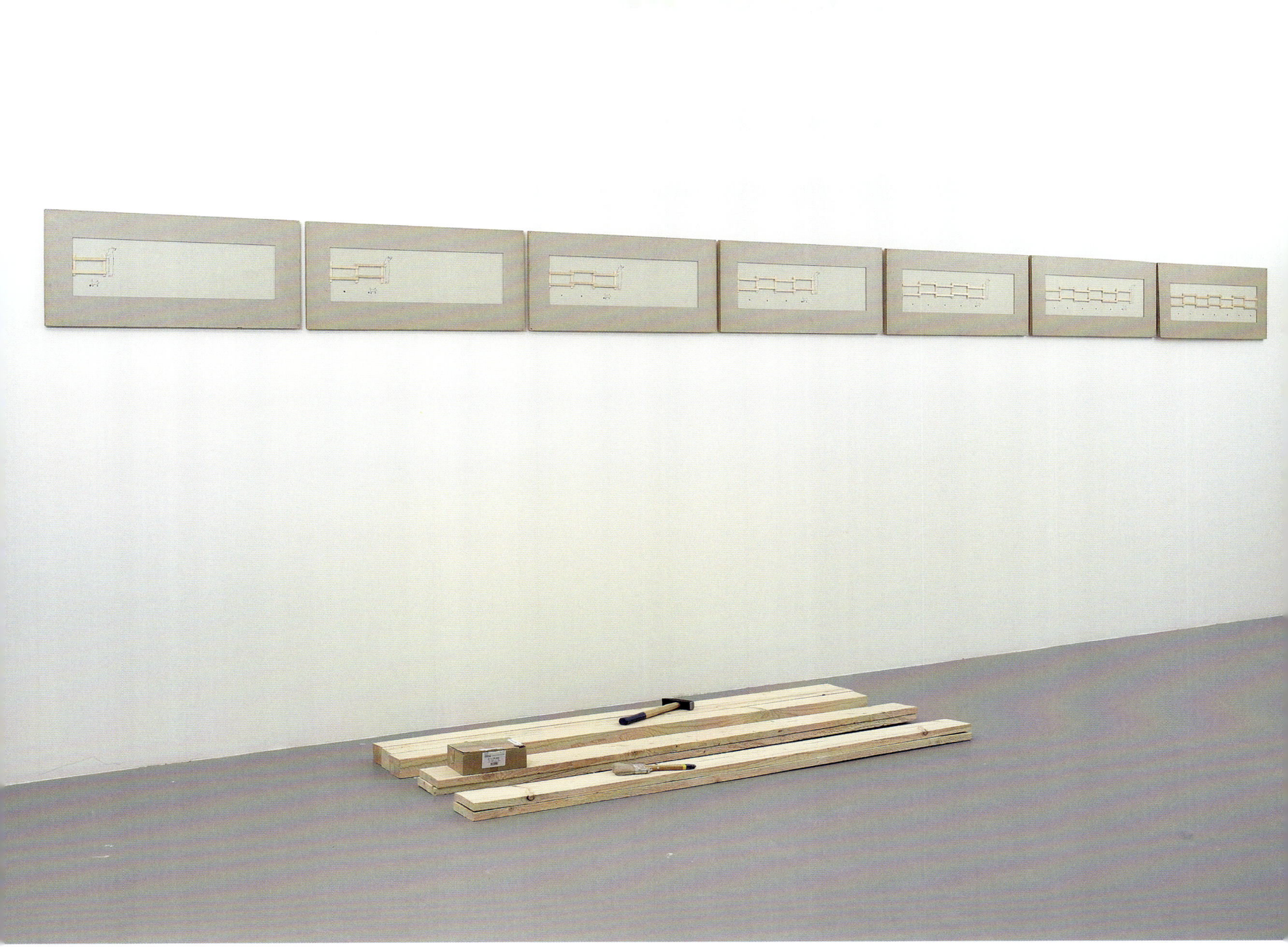

Kristján Gudmundsson
Yedi Gün / Köpekli Adam için Heykel | Seven Days / Sculpture for a Man with a Dog
1971
VKV-00031 ↪ 228

Asta Gröting
Grabende
Kazıcı | Digger
Mayıs | May 2001
VKV-00196 ↪ 227

Asta Gröting
Fallende Eisläuferin
Düşen Buz Patenci | Falling Ice Skater
Haziran | June 1996
VKV-00195 ↪ 227

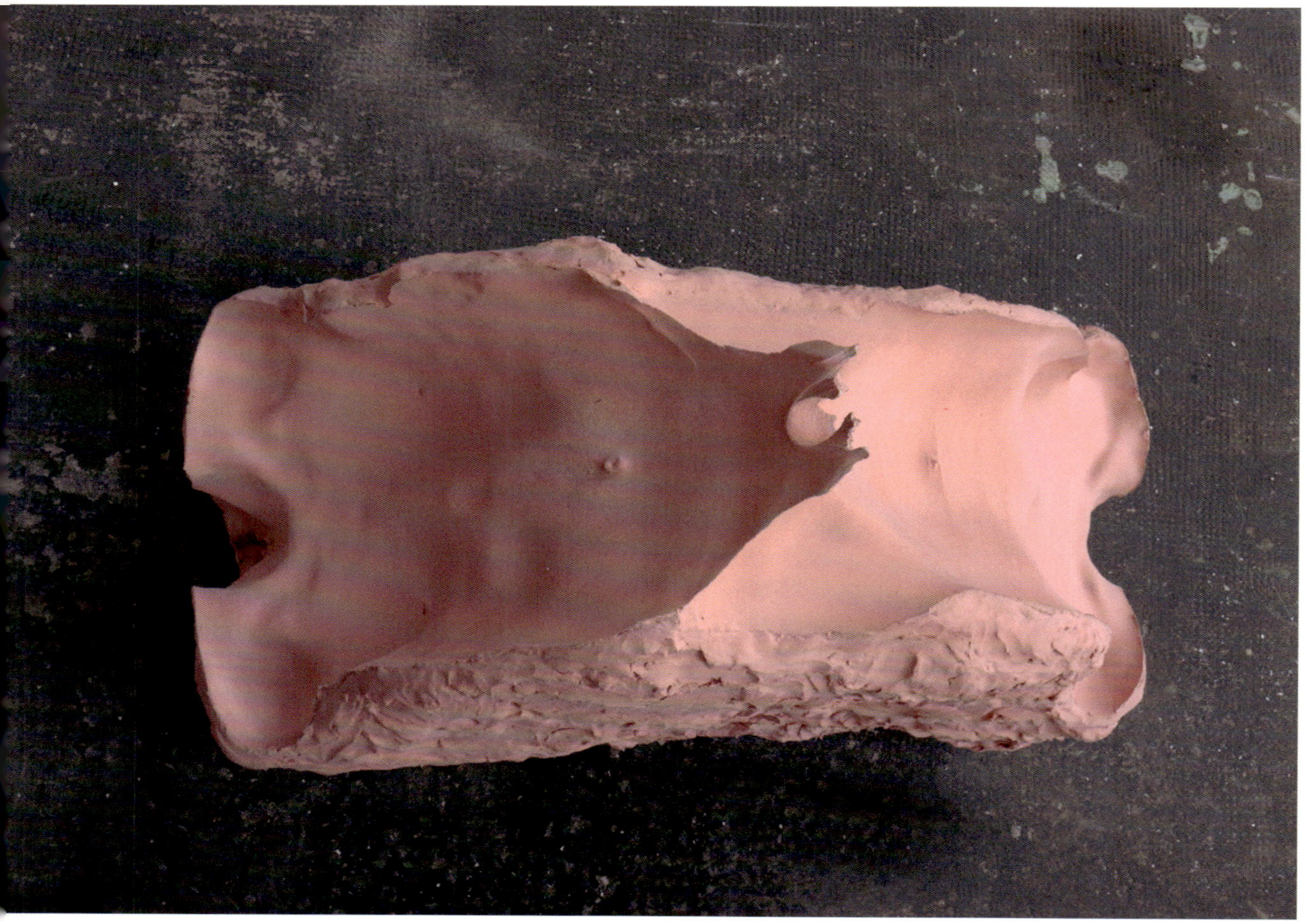

Asta Gröting
Seks Yapan İki Kişi Arasındaki Boşluk | The Space Between Two People Having Sex
2008
VKV-00132 ↪ 227

Nilbar Güreş
Kulplu Beygir | Pommel Horse
"Bilinmeyen Sporlar" dizisinden | From the series "Unknown Sports"
2009
VKV-00178 ↪ 228

Fikret Atay
Teorisyenler | Theorists
2008
VKV-00014 ↪ 207

Terry Fox
Tarif | Delineation
1990
VKV-00131 ↪ 225

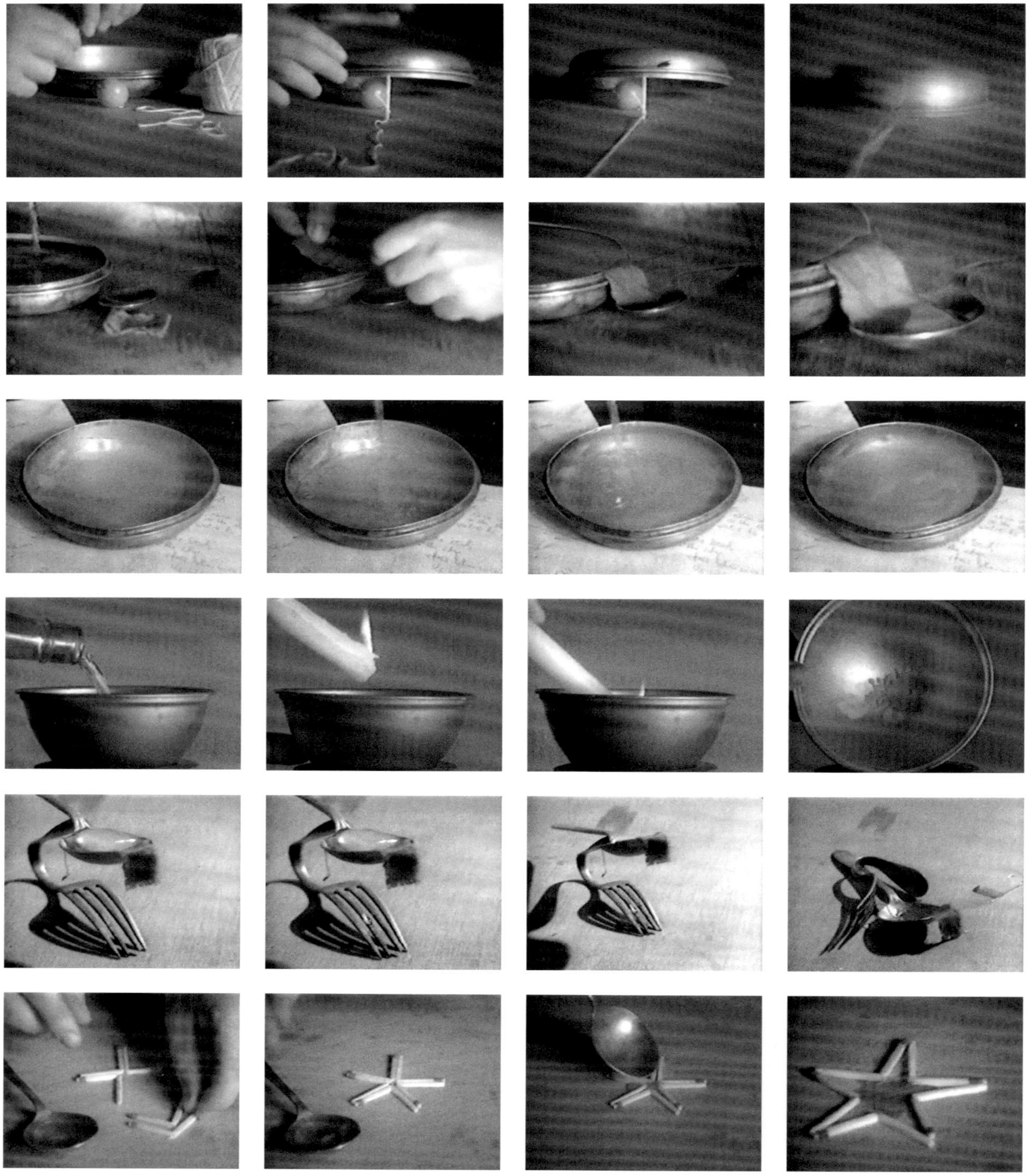

Terry Fox
Çocuk Kasetleri | Children's Tapes
1974
VKV-00188 ↪ 225

Terry Fox
Çocuk Kasetleri | Children's Tapes
1974
VKV-00188 ↪ 225

Navid Nuur
'EVRENSEL
SÜRTÜNME BOŞLUĞUNUN
İÇİ', 2005–2008
'INSIDE
THE VOID OF
UNIVERSAL FRICTION', 2005–2008
VKV-00056 ↪ 247

Navid Nuur
'EŞİKÇİ (SÜTUN OLARAK) II' 2007–2009
'THRESHOLDER (AS PILLAR) II', 2007–2009
VKV-00245 ↪ 247

Aydan Murtezaoğlu
İsimsiz (Ramiz Gökçe'den sonra) | Untitled (after Ramiz Gökçe)
2001
VKV-00048 ↪ 246

Ahmet Öğüt
Saydıklarımız | Things We Count
2008
VKV-00238 ↪ 248

Reiner Ruthenbeck
Gummiring
Kauçuk Halka | Rubber Ring
VKV-00333 ↪ 255

Bülent Şangar
Suret
2003–2004
VKV-00074 ↪ 260

Goran Petercol
Yansımadan Sonra (9) | After Reflection (9)
2007
VKV-00066 ↪ 252

Lauri Astala, Hanna Brotherus, Elina Brotherus, Antti Ikonen
Mutluluğum Yuvarlaktır | My Happiness is Round
2007
VKV-00193 ↪ 207 ↪ 213

Elina Brotherus
Lambalı İç Mekân | Interior with a Lamp
2008
VKV-00231 ↪ 213

Elina Brotherus
Newton'ın Renk Kuramı | Newton's Colour Theory
2009
VKV-00233 ↪ 213

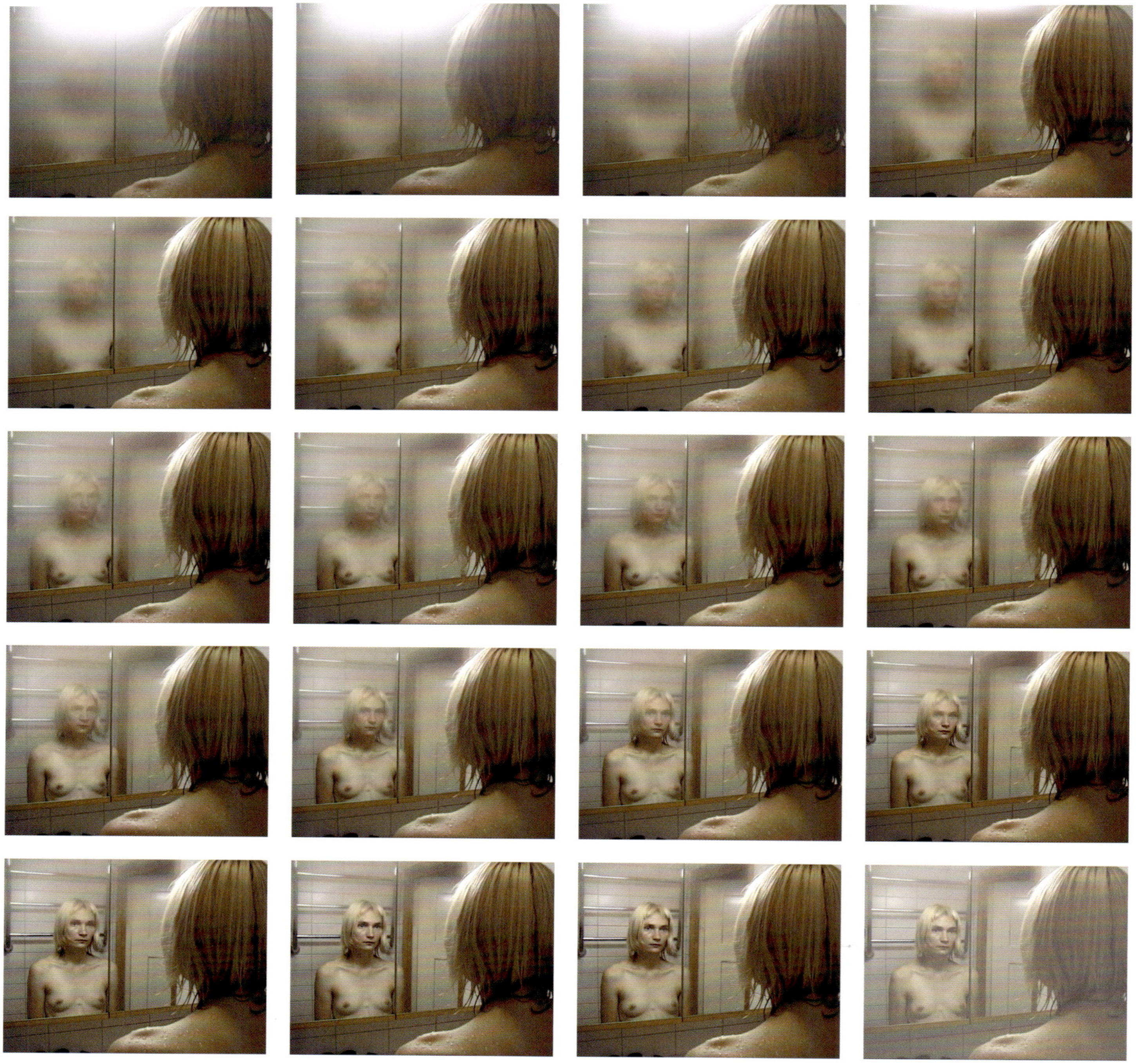

Elina Brotherus
Miroir
Ayna | Mirror
2001
VKV-00015 ↪ 213

Elina Brotherus
Emre'nin Şemsiyesi | Emre's Umbrella
2008
VKV-00232 ↪ 213

Coca-Cola
AUTOMATIEK

't wordt pas goed met Coca-Cola
Coca-Cola
TAXI
SPAARBANK

Stanley Brouwn
Bu Taraftan Brouwn | This Way Brouwn
1969
VKV-00264 ↪ 214

Dan Graham
Yatak Odası Süiti, “Model Evi”nin İçi, Staten Adası, NY | Bedroom Suite, Interior of “Model Home”, Staten Island, NY
1967
“İki Evli Ev” Giriş, Bayonne | “Two Home Home” Entrance, Bayonne
1966
“Amerika İçin Evler” dizisinden | From the series “Homes for America”
VKV-00294 ↪ 226

Dan Graham
Konut Projesi, Bayonne, N.J. | Housing Project, Bayonne, N.J.
1966
"Model Evi"nin İçi, Staten Adası, NY | Interior of "Model House", Staten Island, NY
1967
"Amerika İçin Evler" dizisinden | From the series "Homes for America"
VKV-00295 ↪ 226

Halil Altındere
Mirage
2008
VKV-00242 ↪ 206

Šejla Kamerić
Frei
Özgür | Free
2005
VKV-00033 ↪ 234

Michael Sailstorfer
T 72
2007
VKV-00071 ↪ 256

Serge Spitzer
Altın Halı | Golden Carpet
1994–1995
VKV-00117 ↪ 259

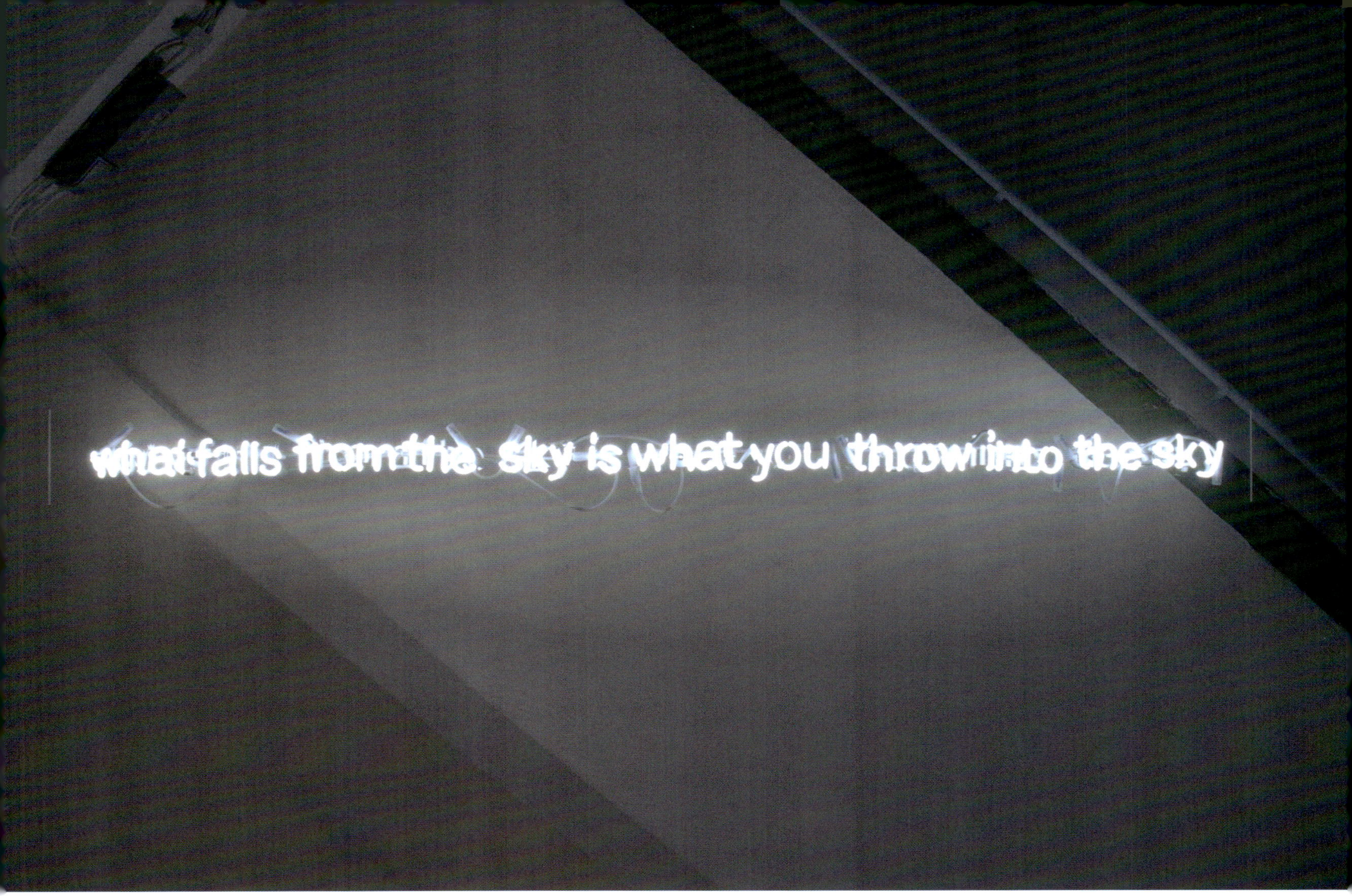

Miklos Onucsan
Gökten Düşen Şey, Göğe Fırlattığın Şeydir | What Falls from the Sky is What You Throw into the Sky
2009
VKV-00112 ↪ 248

Miklos Onucsan
Farklı Çünkü Aynı, Aynı Çünkü Farklı II | It's Different Because It's the Same, It's the Same Because It's Different II
2008
VKV-00110 ↪ 248

Miklos Onucsan
Çimen Burada Yatıyor | Here Rests the Grass
2002–2009
VKV-00111 ↪ 248

Anetta Mona Chişa & Lucia Tkáčová
Tabiyetin Diyalektiği #4 | Dialectics of Subjection #4
2006
VKV-00019 ↪ 218

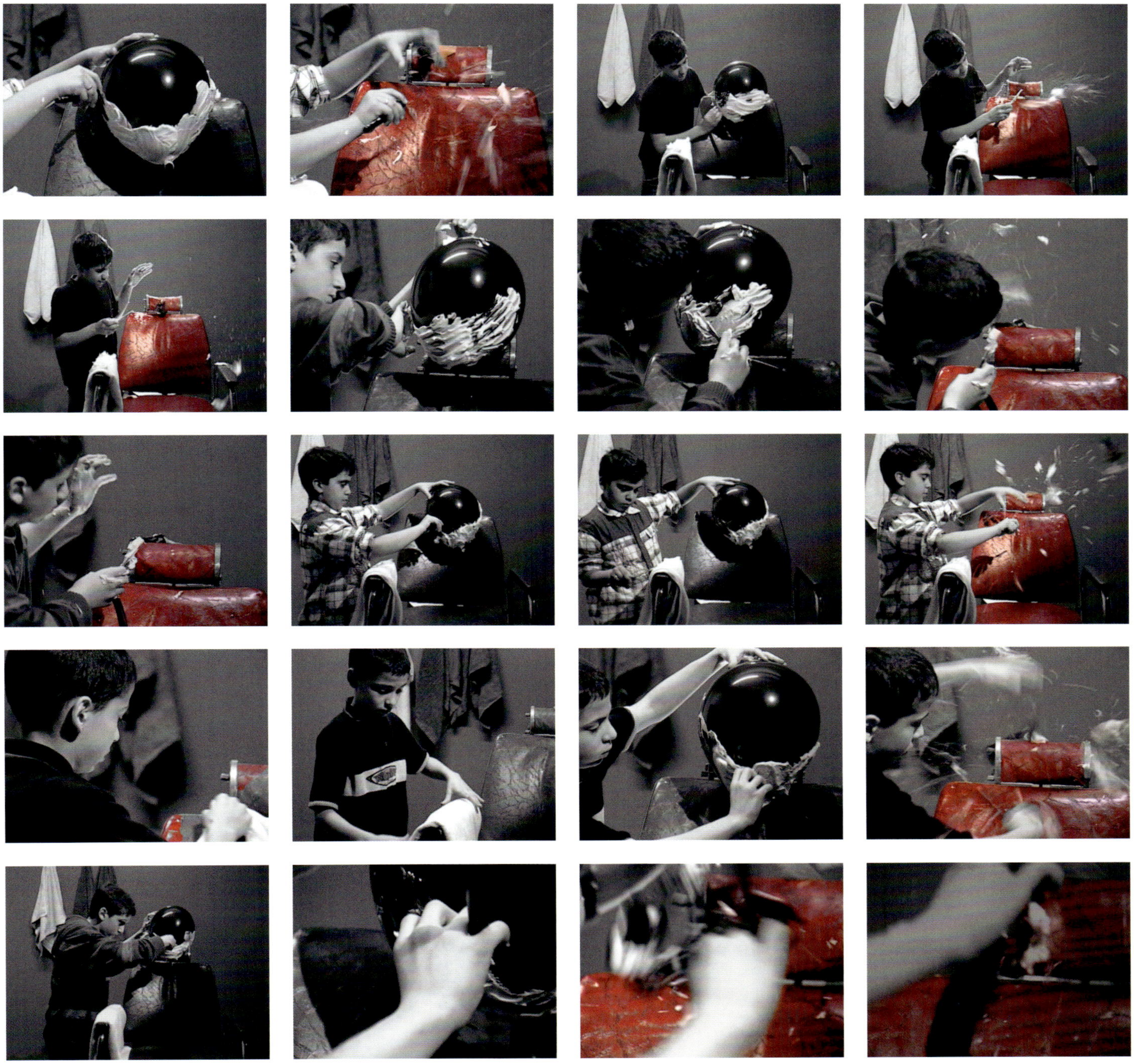

Adel Abidin
Köpük | Foam
2007
VKV-00223 ↪ 204

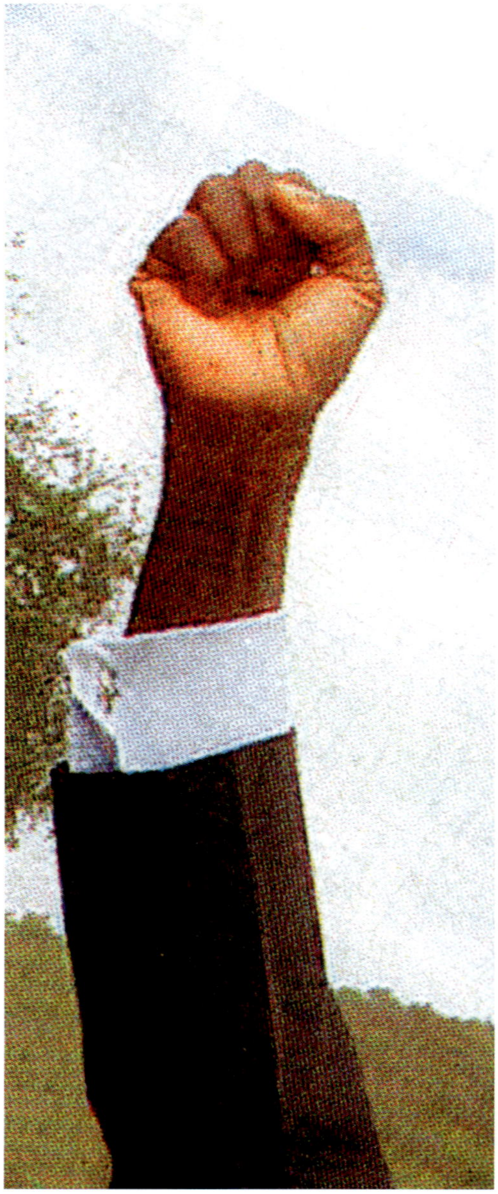

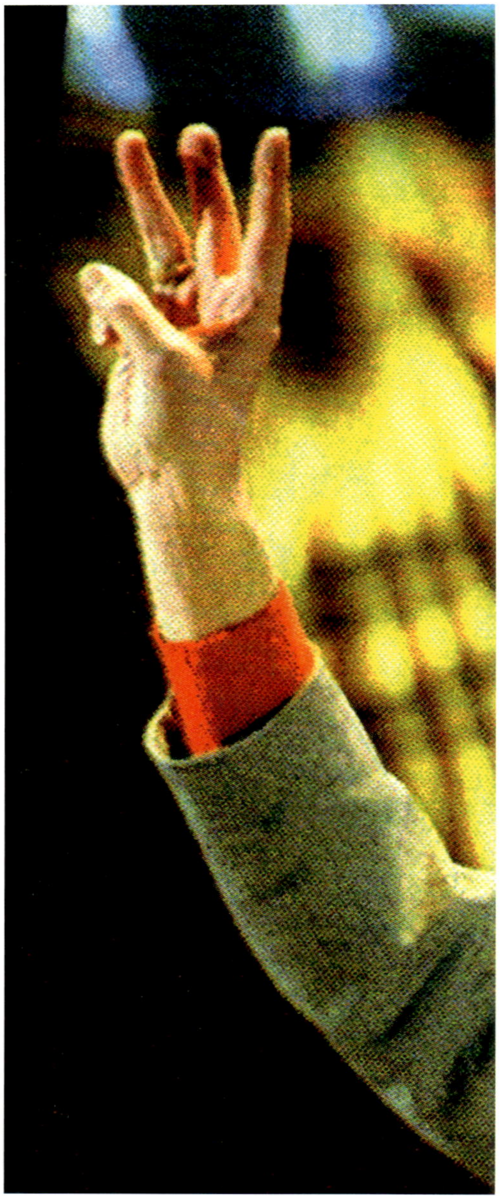

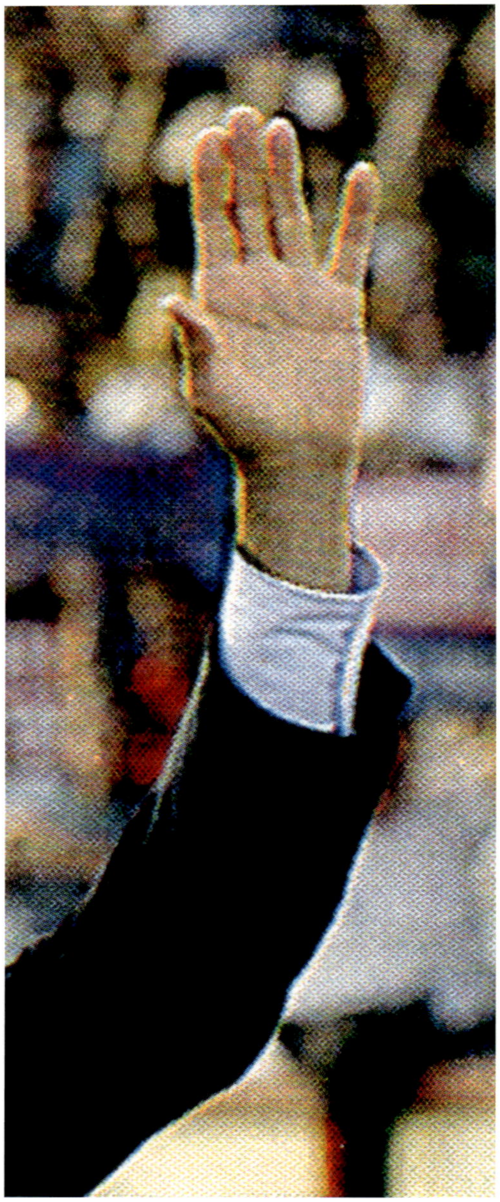

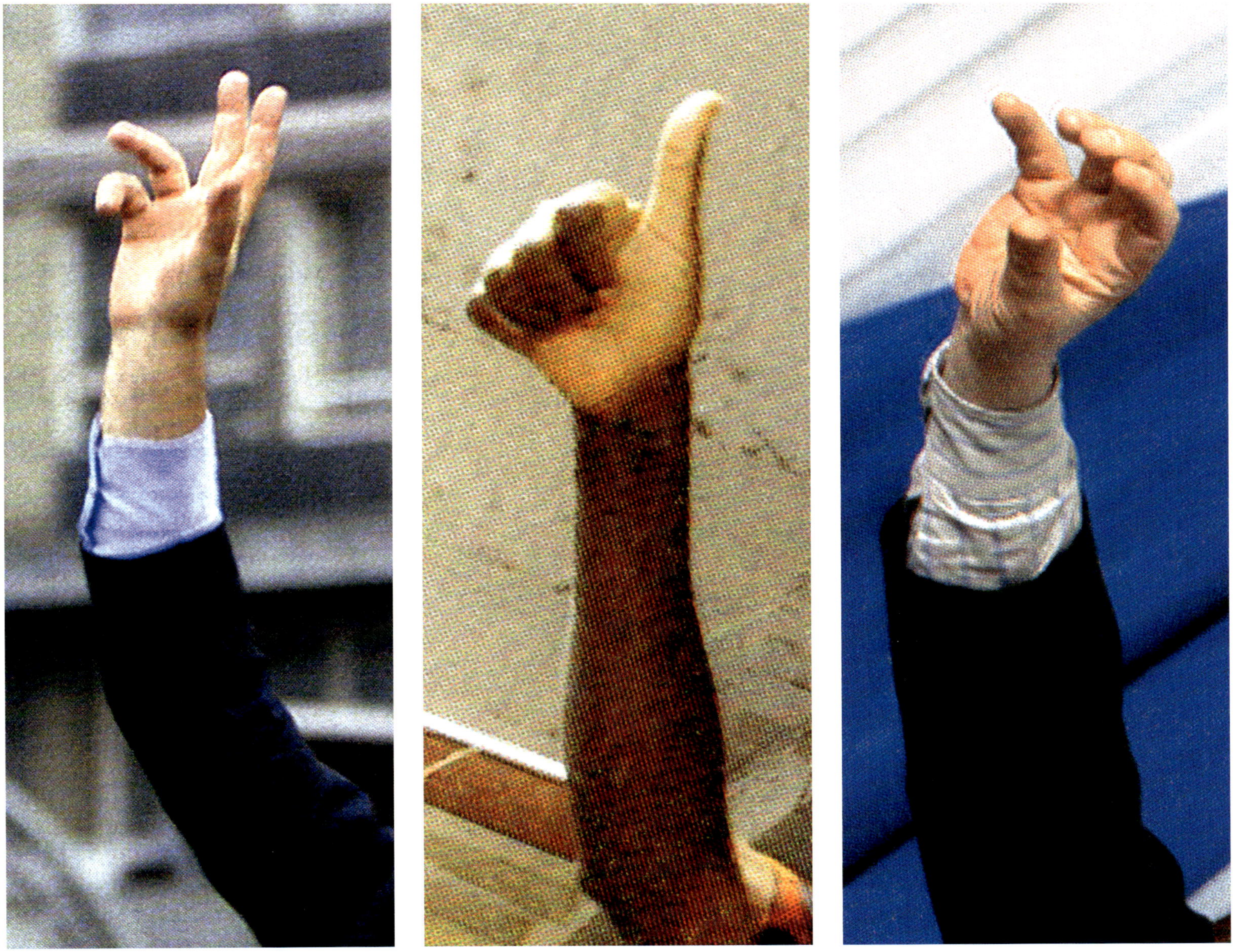

Nasan Tur
Kollar | Arms
2006
VKV-00082 ↪ 263

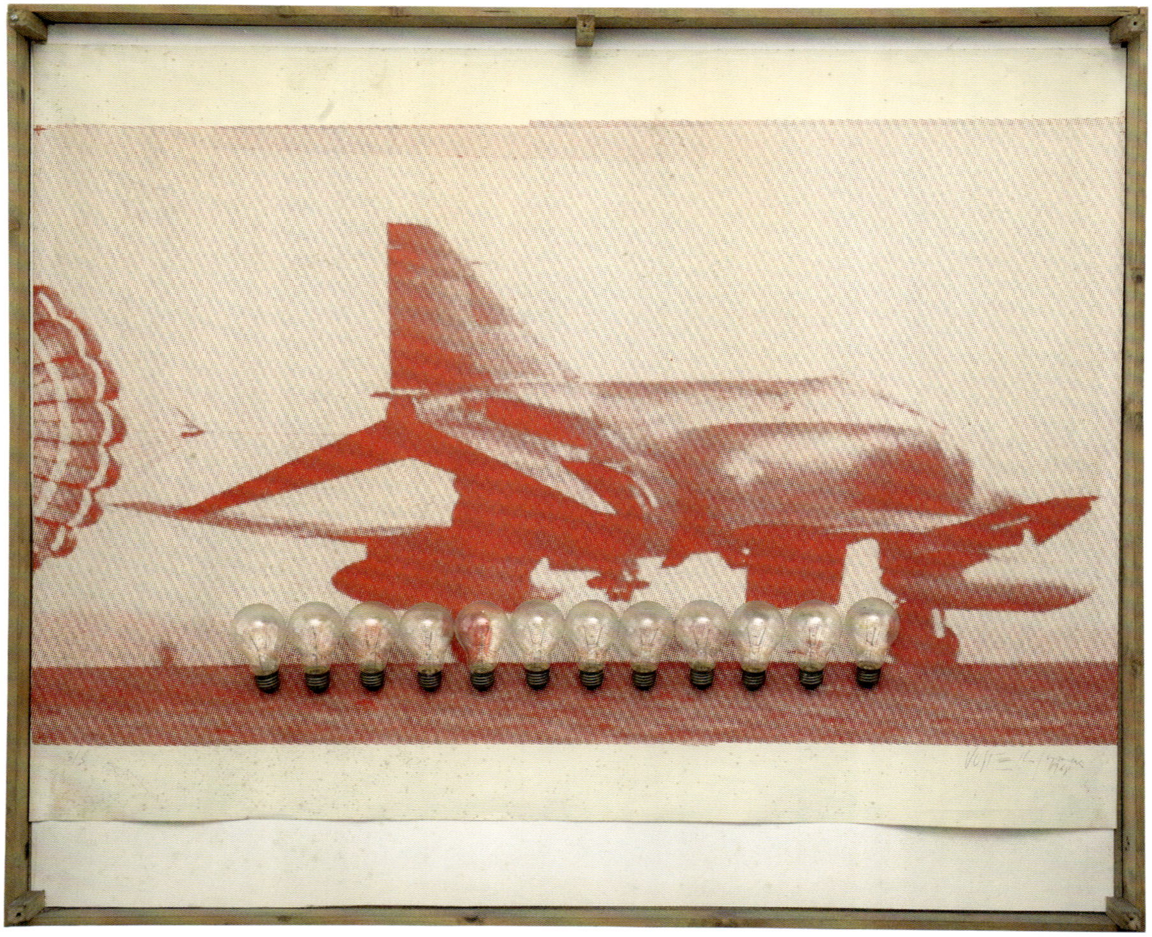

Wolf Vostell
Phantom
1968
VKV-00337 ↪ 264

Jarosław Kozłowski
Retorik Figürler II | Rhetorical Figures II
2006
VKV-00101 ↪ 240

Olaf Metzel (**Ulrich Görlich**'le birlikte | In cooperation with Ulrich Görlich)
Nach Tomsky, Lenin
Tomsky'den Esinlenerek, Lenin | After Tomsky, Lenin
1991
VKV-00103 ↪ 244

Olaf Metzel (**Ulrich Görlich**'le birlikte | In cooperation with Ulrich Görlich)
Nach Tomsky, Wolgograder Arbeiter
Tomsky'den Esinlenerek, Wolgogradlı İşçi | After Tomsky, Worker from Wolgograd
1991
VKV-00105 ↪ 244

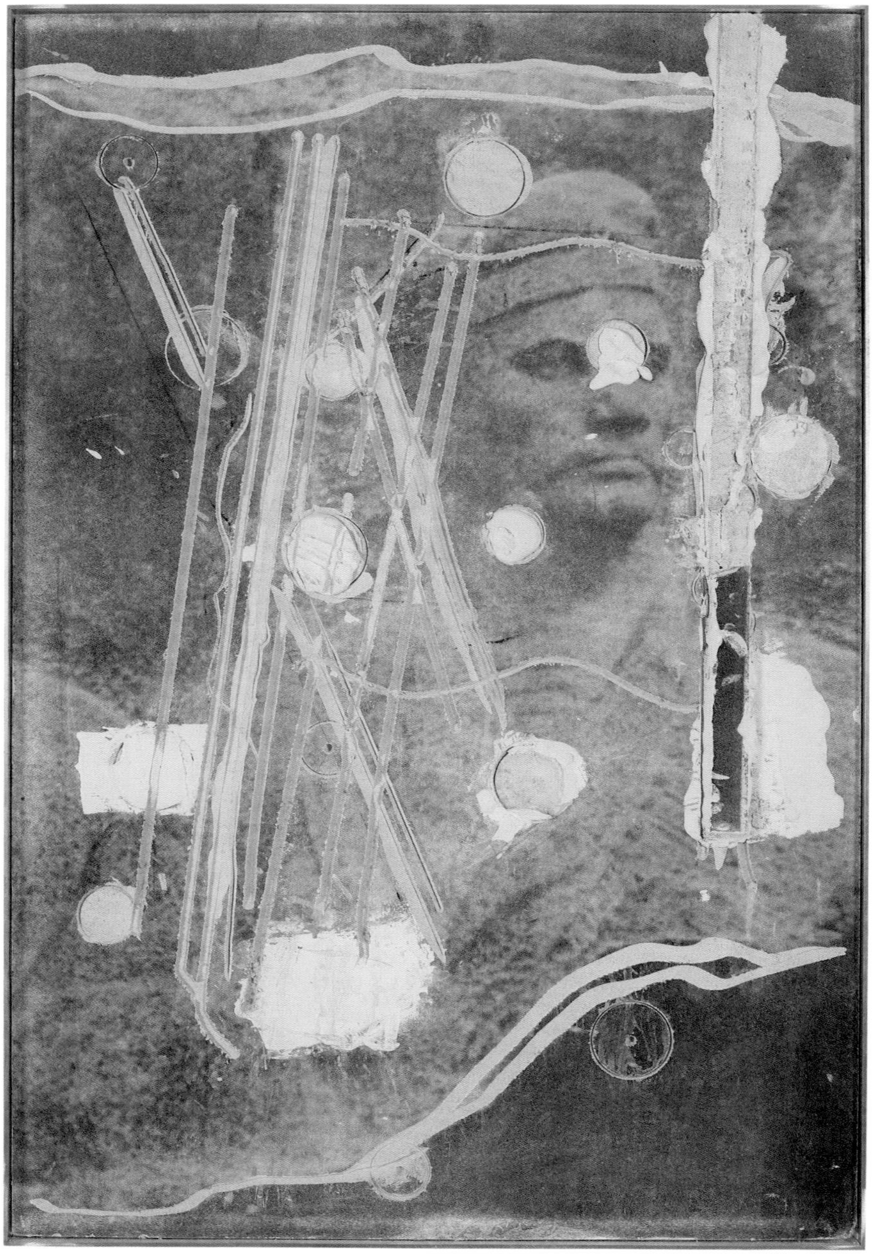

Olaf Metzel (**Ulrich Görlich**'le birlikte | In cooperation with Ulrich Görlich)
Nach Tomsky, Matrose
Tomsky'den Esinlenerek, Denizci | After Tomsky, Sailor
1991
VKV-00106 ↪ 244

Olaf Metzel (**Ulrich Görlich**'le birlikte | In cooperation with Ulrich Görlich)
Tomsky'den Esinlenerek, Özgürlüğün Savunulması İçin Anıt |
Nach Tomsky, Monument for the Defense of Freedom
1991
VKV-00107 ↪ 244

Olaf Metzel
Gümrük Deposu Dolapları | Bond Store Lockers
1990
VKV-00203 ↪ 244

Nevin Aladağ
Çatıda Gürültü Yapın | Raise The Roof
2007
VKV-00011 ↪ 205

Nevin Aladağ
Stiletto
Vichy'de Şanslı 5:42 min | Lucky In Vichy 5:42 min
2007
VKV-00012 ↪ 205

Nevin Aladağ
Stiletto
Burama Kadar Geldi 3:52 min | I Really Had Enough 3:52 min
2007
VKV-00010 ↪ 205

Erkan Özgen
Kayıp Beden | Lost Body
2005
VKV-00058 ↪ 249

Zoran Naskovski
Dallas'ta Ölüm | Death in Dallas
2001
VKV-00055 ↪ 246

Július Koller
Çal Kültürel Durum | Play Cultural Situation
2007
VKV-00041 ↪ 240

Lauri Astala
Rome dérive III
2008
VKV-00194 ↪ 207

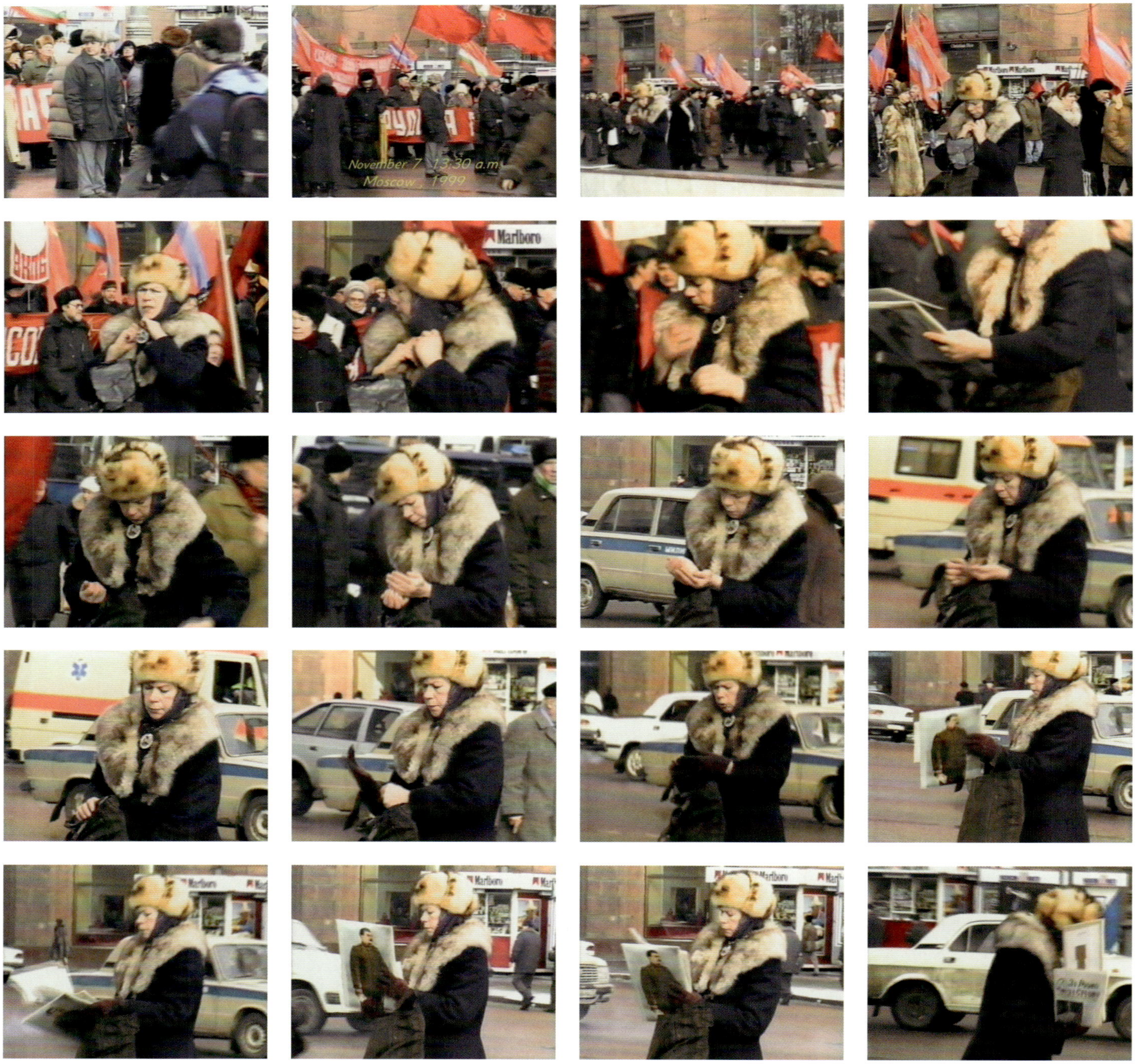

Olga Chernysheva
Marmot
1999
VKV-00216 ↪ 217

Olga Chernysheva
Marş | March
2005
VKV-00217 ↪ 217

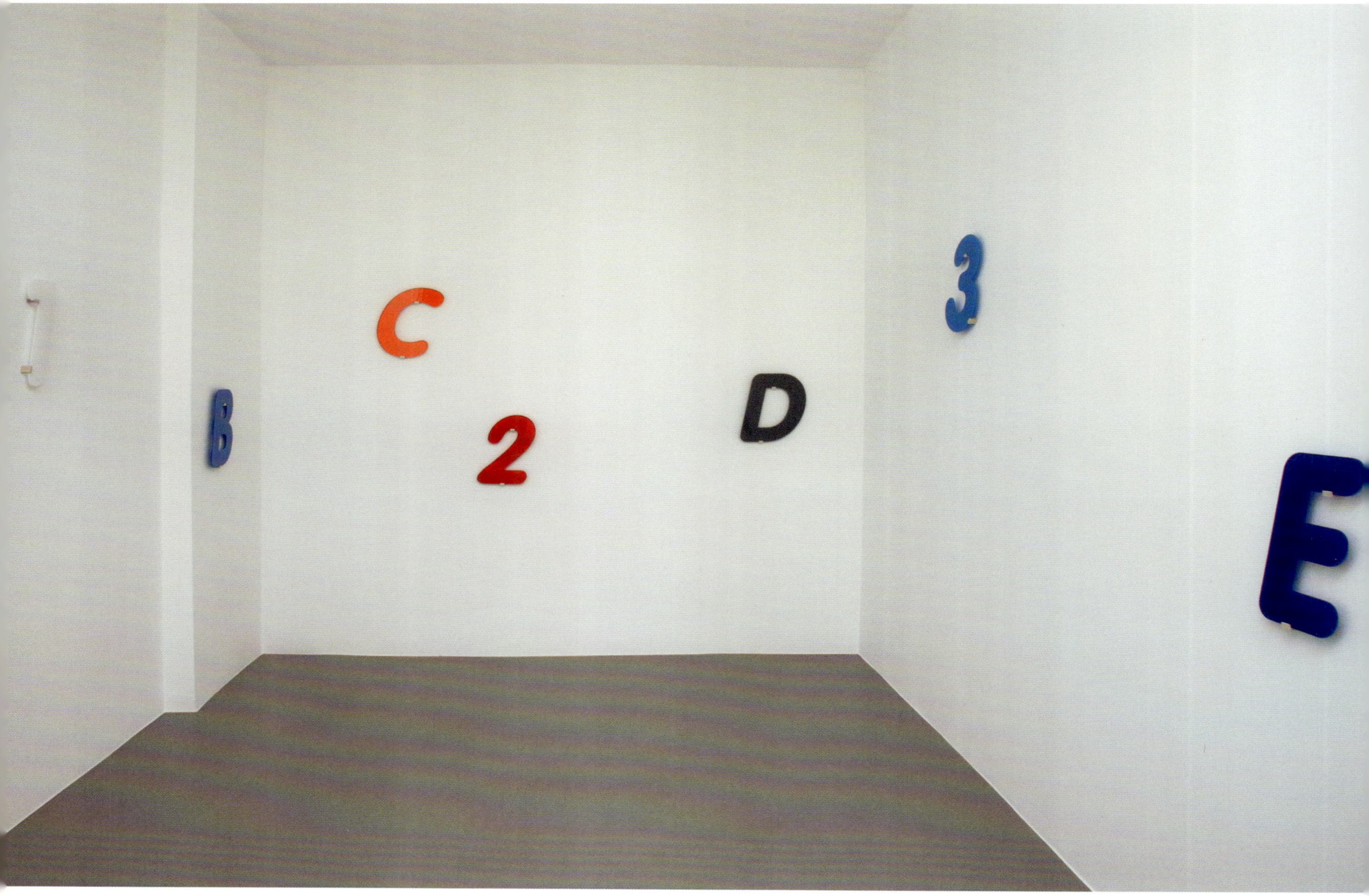
B
C
2
D
3
E

Ayşe Erkmen
Harflerin Renkleri | Colours of Letters
2006
VKV-00025 ↪ 223

YAZARLAR | AUTHORS

Tankut Raşit Aykut [TA]
1984, İstanbul (TR)
İstanbul'da yaşıyor ve çalışıyor.
Lives and works in Istanbul.

İstanbul Lisesi, Sabancı Üniversitesi ve Bremen Jacobs Universitesi'nde öğrenim gördü. Türk sanatında ve edebiyatındaki soyut eğilimler üzerine araştırma yapmakta.

Studied at Istanbul Lisesi, Sabanci University and Jacobs University Bremen. He is currently conducting research on abstract trends in Turkish art and literature.

İlkay Baliç [İB]
1979, İstanbul (TR)
İstanbul'da yaşıyor ve çalışıyor.
Lives and works in Istanbul.

Şehir planlama ve sosyoloji okudu. Serbest editör olarak çalışıyor.

Studied urban planning and sociology. Works as a freelance editor.

René Block [RB]
1942, Düsseldorf (DE)
Berlin'de yaşıyor ve çalışıyor.
Lives and works in Berlin.

René Block 15 yıl boyunca Berlin ve New York'taki galerilerinde Beuys ve Paik gibi sanatçıları dünyaya tanıtan çalışmalar yürüttükten sonra (1964–1979) bağımsız küratör olarak çalışmaya başladı. Block'un küratörlüğünü yaptığı bienaller arasında Hamburg (1985), Sydney (1990), İstanbul (1995), Kwangju (2000), Cetinje, Montenegro (2004, Nataša Ilić'le birlikte), Belgrad'taki October Art Salon (2006, Barbara Heinrich'le birlikte) ve 52. Venedik Bienali'nin (2007) İskandinav Pavyonu yer alıyor. Block, 1997-2006 yılları arasında Kassel'deki Kunsthalle Fridericianum'un direktörlüğünü de yürüttü.

René Block started working as an independent curator building on his experiences introducing artists such as Beuys and Paik to the contemporary art world at his own galleries in Berlin and New York (1964–1979). He has been the curator of numerous Biennials, including Hamburg (1985), Sydney (1990), Istanbul (1995), Gwangju (2000), Cetinje, Montenegro (2004, together with Nataša Ilić); as well as the October Art Salon in Belgrade (2006, with Barbara Heinrich) and the Nordic Pavilion for the 52nd Venice Biennale (2007). Block was the director of the Kunsthalle Fridericianum in Kassel from 1997 until 2006.

Julia Boeck [JB]
1980, Bergen (DE)
Berlin'de yaşıyor ve çalışıyor.
Lives and works in Berlin.

Berlin'deki Humboldt Üniversitesi'nde Modern Alman Edebiyatı, Siyaset Bilimi ve Avrupa Etnolojisi okudu. Serbest gazeteci olarak, basın ve halkla ilişkiler alanında çalışıyor. Gündelik kültürle ilgilenen ve Berlin'de yayımlanan *Der Wedding* dergisinin eş-editörü.

Studied Modern German Literature, Political Science and European Ethnology at Humboldt University, Berlin. Works as a freelance journalist in the field of press and public relations. Co-editor of the Berlin magazine *Der Wedding*, which deals with popular culture.

Caroline Dabel [CD]
1985, Bergen (DE).
Berlin'de yaşıyor ve çalışıyor.
Lives and works in Berlin.

Sanat tarihi okuyor. Edition Block (Berlin) ve Deutsche Guggenheim (Berlin) gibi kurumlarda galeri asistanı ve sanat aracısı olarak çalışıyor.

Currently studying art history. Works as a freelance gallery assistant and art mediator at institutions such as Edition Block, Berlin and Deutsche Guggenheim, Berlin.

Birgit Eusterschulte [BE]
1972, Beckum (DE)
Berlin'de yaşıyor ve çalışıyor.
Lives and works in Berlin.

Güzel sanatlar, sanat tarihi, Alman dili ve edebiyatı okudu. Bağımsız küratör ve öğretim üyesi olarak çalışıyor. Sergileri ve projeleri arasında Selbstauslöser (Kassel, 2005), Yael Bartana (Kassel, 2006) ve Here, there, anywhere... (Berlin, 2008) yer alıyor.

Her education included fine arts, art history, and German language and literature studies. Works as a freelance curator and lecturer. Major exhibitions and projects she participated in include Selbstauslöser (Kassel, 2005), Yael Bartana (Kassel, 2006) and Here, there, anywhere... (Berlin, 2008).

Ulrike Gerhardt [UG]
1984, Brandenburg (DE)
Berlin'de yaşıyor ve çalışıyor.
Lives and works in Berlin.

Kültürel çalışmalar ve sanat tarihi okudu, küratör ve yazar olarak çalışıyor. Katkıda bulunduğu projeler arasında Güzel Sanatlar Fakültesi'ndeki Sanat ve Fikir Müzesi, Hamburg (HfbK) (2009–2010), 11. Uluslararası İstanbul Bienali (2009) ve 1. Kreuzberg Bienali (2010) yer alıyor.

Her education included cultural studies and art theory; she is currently working as a curator and writer. Among the projects she contributed to are Museum of Arts & Ideas at the Academy of Fine Arts, Hamburg (HfbK) (2009–2010), the 11th International İstanbul Biennial (2009) and 1st Kreuzberg Biennial (2010).

Katharina Groth [KG]
1984, Bremen (DE)
Berlin'de yaşıyor ve çalışıyor.
Lives and works in Berlin.

Sanat tarihi okuyor.
Halen Anish Kapoor üzerine yüksek lisans tezini yazmakta (2010).

Currently studying art history; preparing her master's thesis on Anish Kapoor (2010).

Isabella Hammer [IH]
1979, Heilbronn (DE)
Berlin'de yaşıyor ve çalışıyor.
Lives and works in Berlin.

Sanat tarihi ve arkeoloji okudu. Bağımsız sanat eleştirmeni ve müze pedagogu olarak çalışıyor, halen doktora tezini yazmakta.

Studied art history and archeology. Works as a freelance art critic and museum pedagogue. Currently working on her PhD thesis.

Barbara Heinrich [BH]
1960, Büdingen (DE)
Berlin'de yaşıyor ve çalışıyor.
Lives and works in Berlin.

Sanat tarihi, sanat kuramı ve sosyoloji okudu. Bağımsız sanat tarihçisi ve küratör olarak çalışıyor. Sergileri arasında Sophie Calle (Kassel, 2000), In erster Linie - Çağdaş Çizim (Kassel, 2004) ve Türkisch Delight (Nordhorn, 2007) yer alıyor.

Studied art history, art theory and sociology. Works as freelance art historian and curator. Her major shows include Sophie Calle (Kassel, 2000), In erster Linie - Contemporary Drawing (Kassel, 2004), and Türkisch Delight (Nordhorn, 2007).

Kerstin Kemner [KK]
1985, Warendorf (DE)
Berlin'de yaşıyor ve çalışıyor.
Lives and works in Berlin.

Bremen ve Bologna'da estetik ve kültürel çalışmalar okudu. 2009'dan bu yana Berlin'deki Humboldt Üniversitesi'ndeki sanat tarihi yüksek lisans programına devam ediyor.

Studied aesthetics and cultural studies in Bremen and Bologna. Since 2009, studying under the master's programme in art history at the Humboldt University, Berlin.

Tomoko Mamine [TM]
1980, Tokyo (JP)
Berlin'de yaşıyor ve çalışıyor.
Lives and works in Berlin.

Berlin ve Paris'te sanat tarihi ve tarih okudu. Halen 1950'lerde Japon sanatı üzerine yazdığı doktora tezi üzerinde çalışmakta.

Studied art history and history in Berlin and Paris. She is currently preparing her PhD thesis on the subject of Japanese art in the 1950s.

Friedrich Meschede [FM]
1955, Lippstadt (DE)
Berlin ve Barselona'da yaşıyor ve çalışıyor.
Lives and works in Berlin and Barcelona.

Sanat tarihçisi ve küratör. Halen Museu d'Art Contemporani de Barcelona (MACBA)'yı yönetiyor. Daha önce Berliner Künstlerprogramm des DAAD Görsel Sanatlar Bölümü'nün (1992–2008) sorumlusu ve Münster'deki Westfälischer Kunstverein'ın direktörü olarak görev yapmıştı (1989–1992).

Art historian and curator. Currently the head of Temporary Exhibitions at the Museu d'Art Contemporani de Barcelona (MACBA). He was responsible for the Visual Arts Department of Berliner Künstlerprogramm des DAAD (1992–2008) and was the director of the Westfälischer Kunstverein in Münster (1989–1992).

Serdar Öcal [SÖ]
1973 Mardin, Derik (TR)
Derik'te yaşıyor ve çalışıyor.
Lives and works in Derik.

Dicle Üniversitesi Eğitim Fakültesi Türk Dili ve Edebiyatı bölümünü bitirdi. Kürtçe, Türkçe öykü, oyun, senaryo yazıyor. Yazdıkları değişik internet sitelerinde ve bazı dergilerde yayınlamlandı.

Graduated from Dicle University, Faculty of Education, Department of Turkish Language and Literature. Writes stories, plays and screenplays in Turkish and Kurdish. His works have been published on various web sites and in various magazines.

Simone Schweers [SS]
1984, Achim (DE)
Berlin'de yaşıyor ve çalışıyor.
Lives and works in Berlin.

Sanat tarihi ve kültürel bilimler eğitimi aldı. Bağımsız küratör asistanı ve sanat aracısı olarak çalışıyor.

Studied art history and cultural sciences. Works as a freelance curatorial assistant and art mediator.

Rita Somosi [RS]
1980, Budapest (HU)
Budapeşte'de yaşıyor ve çalışıyor.
Lives and works in Budapest.

Sanat tarihi ve kültür yönetimi okudu. Bağımsız sanat eleştirmeni olarak çalışıyor. Tasarım mücevher, çağdaş sanat ve özellikle fotoğraf alanında uzmanlaşıyor.

Studied art history and cultural management. Works as a freelance art critic. Specialises in jewellery design and contemporary art, with a particular focus on photography.

Dr. Necmi Sönmez [NS]
1968, İstanbul (TR)
Düsseldorf'ta yaşıyor ve çalışıyor.
Lives and works in Düsseldorf.

Frankfurt, Viyana, Paris ve Newcastle Üniversiteleri'nde sanat tarihi eğitimi aldı. 2001–2005 arasında Museum Folkwang Essen'de Çağdaş Sanat Bölümü'nü yönetti, 2006–2008 arasında Kunstverein Arnsberg'te sanatsal direktörlük yaptı. Halen Kunstmuseum'da bağımsız sergi yapımcısı olarak çalışıyor.

Studied art history at Frankfurt, Vienna, Paris and Newcastle Universities. Directed the Contemporary Art Department of Museum Folkwang Essen between 2001–2005. Worked as an artistic director in Kunstverein Arnsberg between 2006–2008. Currently working as an independent exhibition organiser at Kunstmuseum.

Azra Tüzünoğlu [AT]
1982, İstanbul. (TR)
İstanbul'da yaşıyor ve çalışıyor.
Lives and works in Istanbul.

Mimar Sinan Üniversitesi'nde sosyoloji eğitimi aldı. *1990'larda Türkiye'de Güncel Sanatın Dönüşümü* başlıklı tezini savundu. *Art-ist* güncel sanat dergisi, *Radikal*, *Sabah*, *Birgün*, *Sanat Dünyamız* gibi dergi ve gazetelerde yazarlık ve editörlük yaptı. 2008 yılından beri Outlet//İhraç Fazlası Sanat isimli mekânın yöneticisi olarak çalışmakta ve sanat eleştirileri yazmayı sürdürmektedir. Yayınları arasında *Dersimiz Güncel Sanat* (2009), *Darbe* (2009), *Almanak* (2009) ve sergileri arasında Under the Counter/Servet Koçyiğit (solo, 2010), Kendine Ait Bir Oda (grup, 2010), Riot@Centre Pompidou (video gösterimi, 2009) bulunmaktadır.

Studied sociology at Mimar Sinan University and defended her thesis titled *The Transformation of Contemporary Art in Turkey in the 1990s*. Worked as a writer and editor in magazines and newspapers such as *Art-ist*, *Radikal*, *Sabah* and *Sanat Dünyamız*. Since 2008, she has been running the art space Outlet and writing art critiques. Among her publications are *Dersimiz Güncel Sanat* (2009), *Darbe* (2009) and *Almanak* (2009). Her exhibitions include Under the Counter/Servet Koçyiğit (solo, 2010), A Room of One's Own (group, 2010) and Riot@Centre Pompidou (video screening, 2009).

WHW
1999'da kuruldu. | Established in 1999.
Zagreb'de yaşıyor ve çalışıyorlar.
The members live and work in Zagreb.

What, How & for Whom (WHW) bir küratör kolektifi ve kâr amacı gütmeyen bir görsel kültür kuruluşu. Ivet Ćurlin, Ana Dević, Nataša Ilić ve Sabina Sabolović'ten oluşan kolektifin sergileri arasında Ne, Nasıl & Kimin İçin, Komünist Manifesto'nun 152. yıldönümü dolayısıyla (Zagreb, 2000; Viyana, 2001), Toplu Yaratıcılık (Kassel, 2005) ve 11. Uluslararası İstanbul Bienali (2009) yer alıyor.

What, How & for Whom (WHW) is a non-profit organisation for visual culture and a collective of curators. Its members are curators Ivet Ćurlin, Ana Dević, Nataša Ilić and Sabina Sabolović. WHW's major shows include What, How & for Whom, on the occasion of 152nd anniversary of the Communist Manifesto (Zagreb, 2000; Vienna, 2001); Collective Creativity (Kassel, 2005) and the 11th International İstanbul Biennial (2009).

[CW]

Sanatçı ve bir grup yazarın ortak çalışması sonucunda ortaya çıkan metin.

Text created as a collective work by the artist and various authors.

Adel Abidin

1973, Bağdat | Baghdad (IQ)
Helsinki'de yaşıyor ve çalışıyor.
Lives and works in Helsinki.

Adel Abidin Bağdat'ta başladığı öğrenimine Helsinki'deki sanat akademisinde devam etmek üzere 2000 yılında Finlandiya'ya göç etti. Bir yerin yabancısı olma deneyimi, sürgünlük ve özellikle 2003 yılındaki Amerikan işgalinden sonra anavatanında meydana gelen olaylar, sanatçının video çalışmaları ve enstalasyonlarında görülebilen başlıca izleklerden. Ama ifade edilemeyecek türden konular bir başkasına nasıl anlatılabilir ki? Abidin bunu olabildiğince doğrudan bir şekilde, ironi ve mizahla, zaman zaman siyaseten doğru olanın sınırlarını zorlayarak gerçekleştiriyor. Örneğin, 52. Venedik Bienali'nde (2007) Finlandiya'yı temsilen sergilenen "Abidin Seyahatte" (2006) isimli çalışmasında Batı medyasının Irak'la ilgili haber yapma tarzını radikal bir biçimde ele alıp, sunduğu tek istikamet Bağdat olan kurgusal bir seyahat acentesini konu ediyordu. Bu çok şık acentenin ve reklam malzemelerinin vermeye niyetlendiği mesaj, bütün sertliğiyle işgalin dehşetini yansıtan videolar tarafından parçalanıyor. Bu imgeler ile turistik söylem arasındaki karşıtlık, sözün bittiği yerin sınırını ifade eden şey oluyor.

"Köpük" (2007) isimli çalışmasında, Abidin bir köktencinin nasıl temsil edilebileceğine bakıyor. Video, şişirilip üzeri köpükle kaplanmış balonları patlayana dek tıraş eden dört erkek çocuğunu gösteriyor. Sanatçı, işiyle ilgili şunları söylüyor: "Irak'ta berber olmak isteyen oğlanlar, zanaati öğrenmek için balonlar üzerinde pratik yaparlar. Tıraş edilen veya 'müdahale edilen' balonlara ne olacağını görmeyi kaygıyla beklerdim. Gerçek hayattaki gibi, balonların çoğu kendilerini patlatarak tepki verirlerdi".

Adel Abidin'in yoğun politik anlamlar taşıyan incelikli çalışmaları görsel olarak çok açık bir dille ve mesafeli, şairane bir bakışla, içinde yaşadığımız bilgi toplumunun manipülasyona açıklığını eleştiriyor.

BH

It was in 2000 that Adel Abidin came to Finland, to continue at the Academy of Fine Arts in Helsinki the studies he had begun in Baghdad. Since then, the recurring themes in his video works and installations have included the experience of being a foreigner, the condition of exile, and the events in his homeland, especially after the American invasion in 2003. But how does one speak about experiences that defy communication? Abidin does so with irony and humour, and also in a very direct manner, which at times can test the limits of the politically correct. For instance, with "Abidin Travels" (2006), which represented Finland at the 52nd Venice Biennale (2007), he offered a radical commentary on the way the Western media reports on Iraq, installing a fictitious travel agency whose sole destination is Baghdad. The intended message of the highly polished agency and its supporting advertising material are ripped asunder by videos that harshly document the horrors of the invasion. And it is precisely the contrast between these images and the packaged tourist discourse that reveals the scope of what cannot be communicated.

In "Foam" (2007), Abidin looks into how fundamentalists might be represented. The video shows four young men, each shaving an inflated and lathered balloon until it bursts. "In Iraq, boys hoping to become barbers practice on balloons to learn the trade. I was anxiously waiting to see what would happen to the balloons as they were being shaved, or 'interfered with'. Like in real life, most of the balloons reacted by blowing themselves up," said the artist about his film.

Adel Abidin's subtle and highly political works are visually very direct, and question the potential for manipulation in our information society with a vision that is at the same time both detached and poetic.

BH

VKV-00223 ↪ 179
Köpük | Foam
Video enstalasyonu | Video installation
2007
4:3, 2 kanallı stereo, renkli, sesli |
2 channels, stereo, colour, sound
DVD
4'15"

Lene Adler Petersen

1944, Århus (DK)
Kopenhag ve Askeby'de yaşıyor ve çalışıyor.
Lives and works in Copenhagen and Askeby.

Kavramsal sanatçı ve grafik sanatçısı Lene Adler Petersen, 1960'lı yıllarda önce Jutland Sanat Akademisi'nde, sonra da eşi Bjørn Nørgaard ile tanışacağı Kopenhag Güzel Sanatlar Akademisi'nde öğrenim gördü. 1969–1971 yılları arasında eşiyle birlikte, ritüel, performans ve tören temaları etrafında şekillenen, deneysel bir görselliğe sahip filmler çekti. Adler Petersen 1970'lerin başında Kopenhag'daki deneysel sanat okulu Eks-Skole'ye katıldı ve orada grafiker ve editör olarak çalıştı. Bu dönemde feminist sanatçı grubu Arme og

Ben'e de dahil oldu ve ilk çizim ve kolaj çalışmalarını gerçekleştirdi. Bunlar genelde sanatçının ansiklopedik bir biçimde, eleştirel ve bazen de karikatürleştirici bir dille toplumsal durumları ele aldığı kapsamlı dizilerdi. Çizim, bu eserlerde, gözlemlerin ve öznel tespitlerin kaydını tutmak, olan üzerine yorum yapmak anlamına geliyordu. 1980'li yıllardan itibaren Adler Petersen'in çizimleri, alçı, kâğıt, bronz ve seramik gibi doğal malzemeleri de içeren heykelsi çalışmalara dönüştü. "Temizleme" (1990) adlı işi bu malzemeleri kullanarak gerçekleştirdiği resimlerinden biri. Bu yapıtta sanatçı Danimarka'daki bir enerji santralinden aldığı kömür tozu ve yosun malzemelerini kullanmış. Yosunlar kâğıdın üstüne uygulanıp elle yayılırken, kömür tozu çizimi bir kamış aracılığıyla gerçekleştirilmiş. Adler Petersen'in diğer çalışmalarında olduğu gibi, bu resim de öncelikle bir fikrin haritalanması. "Temizleme", çevre ve doğal kaynaklarla kurduğumuz ilişkiye ve enerji temasına yönelik çok katmanlı çağrışım zincirlerini açığa çıkarıyor.

BH

The conceptual and graphic artist Lene Adler Petersen studied during the 1960s at the Jutland Art Academy and the Academy of Fine Arts in Copenhagen, where she also met her future husband Bjørn Nørgaard. Between 1969 and 1971, the two made several films that explored themes of ritual, performance and ceremony utilising experimental cinematic imagery. In the early 1970s, Adler Petersen became affiliated with the experimental art school Eks-skole in Copenhagen, working there as a graphic artist and editor. During this period she also joined the feminist artists' group Arme og Ben and produced her first drawings and collages. For the most part, these formed a wide-ranging series where the artist dwelled on social circumstances using an encyclopedic approach, and employing a critical, and at times caricaturising tone. Drawing, in these works, means noting down observations and subjective states, commenting on what is. Since the 1980s, Adler Petersen has extended drawing to include sculptural works, where she uses natural materials such as plaster, paper, bronze or ceramics. "Cleaning Up" (1990) features among a series of works that utilises such materials, and employs coal dust and algae from a Danish power plant. While the algae was applied by smearing it on to the paper by hand, the coal-dust drawing was made using a pipette. Like other examples in Adler Petersen's series of works, this picture forms the cartography of an idea. It opens up multiple chains of association; in this case, on the theme of energy and how we deal with resources and the environment.

BH

VKV-00006 ↪ 102
Temizleme | Cleaning Up
1990
Kağıt üzerine, Avedore Enerji Santrali'nden kömür tozu ve yosun | Coal dust and seaweed from Avedore Power Station on paper
100 × 155 cm
Fotoğraf | Photo © Hadiye Cangökçe

Nevin Aladağ

1972, Van (TR)

Berlin'de yaşıyor ve çalışıyor.
Lives and works in Berlin.

Popüler kültürün birer unsuru olarak müzik ve dans, Nevin Aladağ'ın video çalışmalarında, sanatçının kültürel ve toplumsal kimliğin inşasına ve bireysel telaffuza yönelik sorular sormasını sağlayan temel malzemeleri teşkil ediyor. "Çatıda Gürültü Yapın" (2007) isimli videosunda Aladağ, Doğu Berlin ile Batı Berlin arasındaki eski sınırın tam üstündeki bir çatıda sahnelenen bir dans performansını sergiliyor. Önceleri sınır kontrolü için kullanılan bu tarihsel öneme sahip noktada, dört dansçı, katranlı çatı örtüsüyle kaplı kaideler üzerinde, başlığın da söylediği gibi, istedikleri kadar gürültü yapmakta özgürler. Her dansçı, seçtiği şarkının başlığı ve uzunluğunun yazılı olduğu bir tişört giyiyor, elleri ve kollarına ise renkli naylon çoraplar geçirmişler. Bu dört kadını birbirine bağlayan unsurlar bunlar, yoksa müziklerini yalıtılmış bir biçimde, kulaklıklarla dinliyorlar. Performansın izleyicileriyse yalnızca dansçıların yüksek topuklu ayakkabılarıyla platforma vurduklarında çıkan benzersiz, ritmik ve agresif gürültünün elektronik olarak güçlendirilmiş halini duyabiliyor. Meydandaki bu kentsel çatı tepesi dekoru da algıyı değiştiriyor: Dans eylemi, toplumsal kuralları ihlal eden, mekâna el koyan ve kontrole meydan okuyan bir özgürlük beyanına dönüşüyor. Aynı zamanda mahrem anlar ile kamusal performans, kişisel ifade ile ritüelleştirilmiş biçim arasındaki sınırlar bulanıklaşıyor. Videoda duyulan müzik parçaları ile dansın çıkardığı gürültü dinamik bir diyaloğa girdiğinde ise, bu izlenimler daha da yoğunlaşıyor.

BE

Music and dance as elements of popular culture are especially important materials in the video work of Nevin Aladağ, as these are the basis from which she goes on to explore themes concerning the construction of cultural and social identity, and how individuals articulate identity. For the video "Raise the Roof" (2007), Aladağ staged a dance performance on a flat roof right at the former border between East and West Berlin. At a historic location once used for border surveillance, four dancers are free to use four pedestals covered with tarred roofing paper to generate a whole lot of noise, and tear the place up, as the title connotes. Each dancer wears a t-shirt printed with the title and length of a song she has chosen, and colourful nylon stockings sheathe their hands and arms—elements that link the four women, who otherwise hear their music in isolation, via headphones. Meanwhile, the people watching the performance are only able to hear the electronically amplified sounds of the dancers' stiletto heels on the pedestals—a peculiar, loud, rhythmic, almost aggressive hacking and stomping. The exposed urban rooftop setting alters perception as well: the act of dancing becomes an assertion of freedom that transgresses social conventions, claims the space and defies control. At the same time, borders blur between private moments and public performance, individual expression and ritualised form. In the video, these impressions are intensified further when the soundtracks are allowed to engage in a dynamic dialogue with the noises generated by the dancing.

BE

VKV-00011 ↪ 189
Çatıda Gürültü Yapın |
Raise The Roof
2007
Video, renkli, sesli | colour, sound
9'
Ed. 1/5

VKV-00012 ↪ 190
Stiletto
Vichy'de Şanslı 5:42 min |
Lucky In Vichy 5:42 min
2007
Katranlı kağıt, ahşap çerçeve |
Tarpaper, wooden frame
90 × 90 × 7 cm
Fotoğraf | Photo © Hadiye Cangökçe

VKV-00010 ↪ 191
Stiletto
Burama Kadar Geldi 3:52 min |
I Really Had Enough 3:52 min
2007
Katranlı kağıt, ahşap çerçeve |
Tarpaper, wooden frame
90 × 90 × 7 cm
Fotoğraf | Photo © Hadiye Cangökçe

Halil Altındere

1971, Mardin (TR)
İstanbul'da yaşıyor ve çalışıyor.
Lives and works in Istanbul.

Halil Altındere, 1990 sonrası Türkiye güncel sanatçılar kuşağının genç ve eleştirel kanadını temsil eder. Çalışmaları sanatla siyaseti beraber düşünme, otorite karşıtı anarşizan bir eleştirellik, muhafazakâr yapılara muhalefet ve ortodoks sol yerine özgürlükçü bir sola yakınlıkla nitelenir. Anti-otoriterlik, doğrudan eylemcilik, iktidar perspektifinin reddi, sınıf yerine yeni toplumsal hareketlere yakınlaşma, siyasi eleştirelliğin en yoğun olduğu anda dahi örgütsel ve ideolojik bağlayıcılığın reddi, kendiliğindenliğe öncelik verme ve yerleşik kurumlara şüphe ile yaklaşma gibi özgürlükçü solun günümüzde de tüm dünyadaki isyanlarda görülen özellikleri, Altındere'nin de temel prensipleri olmuştur.

Altındere'nin gerçekle hayal arasında gidip gelen imgelerden oluşan "Mirage" (2008) adlı çalışması, mizah silahı ve ironiyle donattığı eleştirelliğini bu kez dünyanın içinde bulunduğu su krizine yöneltir. Yakın zamanda sular altında kalacak olan Hasankeyf'in kıyısında neredeyse bir çöl görüntüsü içinde sıçramalarla konular değişse de, Altındere'nin ilgisini cezbeden şeyler sabit kalır. Hayata neredeyse kara mizaha varan bir doğrudanlıkla bakan sanatçı, belki de bugüne kadarki en dolaylı işini üretmiştir. Allah'a yakın olmak için römork kepçesine çıkmak gerekir, su isteyince başından aşağıya Evian dökülür, dere kenarında boğulmaktan kurtulan kadın Meryem'in kaderini paylaşır. Rüyalarıyla bile dalga geçen biri, hem bugünden hem de gelecekten haber veriyor gibidir. Bu film, sadece su ve susuzlukla değil, yerel ile küresel, norm ile anormal, inanç ile gerçeklik arasındaki sınırların geçişliliği ile de ilgilenir.

CW

Halil Altındere represents the young and critical wing of Turkey's contemporary artists of the 90s. Art and politics are intertwined in his works, which feature an anarchist critique that challenges authority, opposition to conservative structures and a preference for a libertarian left over an orthodox one. The characteristics of the libertarian left, clearly displayed in uprisings all over the world, such as anti-authoritarianism, direct activism, a denial of the views of political power, a propensity towards new social movements over a class system, a rejection of organisational and ideological commitment even in a setting of the greatest political criticism, giving priority to spontaneity and maintaining a reserved, suspicious attitude towards the establishment have been Altındere's fundamental principles. Altındere's work entitled "Mirage" (2008), made up of images moving back and forth between reality and imagination, directs a criticism reinforced with humour and irony at the water crisis facing the world today. Photographs taken of Hasankeyf, which will soon be submerged under water, depict desert-like scenes, leading to jumps from one subject to another, but the things that attract Altındere's interest remain constant. The artist, who looks at life so directly that it borders on black humour, may have produced his most indirect work so far. One needs to climb onto the shovel of a bulldozer to be close to God; when one asks for water, it is Evian that is poured down his head; the woman who is saved from drowning shares Mother Mary's fate by the river. The person who even sees his dreams as a source of frivolity appears to be relaying news both from the present and future. The film's focus of interest goes beyond water and drought, to encompass the permeability of boundaries between the local and the global, between norms and the abnormal, between faith and reality.

CW

VKV-00242 ↪ 170
Mirage
2008
16:9 video, renkli, sesli | colour, sound
7'20"
Ed. 1/5

Lauri Astala

1958, Valkeakoski (FI)
Helsinki'de yaşıyor ve çalışıyor.
Lives and works in Helsinki.

"Rome dérive III", sanatçı Lauri Astala'nın Roma'ya adadığı ve her biri kente birbirinden çok farklı perspektiflerden yaklaşan üç video çalışmasından biri. "Rome dérive" I ve II insanın kendisini şehirde sürüklenmeye (*dériver*) bırakmasıyla ortaya çıkan rastlantısal gözlemlerin sonucu iken, üçüncü video, Federico Fellini'nin *La Dolce Vita* filmindeki meşhur çeşme sahnesinin yeniden çevrimine dayanıyor. Orijinal filmin estetiğine sadık kalınarak, filmdeki mekânda, Trevi Çeşmesi'nde çekilen Astala'nın videosunda, filmden farklı olarak hiçbir oyuncu yok. Başroldeki erkek ve kadın oyuncuların (Marcello Mastroianni ve Anita Ekberg) diyalogları, filmden sahnelerin zihinde canlanmasına yetiyor. Bugünün Roma'sının gece yaşamına ait gürültüler ise bu illüzyona aykırı düşüyor. Astala'nın filminde farklı gerçeklik, zaman ve algı düzlemleri birbirleriyle kesişiyor ve görsel kültürün algımızı —bu durumda mekân algımızı— nasıl şekillendirdiğini açığa çıkarıyor. İletişim imgelerinin algıyı ve hafızayı dönüştürme biçimleri ve deneyimlerimizin kültür tarafından nasıl damgalandığı ve kurulduğu, Lauri Astala'nın enstalasyon ve videolarının ayrılmaz parçası olan temalardır.

Elina Brotherus ve Hanna Brotherus ile ortaklaşa gerçekleştirilen "Mutluluğum Yuvarlaktır" (2007) isimli video, küçük bir kız çocuğunun hayatı, kendine has düşünce dünyası ve üç erkek kardeşi ile olan ilişkisi etrafında şekilleniyor. Özellikle melankolik müzik, izleyicilerin, tasasız çocukluğun geçiciliğine dair bilgilerinin bilinçlerine akmasına olanak veriyor.

BE

"Rome dérive III" (2008) is one of three videos artist Lauri Astala has dedicated to the city of Rome, each of which approaches the city from a very different perspective. While "Rome dérive" I and II are the result of chance observations made while allowing oneself to drift (*dériver*) around town, the third video is based on a remake of the famous fountain scene from Federico Fellini's *La Dolce Vita*. It is shot at the original location, the Fontana dei Trevi, and alludes to the cinematic aesthetic of the original; yet there are no actors to be seen in Astala's video. The dialogue of the actors (Marcello Mastroianni and Anita Ekberg) alone is enough to vividly evoke the entire film sequence in the mind's eye. Nighttime sounds of today's Rome run counter to this illusion. In Astala's film, different levels of reality, time and perception are superimposed, making it clear how visual culture shapes our perception—in this case, of a location. How media images alter perception and memory, and how culture imprints and structures our experience, are integral themes in the videos and installations of Lauri Astala.

The video "My Happiness is Round" (2007)—created in collaboration with Elina Brotherus and Hanna Brotherus—revolves around the uninhibited life and thoughts of a young girl and her relationship with her three brothers. The melancholy music, in particular, encourages viewers to allow their knowledge of the transitory nature of a carefree childhood to flow into their awareness.

BE

VKV-00194 ↪ 195
Rome dérive III
2008
16:9 DV-PAL video, stereo
Renkli, sesli | Colour, sound
5'
Ed. 2/6

VKV-00193 ↪ 161
Lauri Astala, Hanna Brotherus, Elina Brotherus, Antti Ikonen
Mutluluğum Yuvarlaktır |
My Happiness is Round
2007
16:9 HDV, renkli, sesli | colour, sound
9'5"
Ed. 1/6

Fikret Atay

1976, Batman (TR)
Paris ve Batman'da yaşıyor ve çalışıyor.
Lives and works in Paris and Batman.

Fikret Atay'ın video çalışmaları, kurduğu kültürel, sosyal ve coğrafi bağlantılar ile zaman/mekân meselelerine göndermeler yapar. Atay, çalışmalarında Batı etkisinde dönüşen geleneksel hayatın izini sürer. Sanatçının "Teorisyenler" ("Theorists", 2008) çalışması, "Teröristler" kelimesiyle (*Terrorists*) arasındaki tuhaf ses benzerliğiyle ürpertiyor. Videoya verilen bu isim, Batılı bir bakışın kolayca düşebileceği bir dil sürçmesine zemin hazırlıyor. Dünyanın 11 Eylül sonrası halini müslüman bir coğrafyadan izleyen sanatçı, bir hazırlık evresini mesafeli bir bakışla videoya alıyor. Batman'la Mardin arasında bir bölgede yer alan Kuran kursunun her günkü manzaralarından biri. Onlarca genç, ellerinde Kuran'lar, çıplak ayaklarıyla aşındırdıkları halıfleksler üzerinde ileri geri yürümekteler. Yükselip alçalan seslerden belli ki, bir ezber hali içindeler. Takvim yaprağı, 1 Mayıs tarihini gösteriyor. Bir devrim hazırlığı belli ki bu. Bir yanda, din-devlet ayrılığını gözeten aydınlanma fikirlerinin sembolü ışık, öte yanda bambaşka bir şekil almış kütüphane... Alanın aydınlatmasında basit bir piknik tüpüne takılan bir aparat kullanılıyor. Kütüphane ise deri ciltli, varaklı dini kitaplarla dolu. Kodlar dönüştürülmüş. Tersine bir hareketin hazırlıkları yapılıyor gibi.

AT

The video works of Fikret Atay make references to the cultural, social and geographical connections he has established and to questions of space/time. In his works, Atay traces the remnants of a traditional life transformed under Western influence. "Theorists" (2008), the name of the artist's work, creates a chilling effect in the way that it sounds like "Terrorists". This name sets the scene for an easy slip of the tongue for the West. The artist observes the post-9/11 world from a Muslim standpoint, and records on film a phase of preparation from a detached distance. This is an ordinary scene from a Qur'an course somewhere between Batman and Mardin. On a wall-to-wall carpet worn by the passage of bare feet, tens of teenagers are walking back and forth with Qur'ans in their hands. Their rising and falling voices indicate that they are memorising. The calendar shows the date is May 1. This is clearly a preparation for a revolution. On the one hand is a light, symbolising the ideas of the Enlightenment and the separation of church and state; on the other hand is a library, totally transformed... A simple device connected to a small gas container is used to light the room. The library, however, is piled high with religious books with leather binding and embossing. The codes are reversed. This appears to be the groundwork for a retrograde movement.

AT

VKV-00014 ↪ 148
Teorisyenler | Theorists
2008
Video, renkli, sesli | colour, sound
3'34"
Ed. 2/6

Ay-O (Takao Iijima)

1931, Ibaraki (JP)
Japonya'da yaşıyor ve çalışıyor.
Lives and works in Japan.

Ay-O, kariyerine sanatta özgürlük ve bağımsızlık için mücadele veren Japon sanatçı derneği Democrato Sanatçı Birliği'nde başladı. Ay-O'nun sanatını başlarda baskı ve resim çalışmaları oluşturdu. Sanatçının hayatı boyunca sürecek gökkuşağı tutkusu ve gerçekliğin tayfın renklerindeki çözülüşüne olan düşkünlüğü bu dönemde açığa çıktı. Bunun üzerine Ay-O Japon doğa felsefesi ile modern sanat anlayışını bir araya getirdiği "Gökkuşağı Manifestosu"nu kaleme aldı.

Sanatçı 1958 yılında New York'a taşındı, George Maciunas önderliğindeki Fluxus hareketinin üyesi oldu ve Emmett Williams, Nam June Paik gibi sanatçılarla çalıştı. Bu sırada "Parmak Kutuları" ve "Dokunma Kutuları" isimli, on beş ya da on altı karton küpten oluşan çalışmalarının ilk örneklerini sergiledi. Küplerin içinde, ziyaretçilerin deliklerden ellerini sokarak hissettikleri çeşitli nesne ve malzemeler bulunmaktaydı. Modern toplumlarda görme duyusunun kazandığı ayrıcalıktan dolayı önemini kaybeden eski duyular, hakim sanat anlayışına karşı kışkırtıcı olabilecek böylesi çalışmalarla tekrar harekete geçirilmeliydi. Sanatın bu yepyeni algılanış şekli, daha sonra kendisini sanatçının Joe Jones ile birlikte duyma duyusunun genişletilmesi üzerine "Für Augen und Ohren" (Gözler ve Kulaklar İçin) sergisi için (Berlin, 1980) tasarladığı "Ay-O ve Joe'nun Ses Kutusu" (1979) isimli işinde de gösterdi.

BH

Ay-O's career began with the Japanese Democrato Artist Association, which stood for artistic freedom and independence. Initially, he worked mostly with prints and painting. It was during this period that the artist's passion for the colourfulness of the rainbow, and fascination for the diffraction of reality in its spectral colours emerged, feelings which have endured throughout his life. Ay-O later wrote a "Rainbow Manifesto", linking Japanese natural philosophy with modern concepts of art.

In 1958 he moved to New York, where in 1963 he became a member of the Fluxus movement around George Maciunas and worked with artists such as Emmett Williams and Nam June Paik. During this period, Ay-O created the first "Finger Boxes" and "Tactile Boxes"—carrying cases that contain fifteen or sixteen cardboard cubes. These are equipped with different objects and materials that can be touched through a hole in the top of the box. Provocative in the context of artistic ideas prevalent at the time, these works were designed to reactivate pre-visual forms of experience that are repressed in modern culture, where the sense of sight is accorded privileged status. This wholly new experience of art was expanded to include the sense of hearing in "Ay-O and Joe's Soundbox", designed together with Joe Jones for the 1980 Berlin exhibition "Für Augen und Ohren" (For Eyes and Ears).

BH

VKV-00278 ↪ 108
Ay-O ve Joe'nun Ses Kutusu |
Ay-O's and Joe's Soundbox
1979
1960'ların başından bir ses kutusunun yeniden yapımı | Reconstruction of a soundbox from the early 1960s
Eller ve parmaklar için çeşitli açıklıklar, mekanik ve elektronik ses kaynakları içeren ahşap kübik kutu |
Wooden cube with several openings for hands and fingers, various mechanical and electric sound sources
120 × 120 × 120 cm
Fotoğraf | Photo © Uwe Walter, Berlin

Maja Bajević

1967, Saraybosna | Sarajevo (BA)

Paris'te yaşıyor ve çalışıyor.
Lives and works in Paris.

Maja Bajević, performansları, videoları, enstalasyonları ve fotoğrafları ile özeli kamusalla, mahremi politik olanla bir araya getiriyor. Yapıtları, siyasi kargaşa ve savaş yüzünden altüst olan Bosna'nın damgasını vurduğu kişisel biyografisiyle yakından ilişkili. Kendisini bir muhalif olarak tanımlayan Bajević, öznel bakışını iktidar ve dinin kötüye kullanımı, Öteki'nin marjinalleştirilmesi, göç, kimlik ve hakikat gibi konularla ilgili kamusal tartışmaya yöneltiyor. "Çifte Balon" (2001) isimli video çalışmasında, sanatçı "dinsel kimliklerin şizofrenisi"ni gözler önüne seriyor: Siyah saçlı, karalar giyinmiş bir kadın, bir evin ışıklı koridorlarında ve karanlık geçitlerde görülüyor. Kadın, "dua sırasında Tanrı adına 55 kişiyi öldürdüm" gibi muğlak sözler sarf ediyor. Hâkim ideolojiler ve politik ve ulusal olgularla arasına koyduğu eleştirel mesafeyle Bajević, bir ahlaki düzeltme işlevi gören incelikli çalışmalar üretiyor. Sanatsal faaliyetinin temel referans noktalarını ve yönelimini, kendi deneyimlerinin ve kimliğinin tekrar tekrar gözden geçirilmesi ile zaman ve uzamın değişmekte olan tarihsel birlikteliğinde kendi özneliğini konumlandırma teşebbüsleri oluşturuyor.

JB

In her performances, videos, installations and photographs, Maja Bajević connects the personal with the public, and the intimate with the political. Her work is closely related to her personal biography, which is marred by political turmoil and life in war-torn Bosnia. Bajević, who views herself as a dissident, offers her subjective view up to a public debate on the misuse of power and religion, the marginalisation of the Other, migration, identity and truth. In the video "Double Bubble" (2001), the artist shows the "schizophrenia of religious identities": a dark-haired woman dressed in black is seen in the brightly lit corridors of a building and dim passages. The woman utters ambiguous sentences such as: "During prayer, I shot 55 people in the name of God." From a critical distance to dominant ideologies and political and national predispositions, Maja Bajević creates subtle works that function as moral correctives. The reference points and direction of her artistic activities are determined with an ongoing reexamination of her experiences and identity, and attempts to locate her own personality within the mutating historical unit of time and space.

JB

VKV-00134 ↪ 50
Çifte Balon | Double Bubble
2001
Video
Renkli, sesli | Colour, sound
3'57"
Ed. 5/5

Joseph Beuys

1921, Krefeld (DE) – **1986, Düsseldorf** (DE)

Joseph Beuys, çalışmalarının amacını, sanat kavramının geleneksel sınırlarını aşarak bütün toplumsal yaşamı kapsar hale gelmesi olarak görüyordu. Her insanda, her uğraşta, konuşma eyleminde bile, geleceğin toplumunu kurmayı sağlayacak bir güç bulunduğunun farkına vardı. Çizimlerinde, heykel çalışmalarında, *Environment*'larında ve eylemlerinde, anlamlarının izleyiciler tarafından malzemelerin özelliklerinden kolayca çıkarsanması gereken yüklü imgeler sundu. Beuys, *multiple*'larını (çoğaltılabilir yapıt) fikirlerinin araçsallaştırılmasını ve yayılmasını sağlayacak vasıtalar olarak gördü. "Kırmızı/Delik/Lamba" (1976) isimli çalışmasında sanatçının imgeleminde ve kuramsal dünyasında tekrar tekrar beliren üç çember birer kavrama karşılık gelmekte. Beuys'a göre "kırmızı/delik/lamba [...] kişinin kendi kendisine rehberliğini imlemekte. [Kırmızı] insanı çok kuvvetli bir biçimde çarpan bir renk. Onun zıddı ise bir delik, yani derine ve uzağa yönelik bir boyut, bir boşluk. [...] Ve sonra da bir lamba imi [...] —bu kesinlikle rehberlik sunan bir işaret." Sanatçının *multiple* çalışması "Işıldayan Bir Ekmekle İki Hanımefendi" (1966), iki yazılı liste ile bir parça çikolatadan meydana geliyor. Üstteki listede Paris metrosundaki durakların isimleri yazılı, alttakindeyse herhangi bir açıklama ile ilişkilendirilmeyen kimi insan isimleri bulunuyor. Böylece iki hanımefendinin gerçekten de var olan yeraltı metro istasyonlarındaki yolculukları, çeşitli türlerdeki kavramların, işaretlerin ve isimlerin eşdeğer biçimde yan yana durdukları sanal bir alanda betimlenmiş oluyor. Çikolata ise, Hıristiyan metafiziğine özgü bir anlamlandırmayla ekmeğin yerine geçmiş oluyor ve izleyicinin soyut fikirlerin dünyasına dahil olmasını kolaylaştırıyor: "Ekmek, insanın beslenmesinin temel öğesini teşkil eden madde; bu madde, "ışıldayan ekmek" ("*leuchtendes Brot*") tabiri ile kaynağını maneviyattan alan bir anlama kavuşuyor ve insanın sadece ekmekle değil, daha ziyade maneviyat ile beslendiğine işaret ediyor."

TM

Joseph Beuys viewed the goal of his work as expanding the concept of art beyond conventional boundaries to include all of social life. In every person, in every activity, even in the act of speaking, he recognised the power to form a society of the future. In his drawings, sculptural works, Environments and activities, he used images charged with a powerful significance, whose meaning the viewer was nonetheless to deduce directly from the qualities of the materials. Beuys thought of his "multiples" as a vehicle for conveying and disseminating his ideas. In "Red/Hole/Lamp" (1976), three circles stand for concepts that recur in his visual and conceptual world. For Beuys, "Red/Hole/Lamp [...] are symbols of self-orientation. [Red] is a colour that has a powerful impact on the viewer. The hole is the opposite, a dimension indicating depth and breadth, a cavity. [...] And then comes the symbol of the lamp [...]—which, without a doubt, represents guidance. The multiple "Two Women With Shining Bread" (1966) consists of two typewritten lists and a piece of chocolate. Above the chocolate, the list contains the names of Paris Metro stations; below it are various words and personal names which have no apparent connection. And so the journey two girls take through actually existing underground metro stations is described in a mental sphere, in which concepts, terms, designations and names of the most disparate kind follow each other as equal elements in a list. The chocolate stands for bread with its Christian connotation, providing sustenance for entry into the world of ideas: "Bread, a substance that represents the most elementary stuff of human nourishment—in 'leuchtendes Brot' [radiant bread] the word signifies that its origins lie in spirituality, that one lives not from bread alone, but from spirit."

TM

VKV-00280 ↪ 94
Rot/Loch/Lampe
Kırmızı/Delik/Lamba |
Red/Hole/Lamp
1976
Beyaz kağıt üzerine kurşunkalem ve yağlı boya | Pencil and oil on white paper
103 × 70,5 cm
(çerçevesiz | without frame)
Fotoğraf | Photo © Uwe Walter, Berlin

VKV-00281 ↪ 95
Zwei Fräulein mit leuchtendem Brot
Işıldayan Bir Ekmekle İki Hanımefendi |
Two Women with Shining Bread
1966
Kağıt üzerine daktilo, çikolata | Typewriting on paper, chocolate
76,5 × 27,5 × 3,5 cm
(çerçevesiz | without frame)
Fotoğraf | Photo © Werner Zellien, Berlin

VKV-00244 ↪ 92–93
Joseph Beuys / Nam June Paik
George Maciunas Anısına |
In Memoriam George Maciunas
1978-82
Düsseldorf Sanat Akademisi'ndeki 7 Temmuz 1978 tarihli George Maciunas anma konseri, Joseph Beuys'un "Filzkeil"ı ile Nam June Paik'in "Urklavier"ini içeren ahşap kutu; performans kaydı | Wooden box with an LP of the George Maciunas memorial concert from July 7th, 1978 at Düsseldorfer Kunstakademie, the "Filzkeil" by Joseph Beuys and the "Urklavier" by Nam June Paik; performance video
Kutu | Box 13,6 × 62 × 41 cm
Filzkeil 5,7 × 8,8 × 25,2 cm
Urklavier ~ 40 × 25 × 15 cm.
Piyano düeti | Piano-duet 74'
Ed. 47/47
Fotoğraf | Photo © Uwe Walter, Berlin

Barbara Bloom

1951, Los Angeles, California (US)
New York'ta yaşıyor ve çalışıyor.
Lives and works in New York.

Barbara Bloom tutkulu bir koleksiyoncu. Eserleri, bulunmuş nesneler ve bu nesnelere yaptığı eklemelerle oluşuyor. Bloom, bir araya getirdiği bu nesnelere hikâyeler anlattırıyor ve enstalasyonlarıyla yeni bir gerçeklik yaratıyor. Sergi çalışmalarında önceden de sergilenmiş olan enstalasyonlarını yeniden düzenliyor ve eski işlerinin yanına yenilerini ekleyerek göndermelerle dolu yeni eserler meydana getiriyor. Bennington Koleji ve California Sanat Enstitüsü'ndeki öğrencilik döneminden beri algı mekanizmaları üzerinde çalışıyor ve ziyaretçilerinin tepkilerini inceliyor.

Sanatçı, "Barbara Bloom'un Toplu Yapıtları" (1990) isimli enstalasyonunda da mevcut çalışmalarını yenileriyle bir araya getirdi. Kahverengi ahşap bir rafın üzerinde 38 kitap duruyor. Kitapların sırtlarına isimleri altın harflerle yazılmış. Enstalasyon, içeriği saklı tutulan bir kitaplık gibi görünüyor. Kitaplar roman da olabilir, bilimsel deneme kitapları da; kimbilir, belki de bir araya getirilmiş bu eserlerin sayfaları bomboş. Bu sır ancak ziyaretçi kendini bir an bırakarak raftan bir kitap çektiğinde açığa çıkıyor. Geriyeyse çözülmemiş bir bilmecenin heyecanı kalıyor —işte tam da bu süreç aracılığıyla, Bloom bir kez daha algımızı inceliyor.

KG

Barbara Bloom is a passionate collector. Her works consist of found objects, to which she adds newly created ones. Bloom has these composite objects tell stories, constructing a new reality with her installations. She often creates new arrangements of previously shown installations, enlarging them with other pieces and thereby creating new works filled with quotations. Since her student days at Bennington College and at the California Institute of the Arts, she has been examining the mechanisms of perception and investigating the viewer's experiences.

For the installation "Barbara Bloom's Collected Works" (1990), she brought together existing material and new items. Thirty-eight books stand on a brown wooden shelf. Various gold-embossed titles are legible on their spines. The installation appears to be an assembled library, yet its contents remain concealed. The books may be novels or scholarly essays; who knows, perhaps the pages of the assembled works are blank. The secret will only be revealed if a visitor gives in to an impulse, and selects a book from the shelf. So it is only the suspense of the unsolved mystery that remains—and precisely through this process, Bloom once again investigates our perception.

KG

VKV-00094 ↪ 138
Barbara Bloom's Gesammelte Werke
Barbara Bloom'un Toplu Yapıtları |
Barbara Bloom's Collected Works
1990
Ahşap raf üzerinde 38 siyah ciltli, altın kabartmalı kitap |
38 books embossed in gold on black cloth, on wooden board
30 × 120 × 30 cm
Ed. 6/12
Fotoğraf | Photo © Uwe Walter, Berlin

Claus Böhmler

1939, Heilbronn (DE)
Hamburg'da yaşıyor ve çalışıyor.
Lives and works in Hamburg.

Claus Böhmler, Almanya'da radyo, televizyon monitörü ya da fotokopi makinesi gibi iletişim araçlarını ele alan ilk sanatçılardan biriydi. Böhmler, bir aracın mekanizmalarını ve olanaklarını basit bir sorgulamaya tabi tutarak, normalde gözden kaçan kural ve işlevlere dikkat çekiyor. Analizleri, günlük yaşama yönelik son derece ironik ve derinlikli araştırmalar. Böhmler, yapıtlarında görünüş ve gerçek, imge ve dünya, orijinal ve kopya arasındaki ilişkiyi çeşitli yollarla ele alıyor: oyunculuk, çizim ve yapım.

Dilin yorum, açıklama ya da söz oyunu olarak kullanımı merkezi bir role sahip. Araştırmaları her zaman sözcüklerin, cümlelerin ve kavramların asıl anlamlarını hedefliyor. Örneğin "Amsel, Drossel, Funk und Star" (1988) çok bilinen bir Alman çocuk şarkısını ("Karatavuk, Ardıçkuşu, İspinoz ve Sığırcık") alıyor ve "ispinoz" (*Fink*) yerine "radyo" (*Funk*) kelimesini koyuyor. Tek bir harfin değişmesi ve kulaklıklarla kuş evlerinin bir araya getirilmesi, dinleme eylemi üzerine nükteli bir mesel ortaya çıkarıyor.

Böhmler ayrıca performanslarla da sık sık kamuoyunun önüne çıkıyor. 1999'da "Claude Money–Kavaklar Altında" için, Debussy ve Ravel'in müziğinden oluşan bir uzunçaların kapağında bulunan, Claude Monet'ye ait bir resmin "yeniden yapılandırılması" üzerinde çalıştı. Bir nota sehpasını şövale gibi kullanarak, imgenin harflerle örtüldüğü yerleri rötuşladı, bu sırada izlenimci üslupta giyinmiş bir kadın da orijinalle röprodüksiyon arasındaki ilişki ve sanatı pasif olarak izlemekle etkin bir biçimde kavramak arasındaki fark hakkında konuştu.

BH

Claus Böhmler was one of the first artists in Germany to deal with communication devices such as the radio, television monitor or photocopy machine. By subjecting the mechanism and potential applications of a device to a straightforward process of questioning, he draws attention to rules and functions that otherwise often elude perception. His analyses are deeply ironic and profound explorations of our daily life. In his works, Böhmler focuses on the relationship between appearance and reality, image and the world, as well as original and copy in manifold ways: acting, drawing and constructing.

The use of language as commentary, explanation or wordplay takes on a central role. His inquiries are always zeroing in on the actual meaning of words, sentences and concepts. "Amsel, Drossel, Funk und Star" (1988), for example, plays on a well-known German children's song (Blackbird, Thrush, Finch and Starling), substituting "Funk", or "radio", for "Fink". This alteration of a single letter, and the combination of birdhouses with headphones gives rise to a humourous parable on the act of listening.

Böhmler also often presents public performances. In 1999, "Claude Money – Under the Poplars" found him working on the "reconstruction" of a Claude Monet painting which appeared on the cover of an LP featuring music by Debussy and Ravel. On a music stand-cum-easel, he retouched the image where it was covered up by lettering, while a woman dressed in impressionistic style spoke about the relationship between an original and a reproduction, and the difference between passively viewing art and actively grasping it.

BH

VKV-00283 ↪ 115
Amsel, Drossel, Funk und Star
1988
Sarı arkaplan üzerinde kulaklık takılmış ahşap kuş evi |
Wooden nest box with headphone on yellow background
68 × 48 cm
Fotoğraf | Photo © Uwe Walter, Berlin

VKV-00284 ↪ 114
Claude Money–Sous les Peupliers
Claude Money–Kavaklar Altında |
Claude Money–Under the Poplars
1999
Nota sehpası üzerinde boyanmış plak kapağı, dürbün, plak ve pikap, video kaydı |
Painted record cover on music stand, binocular, record and record player, videotape
Değişen boyutlar | Dimensions variable
Fotoğraf | Photo © Uwe Walter, Berlin

George Brecht

1926, New York (US) – **2008, Köln | Cologne** (DE)

George Brecht, 1950'lerde, sanatsal üretimde rastlantısal süreçlerle deneyler yapmaya başladı. Kendisinden daha genç kuşaklardan olan meslektaşları Dick Higgins ve Al Hansen gibi, Brecht de 1958–59 yıllarında New York'taki New School for Social Research'te (Toplumsal Araştırmalar için Yeni Okul) John Cage'in deneysel kompozisyon derslerine katıldı ve deneysel sanatçıların kompozisyon pratiklerinden yola çıkarak büyük bir tutkuyla "events" kavramını geliştirdi. Günlük hareketlere dayalı kısa süreli edimleri işaret ettiği söylenebilecek olan ve kısa partisyonlar halinde yazıya dökülen "events", 1960'ların başında farklı sanatçıların gerçekleştirdiği Fluxus etkinliklerinde önemli bir çekirdeği oluşturdu. Brecht'in daha sonra diğer "event" partisyonları ile birlikte George Maciunas tarafından *Water Yam Box* (1963) ismiyle yayımlanan kitabında paylaştığı "Taşınabilir Merdiven" partisyonunun metni şöyledir:

Bir merdiveni beyaza boya.
En alt basamağı siyaha boya.
Aradaki basamaklara ana renkleri dağıt.

Tarif edilen nesneyi, 1990 yılındaki Sydney Bienali için bu partisyon uyarınca gerekenleri yapan René Block gerçekleştirmiş oldu. Böylelikle Brecht, oyunsu bir şekilde, sadece yapıtın gerçek sahibi ile Duchamp'cı hazır-yapıt (*ready-made*) kavramını sorgulamış olmuyor, aynı zamanda dikkatimizi günlük nesnelerin algılanışına ve sıradan edimlerle olaylara içkin poetiğe de yöneltmiş oluyordu.

BE

During the 1950s, George Brecht began to experiment with chance processes in making art. Like his fellow artists Dick Higgins and Al Hansen, he studied experimental composition with John Cage at the New School for Social Research in New York (1958–1959) and, inspired by the composition practice of experimental artists, developed the idea of "events". Events, which can be described as happenings of brief duration based on everyday actions, and which are often depicted in writing using event scores, formed an important core of the Fluxus activities of several artists in the early 1960s. The score for the event "Ladder", which was published by George Maciunas in *Water Yam Box* (1963) together with other event scores by Brecht, reads as follows:

Paint a single ladder white.
Paint the bottom rung black.
Distribute spectral colours on the rungs between.

It was left to René Block to realise the object described thus, who followed the instructions given in the event score and constructed it for the 1990 Biennale of Sydney. Playfully, Brecht not only questions the concept of authorship and Duchamp's ready-mades, but also draws our attention to the perception of everyday objects, and the poetic inherent in simple actions and events.

BE

VKV-00285 ↪ 109
Taşınabilir Merdiven | Ladder
1960
Ahşap, lake | Wood, lacquer
René Block tarafından 1990'da Sydney'de gerçekleştirildi |
Realised by René Block in Sydney 1990
220 × 45 × 5 cm
Fotoğraf | Photo © Uwe Walter, Berlin

KP Brehmer

1938, Berlin (DE) – **1997, Hamburg** (DE)

1971'den 1997'ye dek Hamburg Güzel Sanatlar Yüksekokulu'nda profesör olarak çalışan KP Brehmer, röprodüksiyon teknikleri alanında eğitim almıştı ve Krefeld'daki uygulamalı sanat okulu ile Düsseldorf Sanat Akademisi'nde grafik alanında öğrenim görmüştü. Sigmar Polke ve Gerhard Richter ile birlikte Kapitalist Gerçekçilik akımının önde gelen temsilcilerinden biri olarak, zamanının koşullarıyla eleştirel bir biçimde yüzleşmek için tamamen kendine has bir yöntem ve biçim dili geliştirdi. Brehmer 1960'lı yıllarda "Trivialgrafiken" ("ıvır zıvır çizimler") adını verdiği, reklam, fotoğraf ve pulların gerçekçi motiflerini uyarladığı ve onların ideolojik anlamlarını görsel araçlarla görünür kıldığı çalışmaları gerçekleştirdi. Sanatçı, sınırsız edisyonlar ve baskılar yaparak, sanatı demokratikleştirmeye ve ticari yapılarının temelini çürütmeye girişti. Brehmer 1970'lerde renk skalaları, haritalar ve istatistiklerle çalışmaya başladı ve renklerin birer sembol olarak anlamlarıyla ilgilendi. Dünya çapında eğitim düzeylerinin görselleştirildiği "Okumaz-Yazmazlık" (1975) ya da 1933 senesindeki faşist tavırlara yönelik bir araştırmanın ürünü olan "Renk Coğrafyası No.9, Kahverengi Değerlerinin Konumları" (1971), bu çalışmaları arasındadır. Brehmer, grafik çalışmalarının yanısıra birçok filme imza attı ve 1970'lerin sonlarında resim yapmaya da başladı. Mevcut imgelemleri yeniden ele aldığı ve görsel yorumları sanat bağlamında bir çeşit politik eylem olarak kullandığı yapıtlarının tamamında, Brehmer'in başlıca izleği siyasal ve toplumsal eğilimlerin görselleştirilmesi olmuştur.

BH

KP Brehmer, who was a professor at the University of Fine Arts of Hamburg from 1971 to 1997, was trained in reproduction technologies and had studied graphic arts at the school of applied arts in Krefeld and the Art Academy in Düsseldorf. As one of the leading exponents of Capitalist Realism, together with Sigmar Polke and Gerhard Richter, he developed an idiosyncratic method and formal vocabulary that he used to critically confront the conditions of his time. In the 1960s, Brehmer worked on so-called "trivial graphics", in which he adapted realistic motifs from advertising, photographs and postage stamps and exposed their ideological significance through visual means. He attempted to democratise art and at the same time undermine its commercial structures by issuing unlimited editions and reprints. In the 1970s, Brehmer began to work with colour scales, maps and statistics; and to focus on the symbolic meaning of colour. This group of works includes "Illiteracy" (1975), a visualisation of the worldwide level of illiteracy, and "Geography of Colours No.9, Localisation of Brown Values" (1971), an investigation of Fascist attitudes in 1933. In addition to graphic works, Brehmer produced several films, and in the late 1970s began to paint. A leitmotif running through his entire oeuvre, where he produced new interpretations of current imagery and used visual commentaries in the context of art as a type of tool for political action, is a visualisation of political and social trends.

BH

VKV-00261 ↪ 68
Farbengeographie Nr. 9, Lokalisierung von Braunwerten (5.3.1933)
Renk Coğrafyası No.9, Kahverengi Değerlerinin Konumları (5.3.1933) | Geography of Colours No.9, Localisation of Brown Values (5.3.1933)
1971
Milimetrik kağıt üzerine emülsiyon boya ve kurşunkalem | Emulsion paint and pencil on graph paper
49,5 × 42 cm
(çerçevesiz | without frame)
Fotoğraf | Photo © Uwe Walter, Berlin

VKV-00262 ↪ 69
Analphabetentum
Okumaz-Yazmazlık | Illiteracy
1975
Milimetrik kağıt üzerine emülsiyon boya, keçeli kalem ve kurşunkalem | Emulsion paint, felt-tip pen and pencil on graph paper
105 × 75 cm
(çerçevesiz | without frame)
Fotoğraf | Photo © Uwe Walter, Berlin

VKV-00263 ↪ 68
Farbengeographie (Blauwerte) nach Mondrian
Mondrian'dan Esinlenen Renk Coğrafyası (Mavi değerleri) | Geography of Colours After Mondrian (Blue values)
1971
Milimetrik kağıt üzerine emülsiyon boya ve kurşunkalem | Emulsion paint and pencil on graph paper
49,5 × 42 cm
(çerçevesiz | without frame)
Fotoğraf | Photo © Uwe Walter, Berlin

Elina Brotherus

1972, Helsinki (FI)

Helsinki ve Paris'te yaşıyor ve çalışıyor.
Lives and works in Helsinki and Paris.

Elina Brotherus, fotoğraf dizilerinde manzara imgelerine ve iç mekâna özgü biçimsel yalınlığı, klasik resim sanatının estetiğine yönelen bir güzellik anlayışıyla ilişkilendiriyor. Kapalı mekânlarda insan figürü gözlemleri ile bu figürlerin kadrajdaki yerleşimi, ayrıca kompozisyon, ışık ve renk, sanatçının son yıllardaki çalışmalarının ağırlık noktasını oluşturuyor. "Sanatçı ve Modeli" serisinin ana izleğini bakışlar teşkil ediyor —sanatçının modele, modelin sanatçıya dönük bakışı. Bu seriden "Emre'nin Şemsiyesi" (2008) ve "Newton'ın Renk Kuramı" (2009) gibi fotoğraflarda, Elina Brotherus'un bizzat kendisi objektifin karşısına geçiyor ve böylece "Sanatçı ve Modeli" başlığı da, 1990'lı yıllardan beri kendi kendisini model olarak kullanan Brotherus'un çiftkişilikliliğine işaret etmiş oluyor. Sanatçı, yeni fotoğraflarını içsel ya da psikolojik bir "an"a atıfta bulunan (oto)portreler olarak görmüyor, aksine figürün harici özellikleriyle ilgileniyor: "Resimdeki kişi, ressamların model kullanmalarındaki anlamda, bir model." Brotherus'un kelimeleriyle "fotoğrafın küçük bir alegorisi olarak" anlaşılabilecek, günlük bir fenomenin gözlemi üzerine kurulu olan "Ayna" (2001) isimli video çalışmasında, bir aynada tıpkı bir fotoğrafın oluşma sürecindeki gibi sanatçının kendi sureti derece derece beliriyor.

BE

In her photographic series, the artist Elina Brotherus combines the formal simplicity of landscapes and spatial structures with a search for beauty that seems to have been inspired by the aesthetics of classical painting. Observations of the human figure in space, its position in the pictorial frame, and questions of composition, light and colour have played a central role in her artistic work of recent years. The series "Artist and Her Model" also thematises the gaze—the artist's gaze at his/her model, and vice versa. In photographs from this series such as "Emre's Umbrella" (2008) and "Newton's Colour Theory" (2009), Elina Brotherus herself stands in front of the camera; in this way, the title "Artist and her model" also plays on the double identity of the artist, who since the 1990s has often functioned as the model in her photos. Yet the artist does not consider her more recent photographs to be (self) portraits that indicate inner or psychological elements. Rather, she is interested in the figure's external qualities: "The person in the picture is a model, in the same sense as painters have been using models."

The video loop "Mirror" (2001) is based on the observation of an everyday phenomenon, which in the artist's words can also be understood as "a small allegory of photography," when—as in the process of developing a photograph—the image of the artist gradually becomes visible in the mirror.

BE

VKV-00015 ↪ 164
Miroir
Ayna | Mirror
2001
DV PAL 4:3, renkli, sessiz | colour, silent
2'25''
Ed. 3/3

VKV-00231 ↪ 162
Lambalı İç Mekân |
Interior with a Lamp
2008
"Sanatçı ve Modeli" serisinden |
From the series "Artist and Her Model"
Fujicolor Crystal Arşiv kağıdı üzerine "chromogenic" renkli baskı, anodize alüminyum üzerine monte edilmiş, çerçeveli | Chromogenic colour print on Fuji Crystal Archive paper, mounted on anodised aluminium, framed
70 × 84 cm (çerçevesiz | without frame)

VKV-00232 ↪ 165
Emre'nin Şemsiyesi | Emre's Umbrella
2008
"Sanatçı ve Modeli" serisinden |
From the series "Artist and Her Model"
Fujicolor Crystal Arşiv kağıdı üzerine "chromogenic" renkli baskı, anodize alüminyum üzerine monte edilmiş, çerçeveli | Chromogenic colour print on Fujicolor Crystal Archive paper, mounted on anodised alumionium, framed
80 × 98 cm (çerçevesiz | without frame)

VKV-00233 ↪ 163
Newton'ın Renk Kuramı |
Newton's Colour Theory
2009
"Sanatçı ve Modeli" serisinden |
From the series "Artist and Her Model"
Hahnemühle Fine Art Baryta kağıdı üzerine Vivera pigment mürekkep baskı, anodize alüminyum üzerine monte edilmiş, çerçeveli |
Vivera pigment ink print on Hahnemühle Fine Art Baryta paper, mounted on anodised aluminium, framed
105 × 132 cm
(çerçevesiz | without frame)

VKV-00193 ↪ 161
Lauri Astala, Hanna Brotherus, Elina Brotherus, Antti Ikonen
Mutluluğum Yuvarlaktır |
My Happiness is Round
2007
16:9 HDV, renkli, sesli | colour, sound
9'5''
Ed. 1/6

Stanley Brouwn

1935, Paramaribo (SR)
Amsterdam'da yaşıyor ve çalışıyor.
Lives and works in Amsterdam.

Stanley Brouwn, 1957 yılında Amsterdam'a yerleştiğinden bu yana, kavramsal sanatın Hollanda'daki en önemli temsilcilerinden biri olageldi. Brouwn 1960'lı yıllarda Fluxus hareketinin happening'lerine katıldı ve Zero grubuna üye sanatçılarla tanıştı. Video çalışmalarında, sanatçı kitaplarında, çizimlerinde ve heykellerinde, kendi adımının uzunluğunu, dünyayı ölçmek için kullanmaya başladı. 2005 yılında mimar Bertus Mulder ile birlikte oluşturduğu haç şeklindeki sergi pavyonunun temelleri Brouwn'un ayağının uzunluğuna dayanıyordu.

1960'ların başında Brouwn ününü borçlu olduğu "Bu Taraftan Brouwn" serisine başladı. Serinin ana fikri, rasgele karşılaşılan yayalardan şehirde bir yürüyüş rotası çizmelerinin istenmesi ve ardından bunun "Bu Taraftan Brouwn" ibaresiyle damgalanıp bir talimatnameye dönüştürülmesine dayalıydı. Yıllar içinde Brouwn bu seride çeşitli versiyonlar denedi. Bu sergide sunulan fotoğraflardaki talimatnameler farklı bir versiyonun ürünü. Yoldan geçen biri Haarlem'deki bir sokağın adını söylerken Brouwn, onun resmini çekiyor ve Nassaustraat'tan Templiersstraat'a doğru dairesel yönde ilerliyor.

IH

Since moving to Amsterdam in 1957, Stanley Brouwn has been one of the most important exponents of conceptual art in the Netherlands. During the 1960s, Brouwn participated in the happenings of the Fluxus movement and exhibited with artists in the Zero Group. In videos, artist's books, drawings and sculptural works, Brouwn then began to use the length of his stride to take measure of the world. The dimensions of a cruciform exhibition pavilion (2005), designed in collaboration with the architect Bertus Mulder, are based on the length of Brouwn's foot.

Early in the 1960s, Brouwn initiated the series which made him famous: "This Way Brouwn". The idea was to have random passers-by guide him through town; the sketched directions were then stamped with the inscription "This Way Brouwn," and packaged as a set of instructions. Brouwn varies this series over the years; the instructions are different in the photographs presented here. As a passer-by names a street in Haarlem, Brouwn takes a picture of it, moving in a circular direction from Nassaustraat to Templiersstraat.

IH

VKV-00264 ↪ 166–167
Bu Taraftan Brouwn | This Way Brouwn
1969
Siyah-beyaz 5 fotoğraftan oluşan seri |
Series of 5 b/w photographs
Her biri 59,2 × 84,5 cm each
(çerçevesiz | without frame)
Fotoğraflar | Photos © Uwe Walter, Berlin

John Cage

1912, Los Angeles, California (US) – **1992, New York** (US)

John Cage, 20. yüzyılın en etkili bestecilerinden biri olarak tanınıyor. Onun sessizlik anlayışı, rastlantı kavramına dayalı düzenlemeleri, dinleyicinin katılımını gerektiren türden kompozisyonları, 1950'li ve 1960'lı yıllarda avangard sanatı derinden etkiledi. Fluxus ve Happening akımlarının ilerleyen yıllardaki önde gelen sanatçılarından birçoğu Cage'in 1956'dan 1959'a dek çalıştığı New York'taki New School for Social Research'te (Toplumsal Araştırma için Yeni Okul) geliştirdiği deneysel müzik anlayışıyla açtığı yolu takip etti. Bundan dolayı Cage'in müziğe yaklaşımının Fluxus hareketinin başlangıç noktalarından biri olduğu söylenebilir.

Sanatçının müzik alanındaki önemli çalışmalarından biri, Wolfgang Amadeus Mozart'a atfen gerçekleştirdiği "Mozart Mix"tir (1991). Aynı zamanda Cage'in son eserlerinden biri olan "Mozart Mix", bir *multiple* olarak (36 edisyon) üretilen ilk ses *Environment*'ıydı. Ahşap bir kutunun içinde beş kasetçalar ve Mozart'ın çeşitli opera, konçerto ve başka kompozisyonlarından uzun pasajlar içeren 25 kaset bulunuyor. Bunlardan beş tanesi aynı anda çalınmak üzere hazırlanmış: Bu şekilde ortaya çıkan ses karışımı da, John Cage'in imzasına dönüşen tamamen yeni bir duyma deneyimine olanak sağlıyor. Kutunun yanındaysa Mozart'lı bir akrostişin serigrafisi bulunuyor.

CD

John Cage is considered one of the most influential composers of the 20th century. His conception of silence, chance operations, and his approach to including the audience in his compositions had great influence on the avant-garde art of the 1950s and 60s. Many of the later protagonists of Fluxus and Happenings attended Cage's classes in experimental music at the New School for Social Research in New York City between 1956 and 1959. His concept of music can be considered one of the most important points of departure for the Fluxus movement.

"Mozart Mix" (1991), an homage to the composer Wolfgang Amadeus Mozart, is one of the artist's most outstanding works in the field of music. Also one of the last works by Cage, it is the first sound Environment to have been produced as a multiple (in an edition of 36). A wooden box contains five cassette recorders and 25 endless tape cassettes with passages of various lengths from the operas, concertos, and other compositions by Mozart. Five of these cassettes are to be played simultaneously: the resulting sound mix gives rise to a completely new listening experience, for which John Cage takes authorship. In addition, the box contains a silkscreen print with a mesostic on the name Mozart.

CD

VKV-00243 ↪ 103
Mozart Mix
1991
Ahşap kutu içinde 25 kaset,
5 kasetçalar ve imzalanmış serigrafi |
25 tapes, 5 tape decks and signed
silkscreen print in wooden box
Ed. 15/35
Kutu | Box 10,2 × 86 × 81 cm
Fotoğraf | Photo © Uwe Walter, Berlin

show, she sets out to provoke reaction and instigate communication.

BH

VKV-00017 ↪ 80
Mutsuzluğa Kadar Say, 90. Gün | Count up to Unhappiness, Day 90
"Yoğun Acı" serisinden |
From the series "Exquisite Pain"
1984-2003
Gri bez panele işlenmiş bir metin ve bir renkli fotoğraf (ikisi de çerçeveli), beyaz çarşaf bezi üzerine işlenmiş bir metin ve bir renkli fotoğraf (ikisi de çerçeveli) | One embroidered text on grey cloth panel and one colour photograph (both framed), one embroidered text on white linen panel and one colour photograph (both framed)
Her bir metin | Each text 134 × 62 cm
Her bir fotoğraf | Each photograph 50 × 62 × 2 cm
Enstalasyon | Installed 194 × 130 cm
Ed. 2/3 İngilizce | English + 1 AP
Fotoğraf | Photo
© Arndt & Partner, Berlin

Sophie Calle

1953, Paris (FR)
Paris'te yaşıyor ve çalışıyor.
Lives and works in Paris.

Sophie Calle, algılama, bellek ve kimlik arayışı konularındaki sanatsal araştırmalarında, başkalarının adımlarından gitmekle kalmıyor, kendi yaşamını da işin içine katıyor. "Yoğun Acı"da (1984–2003) bir ilişkinin bitişini belgeliyor. Sanatçı, başka bir kadın için terk edildiğini telefonda öğrendikten sonra arkadaşlarına ve şans eseri tanıştığı insanlara yaşamlarındaki en acılı anları sormaya başlamış.

Durumların birer ritüel gibi sahnelenmesi, tüm yapıtında görülen başlıca izlek. Araştırmacı gazeteciliği andıran bir yaklaşımla, topladığı veriler ve kanıtlar, seyir defteri kayıtlarına benzer metinlerle ve yarı-belgesel fotoğraflarla sunuluyor. Biçim düzeyinde bakıldığında, imgelerle metinleri yan yana getirerek çalışıyor; içerik düzeyinde bakıldığındaysa gerçekle kurguyu iç içe geçiriyor.

Calle'in yapıtları hem insan doğası hem de sanatın doğası hakkında birer beyan niteliğinde ve bu ikisinin arasındaki sınırları oyunbaz bir biçimde zorlayıp değiştiriyor. Yaşamın tüm yönlerini araştırarak ve belgelemeyle yaratım, veriyle kurgu, gerçekle gösteri gibi antitezlerle sürekli oynayarak, tepkileri ve iletişimi kışkırtmayı hedefliyor.

BH

In her artistic explorations in the areas of perception, memory, and searching for identity, Sophie Calle doesn't merely retrace the footsteps of others; she adds her own life into the mix as well. In "Exquisite Pain" (1984–2003) she documents the end of an affair. After having been informed on the phone that she had been dumped for another woman, she began asking friends and chance acquaintances about the most painful moments in their lives.

The ritualistic staging of situations is a primary motif in all her work. In an approach akin to journalistic research, the data and evidence she collects are presented in texts reminiscent of log entries and quasi-documentary photographs. On a formal level, she works with the juxtaposition of images and text; on the content level, with the interweaving of reality and fiction.

Calle's works are statements both on human nature and on the nature of art, in which she playfully challenges and shifts the boundaries between the two. By exploring life in all its facets and continually juggling antitheses such as documentation and invention, fact and fiction, reality and

Mircea Cantor

1977, Transilvanya | Transsylvania (RO)
Paris'te yaşıyor ve çalışıyor.
Lives and works in Paris.

Mircea Cantor'un enstalasyonları, resimleri, filmleri ve fotoğrafları insani müdahalelerin ve bunların bıraktıkları izlerin belgelenişi olarak algılanabilir. Bu çalışmalar, toplumların ve kültürlerin ilişkiselliklerine dair temel sorular yöneltirken; anlatı, bağlam, içeriğe dair herhangi bir atıf ile ahlaki bir tarafgirliğin yokluğu izleyiciye ucu açık bir deneyim sağlıyor. Cantor'un hem biçimi hem de içeriği kullanışındaki tutumluluğun yol açtığı bilgi noksanlığı, ortaya apaçık ama gizemli konfigürasyonların çıkmasını sağlıyor. "NIDO" (2007) isimli çalışmasında, tabanı kırık yumurta kabuklarıyla kaplı bir odaya bir pinpon masası yerleştirilmiş. Sağlam kalan yumurtalar ise, masanın ortasında bir daire şeklinde düzenlenmiş durumdalar ve genellikle iki rakibin tarafını bölmek için kullanılan ağla çevreleniyorlar. Yerdeki yumurta kabukları ise daha fazla zarar görmeye bırakılmışlar: Ziyaretçiler buradan geçerken üzerlerine basmak zorunda kalıyorlar. Anlaşılan masanın üstündeki "yuva" az sayıda yumurtayı parçalanmaktan korumakta, ancak bu yumurtalar aynı zamanda muhafazanın içinde tutsak durumdalar. Yapıt, korunma ile kontrol, kısıtlama ile özgürlük, güvenlik ile risk arasındaki gerilimli ilişkiyi gündeme getiriyor.

TM

The installations, pictures, film and photographs of the artist Mircea Cantor can be viewed as records of human interventions, and the traces these leave behind. They raise fundamental questions about how societies and cultures relate, yet since the works lack narration and context, and are devoid of any indexical signs or moral stance whatsoever, all kinds of interpretations are left open for viewers. This absence of information, reflected in Cantor's sparing use of forms and materials, gives rise to clear yet puzzling configurations. In "NIDO" (2007), a ping-pong table is set up in a room in which the floor is covered with a blanket of broken eggshells. The only eggs that are intact are situated in a circular arrangement at the centre of the table, surrounded by the net that usually separates the opponents' sides. The eggshells on the floor are consigned to further destruction, for visitors are forced to tread on them while crossing the room. It seems that only the "nest" on the table has shielded a few eggs from destruction, yet these eggs are simultaneously trapped by this enclosure. Questions about the tensions existing between protection and control, restriction and freedom, security and risk are brought to the forefront by this work.

TM

VKV-00018 ↪ 83
NIDO
2007
Pinpon masası, ağ, çeşitli yumurtalar ve yumurta kabukları | Ping-pong table, net, various eggs, various egshells
Ed. 1/3 + 1 AP
320 × 225 cm
Serginin kurulumu sırasında çekilen enstalasyon fotoğrafı | Installation photo, shut during the preparation for the exhibition
Fotoğraf | Photo © Murat Germen

Olga Chernysheva

1962, Moskova | Moscow (RU)

Moskova'da yaşıyor ve çalışıyor.
Lives and works in Moscow.

Ayrıntı içinde bütünü görünür kılmak, Chernysheva'nın tüm işlerinde gözlenen yazılmamış bir kural olsa gerek. Sanatçı gerek filmlerinde gerekse fotoğraf çalışmalarında gösterişsiz, gündelik anlar üzerinde yoğunlaşıyor. Bu enstantaneler, sanatçı tarafından düzenlenmiş durumlar ya da teatral sahnelemeler değil, aksine, varsayılan bir olayın gerçekleşmesinin öncesinde ya da sonrasında yaşanan önemsemezliğe, sıklıkla da yalnızlığa vurgu yapan anlar. Örneğin "Marmot" işinde, kenarda durmuş bir gösteriyi izleyen bir kadını; "Marş"ta sakız çiğneyen ponpon kızlara bakakalmış üniformalı, çocuk yaştaki subay okulu öğrencilerini; "Tren"de seyahate çıkmış insanları; epik bir eser yaratırcasına 33 parçalık bir iş halinde tasarladığı "Kaktüs Satıcısı"ndaysa zooloji müzesinin girişindeki bir satıcıyı gözlemliyor.

Olga Chernysheva'nın hikâye anlatırken yaptığı yegâne şey, gerçekliği algılayıp kayda geçirmek. Bu gerçeklikse, Rusya'da gündelik yaşamın görünürde önemsiz anlarından oluşuyor. Sanatçı, buradaki gündelik yaşamdan oluşturduğu hikâyelerine, benzerine ancak Rus edebiyatı geleneğinde rastlanacak türden şiirsel bir güzellik kazandırıyor. Olga çalışmalarıyla ilgili olarak şunu söylüyor: "Bana göre bir sanatçının görevi, bir biçem bulmak, tesadüfi olana ritim kazandırmak. Güzel sanatlar ile müzik arasındaki ilinti de burada zaten. Fotoğraflarımı aynı zamanda işitebilmem de gerekiyor."

RB

René Block, "Fotoğraflarını İşitebilmesi Gerekiyor". 9 Eylül–25 Ekim 2009 tarihleri arasında Yapı Kredi Kâzım Taşkent Sanat Galerisi'nde gerçekleştirilen "İstiklâl Serüveni" sergi dizisi kapsamındaki "Yerel Egzersizler" başlıklı Olga Chernysheva sergisi için Yapı Kredi Kültür Sanat Yayıncılık tarafından basılan ve ücretsiz sunulan broşürden, s. 2.

Making the whole visible in every detail: this seems to run through the work of Olga Chernysheva like an unwritten law. In her films and photographs, she concentrates on quite unspectacular quotidian moments. These are not situations staged by the artist, not theatrical scenes, but rather moments of inconsequence, often solitariness, before or after a supposed event. Her gaze turns to a woman at the edge of a demonstration in "Marmot"; cadets in uniform, still childlike, standing next to gum-chewing pom-pom girls in "March"; passengers in "The Train"; or a salesman at the entrance to the zoological museum in her new 33-part epic work, "Cactus Seller".

Olga Chernysheva tells stories by doing nothing other than perceiving and capturing reality. A reality of apparently unimportant moments in the daily life of the new Russia, from which she elicits a poetic beauty that places her tales squarely in the tradition of great Russian literature. About her work, Olga says: "The task of an artist, as I see it, is to find a form; that is, to give a rhythm to chance. Here lies the kinship between visual art and music. I must always be able to hear the photography."

RB

René Block, "She must be able to hear the photography". From the exhibition brochure printed by Yapı Kredi Cultural Activities, Arts and Publishing, on the occasion of the exhibition "Local Exercises" by Olga Chernysheva (9 September–25 October 2009) within the scope of the exhibition series "Adventure İstiklâl", at Yapı Kredi Kâzım Taşkent Art Gallery, p.2.

VKV-00217 ↪ 197
Marş | March
2005
Video
Renkli, sesli | Colour, sound
7'30"
Ed. 2/5 + 2 AP

VKV-00216 ↪ 196
Marmot
1999
Video
Renkli, sesli | Colour, sound
2'30"
Ed. 3/5 + 2 AP

Giuseppe Chiari

1926, Floransa | Florence (IT) – **2007, Floransa | Florence** (IT)

Giuseppe Chiari, jestik ve somut müzik üzerine yaptığı araştırmalarla 20. yüzyılda deneysel müzik alanındaki gelişmeleri derinden etkileyen bir piyanist ve besteciydi. Müzik sistemi ve sanatsal yaratıcılıkla ilgili düşünceleri, klasik kavramlar ile günlük hayatın akışına dair her unsuru bir araya getirmeyi amaçlıyordu —"Klasik müziği bırak." Zaman içinde kompozisyonları espri, incelik ve şiirle yüklü kavramsal talimatnamelere dönüştü: "Kulağınızı kum saatine dayayın ve zamanı duyun" (1973). Deneysel analizleriyle kotardığı, özellikle kolajlarında ve montajlarında ortaya çıkan şiirsel ifadelerinin yanısıra jestik ve müzikal performanslarıyla Chiari, gerçekliğin karmaşık yapısına atıfta bulunuyordu. Fluxus hareketindeki sanatçılarla tanışması da onun bu yolda daha hızlı ilerlemesini sağladı. Her şeyin müzik için malzeme teşkil edebileceğine inanan John Cage ile tanışmasının ardından Chiari, müzik ve performans alanındaki çalışmalarını yoğunlaştırdı ve piyano, çello ya da gitar gibi klasik enstrümanların yanında su, taş, saç ve kağıt gibi malzemeleri bu çalgılarla eşdeğer biçimde kullanmanın yollarını denedi. Çalışmaları, Avrupa'daki Fluxus hareketine büyük katkıda bulundu.

BH

Giuseppe Chiari was a formally-trained pianist and composer whose explorations of gestural and concrete music provided substantive contributions to the development of experimental music in the 20th century. His reflections on the music system and artistic creation aspired towards a confluence of classical concepts with the flux and flow of daily life in all its aspects— "Quit classical music". Consequently, his compositions soon evolved into verbal-conceptual instructions that are witty, pensive and poetic, such as "Legen Sie die Sanduhr an ihr Ohr und hören Sie die Zeit" (1973) (Hold the hourglass to your ear, and hear the time). In his experimental analyses of verbal expression in poetry, manifested as collages and montages, and in gestural and musical performance, Chiari draws attention to the complex structures of reality. Meeting artists in the Fluxus movement intensified his work in this direction. In keeping with John Cage's idea that everything can become musical material, Chiari increased his investigations in the area of music performance in the 1970s, demonstrating the possibilities of the direct utilisation of water, stones, hair and paper as instruments equal to the classical piano, cello and guitar. His works thus constitute a significant contribution to the European Fluxus movement.

BH

VKV-00287 ↪ 123
Gitarre
Gitar | Guitar
1973
Aydınger üzerine mürekkep |
Ink on transparent paper
65 × 100 cm
(çerçevesiz | without frame)
Fotoğraf | Photo © Uwe Walter, Berlin

VKV-00289 ↪ 122
Ich stelle das Fernsehen ab, indem ich die Stromzufuhr unterbreche
Cereyanı keserek televizyonu durduruyorum. | I stop the TV by cutting the current.
1973
Aydınger üzerine mürekkep |
Ink on transparent paper
17 × 67,8 cm
(çerçevesiz | without frame)
Fotoğraf | Photo © Uwe Walter, Berlin

VKV-00288 ↪ 123
Legen Sie die Sanduhr an Ihr Ohr und hören Sie die Zeit.
Kulağınızı kum saatine dayayın ve zamanı duyun. | Hold the hourglass to your ear, and hear the time.
1973
Aydınger üzerine mürekkep |
Ink on transparent paper
24,8 × 34,4 cm
(çerçevesiz | without frame)
Fotoğraf | Photo © Uwe Walter, Berlin

VKV-00265 ↪ 124
Klasik Müziği Bırak | Quit Classical Music
Tarihsiz | Undated
Kağıt üzerine kolaj | *Collage on paper*
70 × 50 cm (çerçevesiz | without frame)
Fotoğraf | Photo © Uwe Walter, Berlin

Anetta Mona Chişa & Lucia Tkáčová

Anetta Mona Chişa **1975, Nadlac** (RO)
Lucia Tkáčová **1977, Banska Stiavnica** (SK)

Prag ve Bratislava'da yaşıyor ve çalışıyorlar.
Live and work in Prague and Bratislava.

"Tabiyetin Diyalektiği #4" (2006) adlı video çalışmalarında Anetta Mona Chişa ve Lucia Tkáčová, küresel siyasetin en güçlü erkeklerinin cinsel cazibesini ele alıyor. Samimi bir ortam olarak yatak, şakalar, gülüşmeler, sanatçıların kikirdemeleri, hep genç kızların tipik dedikodularını anımsatıyor.

Anetta Mona Chişa (Prag) ve Lucia Tkáčová (Bratislava), 2000'den beri birlikte çalışıyorlar. Bu işbirliğinde ağırlıklı olarak cinsel kimlik ilişkilerine ve Batı'nın hakimiyetindeki bir sanat dünyasında Doğu Avrupalı sanatçılar olarak rollerine odaklanıyorlar. Yapıtlarında yinelenen temalardan biri, komünizm sonrası ampirik dünyalarının komünist atası Karl Marx'ı ele alışlarında da görüldüğü gibi, stratejilerin ve duruşların kimi zaman aşırı bir oyunbazlıkla sunulup ironik bir biçimde sahiplenilmesi. "Kapital: Aşk, Mutluluk ve Sağlık için Sihirli Tarifler" (2006) adlı videolarında Chişa ve Tkáčová bir falcıya gidip fal baktırıyorlar. Karl Marx'ın *Kapital*'i, kâhin olarak, sanatçıların bakışını, komünizmden kapitalizme "geçiş süreci"ne maruz bırakılmış öznelerin somut deneyimsel dünyasına çeviriyor.

JB

In their video work "Dialectics of Subjection #4" (2006), Anetta Mona Chişa and Lucia Tkáčová deal with the sex appeal of the most powerful men in global politics. The bed as an intimate setting, jokes, laughter and the artists' giggles are reminiscent of the stereotypical gossiping of young girls.

Anetta Mona Chişa (Prague) and Lucia Tkáčová (Bratislava) have been working together since 2000. Their collaborative works focus primarily on gender relationships and on their role as Eastern European artists in a Western-dominated art world. A recurring motif in their works is the ironic appropriation of strategies and stances that are sometimes presented with over-the-top playfulness—as in their treatment of Karl Marx, the communist forefather of their post-communist empirical world. In the video "Capital: Magical Recipes for Love, Happiness and Health" (2006), Chişa and Tkáčová have their fortunes told by a fortuneteller. *Das Kapital* by Karl Marx—as oracle—turns the artists' gaze to the concrete experiential world of the subjects, who are subjected to the so-called process of transformation from communism to capitalism.

JB

VKV-00019 ↪ 178
Tabiyetin Diyalektiği #4 |
Dialectics of Subjection #4
2006
Video, renkli, sesli | colour, sound
12'56"
Ed. 1/5

Henning Christiansen

1932, Kopenhag | Copenhagen (DK) – **2008, Askeby** (SE)

Henning Christiansen, öncü Fluxus bestecilerinden biri kabul edilir. Her türlü titreşimin müzikal bir *event* olduğundan hareketle, Fluxus akımının sanatçıları gündelik faaliyetleri ya da absürd görünen kimi eylemleri müzikal partisyon olarak ele aldılar. Christiansen'in eserleri de nadiren alışılagelmiş şekilde notaya dökülmüştür. *Musique concrète*'ten ilham alarak konuşma, hayvan ve doğa seslerini kompozisyonlarına dahil etti; özellikle doğa, mekanikleşen dünyayla bir karşıtlık oluşturması nedeniyle, sanatçının yaratısında önemli bir rol oynadı.

Christiansen, Kopenhag'daki Danimarka Kraliyet Müzik Konservatuvarı'nda kompozisyon, klarnet ve piyano öğrenimi gördükten sonra geleneksel öğrenim sürecinden ayrılarak 1962 yılından itibaren Danimarkalı Fluxus sanatçıları ile Fluxus festivallerine katılmaya başladı. 1960'ların ortalarında Joseph Beuys'un eylemleri için hazırladığı müzik parçalarıyla ve birlikte çalışmalarıyla Almanya'da tanınmaya başladı. Christiansen 1970'li yıllarda resimle uğraşmaya başladı; kağıt üzerinde yazı imgeleri oluşturdu ve televizyon, piyano, taş ve şişe gibi malzemeleri kullanarak eserler üretti. Müzikal yapıtlarında olduğu gibi, sanatçının bu yapıtları da kelimelere dayalıydı. Çalışmalarındaki çokdilliliğe karşın yapıtlarının anlamı hiç değişmedi: Özgürlük köşeyi dönünce!

KK

Henning Christiansen is regarded as a pioneering Fluxus composer. Starting from the realisation that each vibration is ultimately a musical event, artists in the Fluxus movement declared that everyday activities and seemingly absurd actions could be treated as musical scores. Christiansen's works, too, are seldom conventionally scored. Inspired by *musique concrète*, in his compositions he used language, animal vocalisations and natural sounds; nature, as the antithesis to the technological world, played an especially important role in his creations.

After studies in composition, clarinet and piano at the Royal Danish Academy of Music in Copenhagen, Christiansen departed from traditional artistic paths and starting from 1962, participated in actions and Fluxus festivals with Danish Fluxus protagonists. In the mid-1960s, he became known in Germany for his collaborations with Joseph Beuys, where he often contributed the music for the latter's Actions. In the 1970s, Christiansen began working with visual elements; he made text pictures on paper and reworked objects such as televisions, pianos, stones and bottles. These works, like the composer's musical oeuvre, were based on words. His works may be multilingual, but their meaning is always the same: "Freedom is around the corner".

KK

VKV-00291 ↪ 110
Europa Reale
Gerçek Avrupa | Real Europe
1990
Mukavva üzerine suluboya ve ağ |
Watercolour and net on cardboard
51,5 × 51,5 cm (çerçeveli | with frame)
Fotoğraf | Photo © Werner Zellien, Berlin

VKV-00292 ↪ 111
Viva la musica
Yaşasın Müzik | Long Live Music
1991
Mukavva üzerine suluboya, tebeşir ve şerit metre | Watercolour, chalk and tape-measure on cardboard
51,5 × 51,5 cm
(çerçeveli | with frame)
Fotoğraf | Photo © Werner Zellien, Berlin

VKV-00290 ↪ 112
Özgürlük Toplumsaldır |
Freedom is Social
1996
Boyanmış televizyon, sarı cilalanmış taş |
Painted TV, stone lacquered in yellow
48,5 × 59,5 × 43,5 cm (TV)
Fotoğraf | Photo © Uwe Walter, Berlin

VKV-00095 ↪ 113
Jouez ma pipe
Pipomu Çalın | Play my Pipe
1986
Yeşile boyanmış plak ve pipo |
Record and pipe painted green
Çap | Diam. 30 cm
Yükseklik | Height 5 cm
Fotoğraf | Photo © Uwe Walter, Berlin

VKV-00096 ↪ 113
Die Freiheit ist um die Ecke
Özgürlük Köşeyi Dönünce |
Freedom is Around the Corner
2008
Neon ışık enstalasyonu |
Neon light installation
75 × 200 × 15,5 cm
Ed. 12
Fotoğraf | Photo © Hadiye Cangökçe

John Coplans

1920, Londra | London (GB) – **2003, New York** (US)

John Coplans, hayatının son yıllarında sadece fotoğraf sanatıyla ilgilendi ve kendi bedeniyle giriştiği yoğun etütleri fotografik imgelerle kaydetti.

Coplans, II. Dünya Savaşı sırasında yaptığı askerliğinin ardından Londra ve Paris'te resim öğrenimi gördü. 1960 yılında ABD'ye yerleşti ve California Üniversitesi, Berkeley'de ders vermeye başladı. 1962'de ise kuruluşunda da rol aldığı sanat dergisi *Artforum*'un yayın yönetmenliğini üstlendi. Coplans, Pasadena Sanat Müzesi ve Akron Sanat Müzesi'nde sayısız serginin küratörlüğünü yaptı.

Sanatçı 70 yaşındayken çıplak bedeninin rötuşlanmamış siyah-beyaz fotoğraflarını yayımlamaya başladı. Bu portrelerde, kırışıklıklar, vücut kılları ve uzuvların aldığı biçimler, manzara resimlerinin unsurlarına benzer. "Otoportre; Uzanmış, Ayağını Tutan Figür" (1990) isimli jelatin gümüş baskısında portre tek bir fotoğraf olmanın ötesine geçerek dört yaprağa yayılıyor. Yan yana yerleştirilen bu dört detay sayesinde, sırtüstü uzanıp sol koluyla kıvrılmış duran sol bacağını çember içine alan bir erkek vücuduna odaklanılıyor. Bu çıplak otoportre kadrajın neredeyse tamamını dolduruyor, beyaz tabanın ve beyaz arka planın ancak ufak bir bölümü seçilebiliyor.

KG

In his later years, John Coplans became involved exclusively with photography, recording intensive studies of his own body in photographic images.

Coplans had studied painting in London and Paris after serving in the military during World War II. He moved to the United States in 1960 and taught at the University of California at Berkeley. Later he became the editor-in-chief of *Artforum* magazine, which he helped found in 1962. Coplans curated many exhibitions at the Pasadena Museum of Art and the Akron Art Museum.

Starting in his 70th year, Coplans began producing stark self-portraits of his naked body in forthright black and white photos. The wrinkles, body hair and position of the limbs in this series of nudes are reminiscent of the elements on a map. In the gelatin silver print "Self Portrait, Lying Figure Holding Leg" (1990), the body stretches across four sheets, extending beyond the limits of a single print. Placed next to each other, the four close-ups yield a focused view of the body of a supine male whose left leg is bent and clasped by his left hand. The unclothed self-portrait almost completely fills the pictorial space, only a small part of the white floor and white background can be seen.

KG

VKV-00146 ↪ 136–137
Otoportre; Uzanmış, Ayağını Tutan Figür |
Self Portrait, Lying Figure Holding Leg
1990
Kağıt üzerine monte edilmiş
gümüş jelatin baskı |
Silver gelatin print mounted on paper
4 panel | panels, 2 × (112 × 81 cm),
2 × (112 × 67,5)
Toplam | Total 112 × 297 cm
(çerçeveli | framed)
Ed. 3/6
Fotoğraf | Photo © Hadiye Cangökçe

Cengiz Çekil

1945, Niğde (TR)
İstanbul'da yaşıyor ve çalışıyor.
Lives and works in Istanbul.

Kırk yılı aşan sıradışı çalışmalarıyla, giriştiği görsel deneylerle, 1970'lerden itibaren Türkiye'nin yakın tarihini imgelere dayanarak büyüteç altına almayı başarmasına rağmen Çağdaş Türk Sanatı'nın en az tanınan, çok iyi bilinmeyen, *saklı* bir sanatçısı Cengiz Çekil. Çalışmalarını İstanbul'dan uzakta, İzmir'de sürdürmesi, eğitimciliğinin yanısıra işlerinin çeşitli nedenlerle sergilenmemesi Çekil'e tanımlanması kolay olmayan bir kimlik kazandırmıştır.

Yaşanılan zamanın kavramsal olarak yorumlanmasında Çekil'in 1976'nın ikinci yarısında geliştirip "Kapatmalar" olarak tanımladığı işlerinin özel bir yeri vardır. Bu çalışmalarında sanatçı, o dönemin popüler gazetesi *Günaydın*'ın ilk sayfalarında yazıların bulunduğu kısımları kağıt paket bantıyla kapatıp sadece resimlerin ön plana çıkmasını sağlayarak ilginç bir dizi geliştirmişti. "Yazısız"lar Türkiye'nin iç politikasında bir yanda sağ-sol çekişmeleriyle yükselen gerilimli politik ortama, diğer yanda ise terörün kol gezdiği bir dönemde sorgulayan bir birey olarak sanatçının kıstırılmış konumuna gönderme yapmaktadır.

NS

Necmi Sönmez, *Cengiz Çekil, Bir Tanık.* Dizi Editörü: René Block; Kitap Editörü: Mine Haydaroğlu. İstanbul: Yapı Kredi Yayınları, 2008. s. 9, 40.

With more than forty years of extraordinary work and a consistent practice of visual experimentation, and despite having succeeded in placing the recent history of Turkey under a magnifying glass with the use of images since the 1970s, Cengiz Çekil remains the least known, least documented and *concealed* artist of Contemporary Turkish Art. The fact that he worked not in İstanbul but in İzmir, and that, in addition to being an educator, his works have remained unexhibited for a variety of reasons have ascribed Çekil an identity which isn't easy to define.

A group of works Çekil developed in the second half of 1976 and titled "Cover-ups" have a special place in the conceptual interpretation of time lived. The artist developed an interesting series in these works by covering up with paper tape the area where there was text on the first pages of *Günaydın*, the popular newspaper of the time, emphasising the photographs. The "Unwritten"s refer on one hand to the increasingly tense political environment in the grip of the conflict between the left- and rightwing and on the other hand, to the cornered position of the artist as a questioning individual at a time when terror was everywhere.

NS

Necmi Sönmez, *Cengiz Çekil, A Witness.* Series Editor: René Block; Book Editor: Mine Haydaroğlu. İstanbul: Yapı Kredi Publications, 2008. pp. 9, 42.

VKV-00343 ↪ 85
Yazısız | Unwritten
1976
Gazete sayfası üzerine kağıt ambalaj bandı | Paper tape on newspaper
66 × 51 cm (çerçeveli | framed)

Braco Dimitrijević

1948, Saraybosna | Sarajevo (BA)
Paris'te yaşıyor ve çalışıyor.
Lives and works in Paris.

"Simyacıların Dirilişi" (2006) adlı videoda, sanatçı Braco Dimitrijević gri bir duvar önünde görülüyor. Üstünde düzgün bir takım elbise var; sanatın doğası ve değeri hakkında konuşma yapmaya başlıyor. Ancak henüz birkaç cümle etmişken, borsa bilgileri geçen bantlar ekranda belirmeye başlıyor, sayıları giderek artıyor ve giderek görüntüyü kaplıyorlar. Kamera yeni boyutlara uyum sağlamaya çalışıyor, ama sonunda konuşmacı, akan dijital bilginin altında kayboluyor. Bu yapıt, sanatın kültürel değeri hakkında düşünme ediminin, maddi çıkarlar ve spekülasyon tarafından nasıl ortadan kaldırıldığını gösteriyor. Başlık, manipülasyon ve gizli bilimlere özgü uygulamalarla sıradan malzemenin daha değerli bir şeye dönüştürüldüğü simyanın günümüzde yeniden gündeme gelişine gönderme yapıyor —sanat pazarı ve sanatsal söylem göz önüne alındığında çok doğru bir benzetme bu. Dimitrijević, kanona dahil edilmiş sanata yönelik geleneksel beğeniyle, kurumsallaşmayla, sanat kültüyle ve modernleşmenin kuramsal modelleriyle olan yüzleşmelerinin sonucunda, sanatı nitelemeler ve mitleştirmelerden kurtaran "Tarih Sonrası" kavramını geliştirdi: "Tarih Sonrası, farklı değerlerin bir arada varolduğu, pek çok açıdan bakışın geçerli olduğu bir zamandır. Nihai bir hakikatin olmadığı bir yerdir."

TM

In the video piece "The Resurrection of Alchemists" (2006), the artist Braco Dimitrijević can be seen in front of a gray wall. Dressed appropriately in a suit, he begins to lecture on the nature and value of art. But he has barely uttered a few sentences when tickertapes with stock market data pop up and continue to increase in number, taking over more and more of the picture. The camera attempts to keep abreast of the changing proportions, but in the end, the speaker is overwhelmed by a stream of digital data. The work illustrates how reflections on the cultural value of art are constricted by financial interests and speculation. The title refers to the present-day re-emergence of alchemy, where base materials are transformed into something more valuable through manipulation and occult practices—a conception which translates well in terms of both the art market and discourse of art. Out of his confrontations with the traditional appreciation afforded to the idolised body of art, with institutionalisation and the cult of art, as well as with theoretical models of modernisation, Dimitrijević has developed the concept of "Post History", which frees art from attributions and mythologising: "Post-History is a time of coexistence of different values, a time of multi-angular viewing. A space without one final truth."

TM

VKV-00023 ↪ 135
Simyacıların Dirilişi |
The Resurrection of Alchemists
2006
Video, renkli, sesli | colour, sound
2'
Ed. 2/10

Maria Eichhorn

1962, Bamberg (DE)
Berlin'de yaşıyor ve çalışıyor.
Lives and works in Berlin.

Maria Eichhorn'un projeleri, sanat kavramının, sanatın alımlanmasının, sanat yapıtlarının özerklik ve yaratımının araştırılmasına dayanıyor. Eichhorn'un ilgisi, etkinlik alanlarına yoğunlaşmış —projeleri, çeşitli etki ve kaygılardan yola çıkıyor. Yapıtları, algılanabilirin eşiğinde yürütülen araştırmalar olarak tanımlanabilir. Müdahaleleri çoğu zaman o kadar minimal ki sergi ziyaretçisinin aceleci bakışına yakalanmayabiliyor. Yine de algıyla ilgili konular çevresinde muğlak bir etkileşim yaratıyorlar —yalnızca duyusal algı ve somut deneyim değil, aynı zamanda ve özellikle siyasal ve toplumsal açıdan gündemde olan soru ve sorunların algılanmasıyla ilgili konular da buna dahil. Eichhorn dikkatimizi algıya ve sanatın değişen bağlamlarına çekiyor. Sanatı algılamanın alışıldık, kurumsal olarak belirlenmiş yollarının işe yaramadığı durumlar tasarlayarak, farklı bir biçimde görmeyi ve düşünmeyi mümkün kılan bir alan açıyor. Maria Eichhorn'un projeleri çoğu zaman başka disiplinlerden çalışma arkadaşlarıyla birlikte geliştiriliyor. Çoğu zaman da yapılması gerekenler için kılavuzlar ya da uygulama için ayrıntılı açıklamalar içeriyorlar, "Çantada Dört Multiple" (2009) adlı yapıtta olduğu gibi. Yapıtın gelecekteki sahibi, sanatçının verdiği çeşitli talimatlara uyarak işin içine girmeye ve yapıtı tamamlamaya çağrılıyor.

BH

Maria Eichhorn's projects constitute an inquiry into the concept of art, the reception of art, the autonomy and authorship of works of art. Her interest lies in spheres of activity—her projects develop out of manifold influences and considerations. Her works could be described as investigations carried out at the threshold of the perceptible. Her interventions are often so minimal that they are likely to elude too hasty a glance of an exhibition visitor. Yet they evoke an ambiguous interplay around perceptual issues—not just sensory perception and concrete experience, but most emphatically, the perception of politically and socially relevant questions and problems. Eichhorn directs our attention to perception and to the changing contexts of art. By designing situations where the customary, institutionally configured patterns of perceiving art fail us, she frees up space for seeing and thinking differently. Maria Eichhorn's projects are often developed in collaboration with colleagues from other disciplines. And they often contain instructions for actions or precise guidelines for implementation, as does the work titled "Four Multiples in a Bag" (2009). The future owner is challenged to engage in the act and complete the work by following various instructions given by the artist.

BH

VKV-00259 ↪ 119
Vier Multiples in Tasche
Çantada Dört Multiple |
Four Multiples in a Bag
2009
Örgü çantada çeşitli deterjanlar, fosforlu kalem ve multiple kavramları ve açıklamalarını içeren dosya |
Various detergents, highlighter, and folder with multiple-concepts and instructions in braided bag
Ed. 3/30 + 5 AP
Çanta | Bag 40 × 41 × 15 cm
Fotoğraf | Photo © Uwe Walter, Berlin

Cevdet Erek

1974, İstanbul (TR)
İstanbul'da yaşıyor ve çalışıyor.
Lives and works in Istanbul.

Cevdet Erek, farklı deneylere girip izi kolay sürülmeyen konular, olgular üzerine yoğunlaşarak, değişik disiplinlerin (video, ses, performans, yerleştirme, mimari, desen) birleştiği noktalarda şiirsel, soyutlayıcı işler üretiyor. Erek'in konumunu ilginç kılan niteliklerden biri, muhtemelen mimarlık eğitimi almasından kaynaklanan bir özellikle, mimariye, özellikle de oran kavramına gönderme yapmasıdır.

Erek'in, "SSS (Sahil Sahnesi Sesi)" adlı çalışması, "deniz sesi"ni, bir halı parçası ve iki eli kullanarak taklit etme fikrinden yola çıkıyor. Sanatçının 2006 yılında bu fikirden yola çıkarak gerçekleştirdiği ilk performansı takiben, bu performansın videosu ve enstalasyonu da SSS projesi kapsamındaki işlere dönüştü. 2008 yılında sergileme fikrinden bağımsız olarak performansın nasıl yapılacağını gösteren bir kılavuz/kitapçık BAS Sanatçı Kitapları tarafından yayımlandı. Farklı sunum teknikleri ve olanaklarıyla zenginleştirilen bu ilk "fikir", sanatçı tarafından birçok uluslararası etkinlikte izleyicilere sunuldu.

SSS enstalasyonu, temelde sentetik bir halıdan oluşuyor ancak sergilemenin bağlamına bağlı olarak performansın DVD'si, SSS kitabı ve el hareketlerini gösteren çizimler de yerleştirmeye eşlik edebiliyor. Kitapta yer verilen çizimler bir keşfi paylaşma çabası olarak görülebilir: Bu çizimlerde okuyucuya/izleyiciye deniz sesini nasıl taklit edebileceği tarif ediliyor ve taklidi yapmak için gereken ruh hali de, en az teknik ve gerekli malzeme kadar hassasiyetle anlatılıyor. Böylelikle, amatör bir performansçı da, kitabı okuyarak denizin sesini nasıl taklit edebileceğini öğrenebiliyor ve performansı gerçekleştirebiliyor. “Starter” kapsamındaki yerleştirmede, sanatçının bu kılavuz kitapta önerdiği 16 hareketten beşinin orijinal çizimleri, sentetik halıyla birlikte sergileniyor.

NS

By engaging in various experiments and focusing on subjects and phenomena of an elusive sort, Cevdet Erek produces poetic and abstract works at the intersections of different disciplines (video, sound, performance, installation, architecture and design). One of the elements that render Erek’s position interesting is the references he makes to the notion of proportion, probably owing to his background in architecture.

Erek’s work entitled “SSS (Shore Scene Soundtrack)” originates from the idea of mimicking the sound of the sea with the use of a piece of carpet, and two hands. Following the first performance Erek realised in 2006, the video of the performance and the installation subsequently became integrated among the works that belong to the SSS project. In 2008, BAS Artist Books published a manual/booklet containing illustrated instructions for realising the performance. Enriched by the introduction of a variety of techniques and possibilities for its implementation, this initial “idea” has been presented to audiences at numerous international events.

The installation of SSS basically comprises of a synthetic piece of carpet; however, the performance DVD, SSS booklet and drawings showing the hand movements may or may not be included, depending on the context of the display. Drawings featured in the book can be seen as an attempt to share a discovery: These illustrations describe the reader/viewer how to mimic the sea, while the state of mind required for making the imitation is treated with the same precision afforded to technique and necessary equipment. Therefore, having read the book, even an amateur performer can learn how to imitate the sea and carry out the performance. The installation in “Starter” presents five of the 16 original drawings offered in the manual, along with the synthetic carpet.

NS

VKV-00180 ↪ 104
SSS - Sahil Sahnesi Sesi |
SSS - Shore Scene Soundtrack
2006–2009
Enstalasyon | Installation
Halı: sentetik, marka: Samur, cins: yolluk |
Carpet: synthetic, brand: Samur, type: runner
200 × 94 cm
SSS kitabından 5 çizim:
Kağıt üzerine keçeli kalem, cam, çerçeveli |
5 drawings from SSS book:
marker on paper, glass
120 × 19 cm
(çerçeveli | with frame)
Fotoğraf | Photo © Murat Germen

Ayşe Erkmen

1949, İstanbul (TR)
İstanbul ve Berlin’de yaşıyor ve çalışıyor.
Lives and works in Istanbul and Berlin.

Ayşe Erkmen’in eserleri, son yirmi yılda, neredeyse hiçbir başka sanatçının olmadığı kadar, müze sergilerinde, sanatçısı olduğu galerilerde ve uluslararası grup sergilerinde kesintisiz olarak yer aldı. Sergilerinin kronolojisi bir sanatçı olarak özgeçmişini belirler. Erkmen bu özelliğiyle aynı zamanda 1990’lı yılların başından itibaren sahneye çıkan ve geçici müdahaleler ve mekâna özgü enstalasyonlarla olayların gerçekleştiği mekânda izini bırakan bir sanatçı türünü, bir göçebe aktörü de temsil eder.

Ayşe Erkmen için tipografi imlerinin kullanımı bir soyutlama ve kavramsallaştırma haznesidir. Ortaya ne şiir çıkar ne de dilsel yapılar. Daktiloyla noktalama işaretlerinden oluşan yapılar “çizer”; nitekim Erkmen bir el yazısının her türlü ifadesinden uzak durabilmek için bilgisayar gibi teknik cihazlar kullanır.

Bunun ötesinde Ayşe Erkmen aynı zamanda nadiren rastlanan bir sanatsal ifade sergiler. Bir harfi düşündüğünde iç gözüyle hemen bir renk görür, örneğin “M” harfine yeşilin belli bir tonu eşlik eder. Renk ile müziğin birleştirilmesiyle daha da belirginleşen bu sinestezi yeteneğinin devamı olarak Erkmen, pleksiglastan kesilmiş Türk alfabesi harflerini, bunları ilişkilendirdiği renkle birleştirerek bir kutuya yerleştirdiği “Harflerin Renkleri” adlı işi yapmıştır. Renkli harflerden meydana gelen bu seçkide bir tek “Q”, “W” ve “X” harfleri yok, çünkü Türk alfabesinde bu harfler bulunmuyor; bir kez daha eksik bir parça.

FM

Friedrich Meschede, *Ayşe Erkmen)>uçucu</=şimdi=(.*
Dizi Editörü: René Block; Kitap Editörü: Mine Haydaroğlu. İstanbul: Yapı Kredi Yayınları, 2008. s. 9, 46, 47, 49.

Ayşe Erkmen, like almost no other artist in the past 20 years, has been continually present with her works in museum exhibitions, in her galleries and through participation in international group exhibitions. Her exhibition chronology is the characteristic feature of her artistic biography. She thus represents a type of artist that only appeared in the early 1990s, namely those nomads who, with temporary interventions and site-specific displays, leave their mark on the location.

For Ayşe Erkmen, the use of typographical characters is more a reservoir of abstraction and conception. What is created are not poems, and not linguistic constructs. What she does is "draw" configurations of punctuation marks with the typewriter: in fact she only ever draws using technical aids like computers, in order to avoid any personal "handwriting".

In addition, Ayşe Erkmen is distinguished by a talent which one rarely hears about in such an explicit form. She always sees a colour in her mind's eye whenever she thinks of a particular letter, for example a particular green when she thinks of the letter "M". This synaesthesia, which is far more widespread in the form of a colour/music association, gave rise to an edition titled "Colours of Letters", a box with letters of the Turkish alphabet cut into Plexiglas, each in the colours that Ayşe Erkmen associates with it. Our "Q", "W" and "X" are absent from this collection of coloured letters, as there is no q, w or x in Turkish, so again something is "missing".

FM

Friedrich Meschede, *Ayşe Erkmen)>temporary</=contemporary=(.* Series Editor: René Block; Book Editor: Mine Haydaroğlu. İstanbul: Yapı Kredi Publications, 2008. pp. 9, 46, 47, 49, 52.

VKV-00025 ↪ 198–199
Harflerin Renkleri | Colours of Letters
2006
23 harf, 10 rakam, renkli pleksiglas |
23 letters, 10 numbers, coloured plexiglas
Çeşitli boyutlar | Dimensions variable
Ed. 1/3 + 1 AP
Exhibition view from Ayşe Erkmen, "Habenichts", Galerie Barbara Weiss, Berlin, 2007'deki sergiden görüntü
Sanatçının ve Galerie Barbara Weiss, Berlin'in izniyle | Courtesy of the artist and Galerie Barbara Weiss, Berlin
Fotoğraf | Photo © Jens Ziehe

Harun Farocki

1944, Novy Jicin (CZ)
Berlin'de yaşıyor ve çalışıyor.
Lives and works in Berlin.

Yazar, küratör ve öğretim üyesi olarak da çalışan film yönetmeni Harun Farocki, 1966 yılından beri siyaset, ekonomi ve estetik arasındaki etkileşimi ve sinemanın yapım süreçleriyle algılanış biçimleri arasındaki ilişkiyi inceleyen yüzden fazla filme imza attı. Sanatçının kavramsal açıdan güçlü yapıtları özellikle deneysel, belgesel ve "denemefilm" (*essay-film*) gibi janrlar arasında gidip geliyor ve bu eserleri 1990'ların ortasından bu yana, 1997 ve 2007'deki documenta'lar gibi, sanat sergileri bağlamında da izleyiciyle buluşuyor. Farocki sergi mekânında, kendine has montaj tekniğine benzer bir biçimde çalışıyor. İzleyicilerin kendi muhakemeleri ve hayal güçleri aracılığıyla etkinleştirebilecekleri çoklu projeksiyonlar kullanarak, onları yansız bir mesafeden kendi değerlendirmelerini yapmaya davet ediyor.

İki kanallı projeksiyon "Karşı-Müzik" (2004) de gerçekliğin bir envanteri ve film aracılığıyla film üzerine düşünme aracı olarak tasarlanmış. Film, Lille kentinde çekilen görüntülerle bir güvenlik kamerasının kaydettiği malzemeyi yan yana getirerek, günümüzde ve çağımızda bir kentin hayatından bir günü resmetmek hâlâ mümkün olabilir mi diye soruyor. Bu filminde Farocki, *Kameralı Adam* (Dziga Vertov, 1929) ya da *Berlin - Büyükşehrin Senfonisi* (Walter Ruttmann, 1927) gibi filmlerden hem alıntı yapıyor, hem de onlara göndermede bulunuyor. Sanatçı böylece kıyaslanabilir uğraşları bir araya getirip medyanın sağladığı iki farklı gerçekliği de yan yana sergilemiş oluyor —tarihsel filmlerde analog kamerayla yapılan çekimler ile günümüzde kullanılan güvenlik kamerası kayıtları. Bu teknik, sanatçının kendine has tarzına uygun düşecek şekilde, yargılayıcı olmayan, objektif bir yorumda ifade buluyor. Diğer filmlerinde olduğu gibi toplumsal eleştiri dürtüsü burada da imgelerin diyalektiği sayesinde açığa çıkıyor.

BH

Since 1966, the filmmaker Harun Farocki, who is also active as an author, curator and teacher, has produced more than one hundred films that explore the interactions between politics, economics and aesthetics, as well as the conditions under which cinematic images are produced and seen. His conceptually austere works oscillate between experimental, documentary, and essayistic modes and since the mid-1990s have also been presented in an art exhibition context, for instance at documenta 1997 and 2007. Farocki works in the exhibition space in a way comparable to his distinctive use of montage in film. He uses multiple projections that visitors activate through their own powers of reasoning and imagination, thereby invitating them to carry out their assessment from a detached distance.

The two-channel projection "Counter-Music" (2004) is also conceived as an inventory of reality and a reflection on film through film. It juxtaposes footage filmed in Lille with material recorded by a video surveillance unit to ask how, in this day and age, it may still be possible to portray a day in the life of a city. Farocki draws references with historical films such as *Der Mann mit der Kamera* (Dziga Vertov, 1929) and *Berlin - Die Sinfonie der Großstadt* (Walter Ruttmann, 1927), also citing from both. By observing comparable activities then and now, Farocki compares two different realities offered by the media—images that document history, recorded by an analogue camera, with those recorded by contemporary surveillance systems. In a manner that is typical of his style, this technique finds expression as a non-judgemental, factual commentary. In this as well as his other films, the impetus for societal critique arises out of the dialectic between images.

BH

VKV-00099 ↪ 67
Gegen-Musik
Karşı-Müzik | Counter-Music
2004
2 kanallı video projeksiyonu, 2 DVD, döngü, renkli, sesli | 2-channel video projection, 2 DVDs, loop, colour, sound
23'
Ed. 3/3 + 1 AP

Robert Filliou

1926, Sauve (FR) – **1987, Les Eyzies-de-Tayac-Sireuil** (FR)

Şiir ile sanat arasında kurulan bağı modernitenin en önemli kazanımı olarak tanımlayan Robert Filliou, sanat çalışmalarına 1960'larda başladı. 1962 yılının Ocak ayında, içinde kendi yapıtlarının yanısıra sanatçı arkadaşlarının yapıtlarını da sergilediği bir bereden oluşan Galerie Légitime'i kurdu. O tarihten itibaren Fluxus eylemlerinde etkin rol oynadı ve kavramsal sanatla uğraşan arkadaşı Joachim Pfeufer ile, yaşamın anlamına dair soruları bir diyalog zinciri içerisinde sunan, dilin yapısından esinlenilerek nesne, enstalasyon ve performans gibi farklı unsurların bir araya getirilmesiyle oluşturulan POIPOIDROM isimli bir proje gerçekleştirdi. Robert Filliou'nun sanat yapıtları özellikle 1951 yılında Güney Kore'de Zen Budizm'e duymaya başladığı ilgiden dolayı Budist bir dünya algısını yansıtır. Sanatçı 1966 yılında "Poetik bir Ekonominin Prensipleri"ni formüle etmiştir. Filliou'nun kavramsal araçlarından "Aynılık Prensibi" ile "İyi-yapılmışlar, kötü-yapılmışlar ve hiç-yapılmamışlar arasındaki eşdeğerlilik" her türlü karşıtlığın çözülerek yok edilmesini amaçlar. Sanatçının "Ateş Yok Kül De Yok" (1970) gibi günlük nesneler ve özel birer anlam taşımayan malzemeler kullanarak yarattığı işleri, sanatının temel kaygısıyla ilgili gerekli analojiyi sağlıyor: Sanatı evrensel olarak ulaşılır kılmak.

JB

Robert Filliou, who viewed the bridges built between poetry and art as modernity's most important achievement, began his artistic work in the 1960s. In January 1962, he founded Galerie Légitime, which consisted of a cap in which he showcased works by his artist friends as well as his own. From then on, Filliou was an active participant in Fluxus activities. Together with his friend, the conceptual artist Joachim Pfeufer, he developed the project POIPOIDROM, a language-inspired combination of objects, installation and performance intended to create a dialogue along a chain of (existential) questions. Robert Filliou's artistic work is essentially based on a Buddhist worldview, the result of his involvement with Zen Buddhism in South Korea in 1951. Around 1966, he formulated his "principles of a poetic economy". The aim was the dissolution of dualities of all kinds; its conceptual tool was the "principle of equivalents" and the equivalence of the well-made, poorly-made and un-made. Filliou's work with everyday objects and insignificant materials, such as in "No Fire No Ashes" (1970), is the apt equivalent of his interest in making art universally accessible.

JB

VKV-00293 ↪ 127
Ateş Yok Kül De Yok | No Fire No Ashes
1970
Ahşap pano üzerinde odun, seramik ve kumaş | Firewood, ceramics and fabric on wooden board
14 × 55 × 55 cm
Fotoğraf | Photo © Werner Zellien, Berlin

Terry Fox

1943, Seattle, Washington (US) – **2008, Köln | Cologne** (DE)

Sonradan bir röportajda anlattığına göre, Terry Fox çocukluğu sırasında ağır bir hastalık geçirdi ve duvar kağıdındaki en küçük bir sıyrığı bile ilginç bulmaya başlayacak kadar uzun bir zaman yatakta kaldı. Fox, yenik düşmüş bedeniyle baş başa kaldığı bu sürede, kendi bedensel duyumlarını gözden geçirdi. 1968'de Paris'teki öğrenci ayaklanmalarına tanık oldu: "Kaldırım taşlarının fırlatılması ya da polisin varlığı bile bir heykeldi benim için. Her şey orada başladı ve heykelin toplum için olması gerektiğini o zaman anladım. Benim için performans, toplumun önünde vücut bulan bir çeşit heykeldir."

Bu sırada Fox performanslarıyla Beden Sanatı ile ilgilenen çevrelerde tanınmaya başladı. "Tarif" isimli çalışması, heykel nesnesinin performansla bir araya getirilmesinin bir örneği. Yapıt en yalın haliyle üzerlerinde "delineation" (tarif) kelimesini oluşturan harflerin bulunduğu 12 adet sırıktan oluşuyor. "Tarif" kavramı, betimleme, gösterme, çizme, eskiz yapma ve grafikleştirme gibi anlamlara gelebilir, bu da performansların yalnızca birer eskiz olarak var olduklarını gösterir.

Öte yandan, "Çocuk Kasetleri" (1974) isimli işinde Fox basmakalıp televizyon programlarına karşı bir alternatif ortaya koymak istedi. Sanatçı, izleyenlerde şaşkınlık uyandıran bu videolarda oğluna ufak deneylerle kimi fizik kurallarını anlatıyordu. Fox'un zaman içinde video sanatının bir ikonuna dönüşen bu çalışması öyle başarılı oldu ki, eğitim amaçlı olarak okullarda gösterildi.

IH

Terry Fox was very ill as a child and had to spend a long time in bed until—as he later said in an interview—every little tear in the wallpaper became interesting. Subject to the dictates of his own body and all by himself, Fox began to investigate his bodily awareness. In May 1968, he followed the student revolts in Paris: "Even down to the cobblestone-throwing and the police, to me, everything was sculpture. That's where it started, and I thought that sculpture should be something for an audience. For me, a performance is a form of sculpture that takes place in front of an audience."

During this period, Fox became known for his performances in Body Art circles. The work "Delineation" (1990) is an example of the connection between performance and sculptural object. Originally it involved 12 slats on which letters were mounted, spelling out words such as "delineation". The meaning of this term can vary between description, representation, diagram, drawing and sketch—which delineates the fact that performances always exist as sketches alone.

With his "Children's Tapes" (1974), in turn, Fox wanted to offer an alternative to conventional TV programs. The small experiments with which he explains the laws of physics to his son leave the viewer astonished. The tape—it now has iconic status in video art—was so successful that school administrators even used it as an instructional film.

IH

VKV-00131 ↪ 149
Tarif | Delineation
1990
Ahşap üzerine yağlı boya, akrilik ve mürekkep | Oil, acrylic, ink on wood
10 parça | in 10 parts,
her biri | each 240 × 4,5 × 1,3 cm

VKV-00188 ↪ 150–151
Çocuk Kasetleri | Children's Tapes
1974
Video, siyah-beyaz, sesli | black and white, sound
30'

Dan Graham

1942, Urbana, Illinois (US)
New York'ta yaşıyor ve çalışıyor.
Lives and works in New York.

"Bu beni hep ilgilendirmiştir: İçerideki gözlemci ve dışarıdaki gözlemci..."

Dan Graham, New York'ta Columbia Üniversitesi'nde felsefe öğrenimini bitirdikten sonra John Daniels Galerisi'nin kurucuları arasında yer aldı ve bu galeriyi işletti. 1966 yılında galeri projesi ekonomik olarak devam edemez duruma gelince, dergi projeleri üretti. Graham, galerilerin ve sanat dergilerinin birbirleriyle nasıl paslaşabildiklerini fark etmişti. Galerilerin başarısı dergilerde çıkan haberlere bağlıydı, dergiler ise geçimlerini galerilerden aldıkları reklamların geliriyle sağlıyorlardı. Sanat sistemi ancak ortak çalışma sayesinde işliyordu.

Graham 1966 yılında "Amerika için Evler" adlı makalesini yazarken, sanat dergilerinin okuyucularını da düşünüyordu: Manhattan'la New Jersey arasındaki yolu gidip gelen ve fotoğrafladığı evlerde oturan Amerikan orta sınıfının üyeleri. Graham'ın, banliyölerin tekdüzeliğine dair yorumları da, galeri alanından yayın dünyasının boş sayfasına taşındı. Böylece dergi makaleleri sanat eserine, dergi de galeri alanına dönüştü. Ne var ki, makalesi *Arts Magazine*'de ancak kısaltılarak yayımlanabildi. Resimler, metnin altında, sanki onunla bir ilgisi yokmuş gibi basıldı.

IH

"That always interested me: the observer inside and the observer outside..."

After studying philosophy at Columbia University, Dan Graham co-founded and ran the John Daniels Gallery in New York City. When that project folded in 1966, Graham developed magazine projects. He had recognised how art magazines and galleries are team members who can benefit from each other. A gallery's profile depends on magazine coverage, while the magazine subsists on income generated from gallery advertisements. Only through collaboration does the art system function.

When designing his piece "Homes for America" in 1966, Graham also thought about the readers of art magazines: members of the American middle class who lived in the houses he photographed along the commuter route between Manhattan and New Jersey. Graham's commentary on the uniformity of the suburbs was likewise transported from the gallery space to the blank page. Thus the magazine assumed the role of the gallery space, where the magazine articles were the artwork. Unfortunately, the article made its way into *Arts Magazine* only in an abridged version. The pictures ended up being presented independently of the text.

IH

VKV-00294 ↪ 168
Yatak Odası Süiti, "Model Evi"nin İçi, Staten Adası, NY | Bedroom Suite, Interior of "Model Home", Staten Island, NY
1967
"İki Evli Ev" Giriş, Bayonne | "Two Home Home" Entrance, Bayonne
1966
"Amerika İçin Evler" dizisinden | From the series "Homes for America"
Kağıt üzerine monte edilmiş 2 renkli fotoğraf | 2 colour photographs, mounted on paper
Her biri 26,2 × 39,5 cm each
Fotoğraf | Photo © Uwe Walter, Berlin

VKV-00295 ↪ 169
Konut Projesi, Bayonne, N.J. | Housing Project, Bayonne, N.J.
1966
"Model Evi"nin İçi, Staten Adası, NY | Interior of "Model House", Staten Island, NY
1967
"Amerika İçin Evler" dizisinden | From the series "Homes for America"
Kağıt üzerine monte edilmiş 2 renkli fotoğraf | 2 colour photographs, mounted on paper
28 × 33,2 cm & 24,3 × 31,6 cm
Fotoğraf | Photo © Uwe Walter, Berlin

Asta Gröting

1961, Herford (DE)

Berlin'de yaşıyor ve çalışıyor.
Lives and works in Berlin.

Asta Gröting'in 1980'lerde Düsseldorf Sanat Akademisi'ndeki eğitiminden beri ürettiği çalışmaları, temel bir ilgi alanını araştırıyor: Organizmalar ve gövdelerin iç ve dış durumları, fiziksel yapıları ve psikolojik ve toplumsal çerçeveleri. Örneğin, Gröting'in heykelleri çeşitli malzemelerle insan ve hayvan organlarını taklit ediyor, gizli ve görünmez olanı alışılmadık biçimde görünür kılıyor. Sanatçı "İç Ses" başlığı altındaki kapsamlı bir video ve performans çalışmaları dizisiyle çeşitli vantriloklara bir kukla yardımıyla içsel diyalogları seslendirterek, mekânın iç sesini ortaya koyuyor, onu duyulur ve hissedilir kılıyor.

"Seks Yapan İki Kişi Arasındaki Boşluk" (2008) adlı çalışması, artık mevcut olmayan insan bedenlerine tanıklık eden "boş" bir uzamın maddi bir temsili. Bu heykelde Gröting aşk eylemi örneğiyle, genelde maddi olarak algılanmayan insanlar arası ilişkiler uzamını pembe renkli kauçuktan bir gövdeye tercüme ederek, betimlenebilir olanla ifade edilemez olan arasındaki ayrımı belirgin kılıyor. Sanatçıya göre heykel "ilişkilerin içerdiği dışa vurulmamış, dışa vurulamaz ve gizli meselelerle birlikte iki insan arasındaki boşluk üzerine bir çalışma" ve böylece izleyici için de bir izdüşüm yüzeyi olma özelliğini taşıyor.

BE

Since completing her studies at the Düsseldorf Art Academy in the 1980s, Asta Gröting has produced works that explore her central interest: the examination of the inner and outer make-up of organisms and bodies; their physical structures, and psychological and social frameworks. An example is Gröting's sculptures which imitate the shapes of human and animal viscera in a variety of materials, making hidden and invisible dimensions visible in extraordinary ways. In a wide-ranging series of video and performance works titled "The Inner Voice", through a ventriloquist's dummy that engages in inner dialogues with a number of ventriloquists, the artist creates space for the voice within, and makes it audible and palpable.

"The Space Between Two People Having Sex" (2008) is a material representation of an "empty" space that bears witness to human bodies no longer present. In the pink rubber contours of this sculpture, Gröting provides an interpretation of the sphere of interpersonal relationships, which generally is not conceived or perceived in tangible form; thereby articulating the difference between what can be portrayed physically, and what remains ineffable. In the artist's words, the sculpture "deals with the void between two people along with all the unexpressed, inexpressible and hidden issues that relationships involve", and as such, also becomes a medium for the viewer's projections.

BE

VKV-00132 ↪ 146
Seks Yapan İki Kişi Arasındaki Boşluk | The Space Between Two People Having Sex
2008
Kauçuk | Rubber
70 × 103 × 50 cm
Fotoğraf | Photo © Asta Gröting

VKV-00195 ↪ 145
Fallende Eisläuferin
Düşen Buz Patenci | Falling Ice Skater
Haziran | June 1996
Mukavva üzerine pastel, kömür | Wax crayon, charcoal on cardboard
50 × 70 cm (çerçevesiz | without frame)
Fotoğraf | Photo © Uwe Walter, Berlin

VKV-00196 ↪ 144
Grabende
Kazıcı | Digger
Mayıs | May 2001
Mukavva üzerine suluboya |
Watercolour on cardboard
65 × 100 cm (çerçevesiz | without frame)
Fotoğraf | Photo © Uwe Walter, Berlin

Nilbar Güreş

1977, İstanbul (TR)
İstanbul ve Viyana'da yaşıyor ve çalışıyor.
Lives and works in Istanbul and Vienna.

Nilbar Güreş'in çalışmaları kadın kimliğini ve cinsel kimlik söylemlerini konu alıyor ve kamusal alanda görünürlük taktiklerini inceliyor. Çağdaş Türkiye'de değişen cinsel rolleri arka plana yerleştiren Güreş, normalliğin, (hetero) cinselliğin ve cinsel sapkınlığın 19. yüzyılda icat edilmesinden bu yana yürürlükte olan geleneksel ataerkil düzeni hedef alan çarpıcı görüntüler üretiyor.

"Bilinmeyen Sporlar" (2008–09) adlı kolaj, desen ve fotoğraf toplamı, ev içini bir muhalefet alanı olarak korumanın farklı bir yolunu gösteriyor. Bu dizide kadınlar, evi temizleyerek ve kendilerini güzelleştirerek vakit geçiren domestik transseksüeller olarak gösteriliyor. Güreş, bir spor salonunda üç performans düzenlemiş ve burada, kadınların gerçekliğini sinsice yıkan fotoğraf triptikleri için, çizimlerinden alınma fikirleri yeniden canlandıran kadınlarla çalışmış. Ağda, saç yapma ya da elektrikli süpürgeyle toz alma gibi, tipik kadın işleri olarak algılanan estetik fetişizmler ve uğraşlar, takıntılı bir şekilde sunuluyor. Evde olmayan, çalışan koca için bedenini hazırlamak, cinsel istismar ve aile içi şiddetle ilgili tehdit edici ve acı verici çağrışımlar doğuruyor.

WHW & UG

The works of Nilbar Güreş thematise female identity and gender discourses, exploring the tactics of visibility in public space. Against the backdrop of changing gender roles in contemporary Turkey, Güreş produces striking visual representations that challenge the traditional patriarchal order that has been operating since the invention of normality, (hetero) sexuality and sexual perversion in the late 19th century.

Collages, drawings and photographs entitled "Unknown Sports" (2008–09) show a different way of securing the domestic space as a place of dissent. The series shows women as domestic transgender servants who spend their time cleaning the house and making themselves beautiful. Güreş has staged three performances in a gym, collaborating with women who recreate ideas from her drawings for photographic triptychs that subversively break down women's reality. Aesthetic fetishisms and occupations such as body hair waxing, styling or vacuum cleaning, understood as typical female practices, are depicted in an obsessive way. Preparing the body for the absent, working husband raises threatening and painful associations with sexual abuse and domestic violence.

WHW & UG

VKV-00178 ↪ 147
Kulplu Beygir | Pommel Horse
2009
"Bilinmeyen Sporlar" kolaj dizisinden,
11. Uluslararası İstanbul Bienali
(2009) için |
From the collage series "Unknown Sports",
for the 11th International
İstanbul Biennial (2009)
Karışık teknik | Mixed media
152 × 225 cm

Kristján Gudmundsson

1941, Snæfellsnes (IS)
Reykyavik'te yaşıyor ve çalışıyor.
Lives and works in Reykjavik.

Kristján Gudmundsson İzlanda'nın birinci kuşak kavramsal sanatının önemli ve merkezi figürlerinden biri. Biçim açısından bakıldığında yapıtları aşırı bir tasarrufla belirleniyor: Gereksiz olan her şey atılıyor. 1969 tarihli ünlü ve tartışma yaratan yapıtında bir ütü masasını tavuk pisliğiyle kaplamıştı —Gudmundsson ütü masasını tavuk kümesine koymuş, tavukların bizzat kompozisyonu gerçekleştirmesini sağlamıştı.

1970'lerde Hollanda'da yaşadığı sırada Gudmundsson, Hollanda Kavramsalcılığı, Somut Şiir ve Malevich'in, Fontana'nın ve Stijl grubunun Minimal Sanat'ıyla tanıştı. 1979'da İzlanda'ya döndü. "Çizim" fikrini genişletmeye, bunu da nihai ürüne değil de çizim sürecinde yer alan alet ve malzemelere odaklanarak yapmaya başlaması bu döneme rastlar. "Malzemenin lokalize enerjisi" fikri bu yapıtların algılanmasında çok önemli. Sanatçı için söz konusu "enerji", kağıt ruloları ve grafit blokları gibi temel şeylerde saklı.

Gudmundsson'un 1970'lerin başında yaptığı "Yedi Gün / Köpekli Adam için Heykel" adlı ironik enstalasyonu, yapısal ve kavramsal mantığı birleştiriyor ve ortaya derme çatma, sıkıntılı yanları olan bir güzellik çıkıyor.

JB

Kristján Gudmundsson is an important and central figure in the field of first generation Icelandic conceptual art. In terms of form, his art is characterised by an extreme in economising; the elimination of everything that is unnecessary. A renowned and, at the same time controversial piece from 1969 involved an ironing board covered with chicken-shit—Gudmundsson placed the ironing board in a chicken coop, and allowed the birds themselves to create the composition.

While living in the Netherlands in the 1970s, Gudmundsson encountered Dutch Conceptualism, Concrete Poetry and the Minimal Art of Malevich, Fontana, and the de Stijl group. In 1979 he moved back to Iceland. It was then that he began expanding on the idea of the „drawing“, chiefly by concentrating on the tools and materials involved in the drawing process rather than on the end result. The idea of the "localised energy of the material" is crucial to the perception of these works. For the artist, the "energy" in question resides in basic elements such as rolls of paper and blocks of graphite.

Gudmundsson's ironic installation "Seven Days / Sculpture for a Man with a Dog", a work made in the early 1970s, engages structural and conceptual logic, manifesting a beauty that has makeshift and uneasy aspects.

JB

VKV-00031 ↪ 143
Yedi Gün / Köpekli Adam için Heykel | Seven Days / Sculpture for a Man with a Dog
1971
Heykel ve 7 kolaj |
Sculpture and 7 collages
Heykel: 8 Parça | Sculpture: 8 Pieces
her biri | each 5 × 10 × 170 cm
Tahta: 13 Parça | Wood: 13 Pieces
her biri | each 2,45 × 12,25 × 170 cm
Tahta, çekiç, fırça, kağıt torba, 3,1 × 70 mm'lik çiviler, kutuda 2,5 litre yeşil boya | Wood, hammer, brush, paper bag with 3,1 × 70 mm nails, 2.5 liter of green paint in a can
Kolajlar: Kağıt üzerine tahtalar, mühürler ve köpek pisliği | Collages: Woods, stamps, and dog shit on paper
her biri | each 34 × 76 × 2 cm
Fotoğraf | Photo © Hadiye Cangökçe

Richard Hamilton

1922, Londra | London (GB)
Henley on Thames'te yaşıyor ve çalışıyor.
Lives and works in Henley on Thames.

Richard Hamilton İngiliz Pop Art'ının babası olarak tanınır. Reklam grafikeri olarak çalıştıktan sonra, kesintili bir resim öğrenimi dönemi geçirdi. Resimlerinde giderek daha fazla kolaj tekniğini kullanmaya başladı.

Yapıtlarındaki ana konu tüketim dünyasının modern sanatla iç içe geçmesidir. Hamilton, tüketim kültüründen yola çıkarak sanat yapıtlarını algılama şeklimizi sorgular. Referanslarının merkezinde modern sanatın anahtar yapıtları bulunur. Hamilton, Picasso'nun yanısıra sık sık Duchamp'ın eserlerine de göndermelerde bulunur ve "Guggenheim Müzesi (siyah)" (1970) adlı çalışması da bir modernist ikona adanmıştır.

Guggenheim Müzesi'nin Central Park'tan görünen yüzü, en çok bilinen müze imgelerinden biridir. Bu imge aynı zamanda dünyanın çeşitli yerlerinde müzeleri bulunan Guggenheim markasının da logosunu oluşturur. Bu duvar işinin ilk üretildiği zamanlarda ise, bu imgenin önemini sezmek büyük bir öngörü gerektirmekteydi. Hamilton, 1965 yılından itibaren çeşitli renk versiyonları, duvar yerleştirmeleri ve suluboya kullanarak müze binasını sanatına konu etti. Bu yapı Frank Lloyd Wright'a 1943 yılında sipariş edildiğinde, proje gereği müze binasının Wassily Kandinsky'nin soyut resimlerinden yola çıkılarak tasarlanması gerekiyordu. Yapı bugün Hamilton'ın siyah versiyonunun aksine beyaza boyalıdır. Wright ise binanın dış cephesini, merdivensiz, bembeyaz iç mekânına zıtlık teşkil etmesi için kırmızı renkte kurgulamıştı. Hamilton, sanattaki soyut devrimi simgelemesi gereken bir müze binası nasıl gözükmeliyse, Guggenheim Müzesi'ni öyle gösteriyor.

IH

Richard Hamilton is often called the father of English Pop Art. He started work as a commercial artist, also studying painting from time to time. His paintings increasingly came to incorporate elements of collage.

His central theme is the conflation of the consumer world with modern works of art. From a consumer-world perspective, Hamilton interrogates our perception of artworks, especially the key works of classical modern art. Picasso and Duchamp have received repeated treatment, and the work "Guggenheim Museum (black)" (1970) is also devoted to a modernist icon.

This view of the Guggenheim Museum from Central Park is among the most famous views of museum architecture. At the same time, the building stands for the Guggenheim brand and now is the logo for a worldwide complex of museums—something hardly foreseeable when the wall piece was created. Starting in 1965, Hamilton depicted the building in various colour versions, in wall installations and also in watercolours. When the architect Frank Lloyd Wright was commissioned in 1943, his design was said to relate to Vassily Kandinsky's abstract painting. Today the building's exterior is white, in contrast to the black version by Hamilton. Wright himself wanted the outer skin to be red, to contrast with the white spiral interior. Hamilton portrays the

Guggenheim in a way that befits a building that was supposed to symbolise the abstract revolution in art.

IH

VKV-00296 ↪ 57
Guggenheim Müzesi (siyah) | Guggenheim Museum (black)
1970
Pleksiglastan yapılmış, siyah sprayle boyanmış, PVC folyoyla kaplanmış rölyef, strafor taban | Relief made of Plexiglas, sprayed black, with a backing of polystyrene, covered with PVC foil
60 × 60 × 10 cm
Fotoğraf | Photo © Uwe Walter, Berlin

Al Hansen

1927, Queens, New York (US) – **1995, Köln | Cologne** (DE)

Amerikan Fluxus ve Happening hareketlerinin önde gelen isimlerinden Al (Alfred Earl) Hansen, Happening kavramsallaştırmasının John Cage tarafından şekillendirildiğini defalarca vurgulamıştır. Hansen —ne nota okumasını ne de herhangi bir enstrümanı çalmasını bilerek— Cage'in New School for Social Research'te (Toplumsal Araştırmalar için Yeni Okul) verdiği deneysel kompozisyon dersine kaydoldu. Burada sonradan birlikte hareket edeceği Allan Kaprow, Dick Higgins ve George Brecht gibi sanatçılarla tanıştı.

Al Hansen, bu sergide de yer alan kolajlarını yaptığı 1970'li yılların başlarında, Köln, Berlin ve New York arasında gidip geldi ve bugün artık efsaneleşmiş olan sergi ve *event*'lerde yer aldı. Yakın çevresinde yaşayıp tanık olduklarından esinlenerek kurguladığı happening çalışmaları ile kolajları arasında metodik bir benzerlik bulunur. Hansen'in kolajlarının malzemelerini, günlük avarelikleri sırasında rastladığı nesneler, tüketim ve "at-gitsin"ciliğin kalıntıları oluşturur. Çay poşetleri, kibrit çöpleri, çeşit çeşit fişler ve faturalar, gazete kesikleri, reklam ve Hershey's çikolatalarınınki gibi ambalajlar sadece kişisel çevresi ve sanatsal ortamı açısından ipuçları sunmakla kalmaz, aynı zamanda 1960'lı ve 1970'li yılların toplumsal yaşamını da tartışıp yorumlar. Al Hansen, kolajlarının çoğunda, kendi sözleriyle, "aklından asla çıkmayan bir şeyi, yani kadınları" motif olarak seçer.

BE

Al (Alfred Earl) Hansen, one of the protagonists of the American Fluxus and Happening movement, repeatedly emphasised that his conception of the Happening had been significantly influenced by John Cage. Hansen enrolled—without playing an instrument or being able to read music—in Cage's course in experimental composition at the New School for Social Research in New York City. There he also met some of his later comrades-in-art, such as Allan Kaprow, Dick Higgins and George Brecht.

Early in the 1970s, the period in which the collages shown here were created, Al Hansen was commuting between Cologne, Berlin and New York, and taking part in exhibitions and events that have now assumed legendary status. The collages represent a method equivalent to his Happenings, whose source materials are everyday life and the immediate surrounding circumstances. The materials used in the collages are the remnants of consumer society and its throwaway ethos that Hansen collected during his daily forays and encounters. Teabags, matches, invoices and receipts of varied origins; magazine clippings, advertising and packaging—like the ubiquitous Hershey's chocolate wrappers—are not only indicative of his personal and artistic environment, but also document and comment on social life in the 1960s and 1970s. The motifs of many collages revolve around what Al Hansen, in his own words, "was always thinking about: women".

BE

VKV-00298 ↪ 117
Stefan Wewerka'nın Gelmediği Kahvaltı | The Breakfast Stefan Wewerka Didn't Show Up for
1973
Mukavva üzerinde kağıt üzerine kolaj | Collage on paper on cardboard
63 × 47,8 cm
(çerçevesiz | without frame)
Fotoğraf | Photo © Uwe Walter, Berlin

VKV-00300 ↪ 116
Herhangi Bir Sorunun Her Zaman Yedi Çözümü Vardır Allan Jones | There Are Always Seven Solutions to Any Problem Allan Jones
1972
Mukavva üzerinde kağıt üzerine kolaj | Collage on paper on cardboard
62,5 × 48 cm
(çerçevesiz | without frame)
Fotoğraf | Photo © Uwe Walter, Berlin

VKV-00299 ↪ 116
Charles Manson'un İkinci Sırrı | 2nd Secret of Charles Manson
1973
Mukavva üzerinde kağıt üzerine kolaj | Collage on paper on cardboard
62,5 × 48 cm
(çerçevesiz | without frame)
Fotoğraf | Photo © Uwe Walter, Berlin

VKV-00297 ↪ 117
E.M. Bir Parti Verdi | E.M. Had a Party
1972
Güvercin tüyüyle kolaj | Collage with pigeon feather
31,3 × 26,2 cm
(çerçevesiz | without frame)
Fotoğraf | Photo © Uwe Walter, Berlin

Dick Higgins

1938, Jesus Pieces, Cambridge (GB) – **1998, Quebec** (CA)

Dick Higgins, George Maciunas ile birlikte Fluxus'a üye sanatçıların başını çekiyordu ve hem New York'ta, hem de Avrupa'da onlarca yıl boyunca festivallerde, gösterilerde ve sergilerde harekete yön vermiş olan isimdi. Eşi Alison Knowles ve daha başka birçok sanatçı için yayın olanağı sağlayan Something Else Press yayınevini kurdu. Yayınevi sayesinde Higgins de "Intermedia" (1966) başlıklı makalesi gibi teorik metinlerini paylaşma imkânı buldu.

John Cage'in deneysel kompozisyon üzerine verdiği ders, başka birçok sanatçı gibi Higgins'i de derinden etkiledi. Bu sanatçıların kompozisyonları öğrencileri kafelere ve tiyatrolara gidip oralarda Fluxus *event*'leri düzenlemeye teşvik etti; böylece Higgins'in de bizzat 1960 yılından beri öncülük ettiği istikrarlı bir platform oluştu.

Kişisel yaratıcılık serüveni ile Fluxus'un bir hareket olarak geçirdiği evrim üzerine geliştirdiği düşünceleri Higgins'i müzik, kompozisyon ve görsellik öğelerinin tekrar tekrar belireceği yeni bir teknik üretmeye yöneltti. Higgins'in "Albüm Yaprağı"nda (1982) gerçekleştirdiği ve Fluxus'un en büyük meydan okumalarından biri olan şey, performans ve müziği geleneksel yollara gönül indirmeden notaya dökmek olmuştur.

SS

Together with George Maciunas, Dick Higgins was a leading member among Flux artists, and for decades a driving force behind festivals, performances and exhibitions in both New York and Europe. He founded Something Else Press, which offered many artists, including his wife Alison Knowles, a forum for publications, objects and theoretical texts. It was also within this umbrella that Higgins published major parts of his own work, which at times was given to making theoretical observations, such as pointing the way ahead, in his article "Intermedia" (1966).

Like many other artists, Higgins was greatly influenced by John Cage's course on experimental composition. The students initially performed their compositions in cafés or theatres until a variety of Fluxus events offered them an established platform, which Higgins continued to expand, especially in New York, after 1960.

Ongoing theoretical examination of his own work and the development of Fluxus led Higgins to new techniques, while music and composition, and the visualisation of both remained recurring elements in his work. One of the greatest Fluxus challenges, which Higgins set himself in "Album Leaf" (1982), was to notate performance and music without resorting to conventional means.

SS

VKV-00266 ↪ 125
Albumblatt
Albüm Yaprağı | Album Leaf
1982
Kağıt üzerine serigrafi | Silkscreen print on paper
Ed. 50
31 × 61 cm (çerçevesiz | without frame)
Fotoğraf | Photo © Uwe Walter, Berlin

Rebecca Horn

1944, Michelstadt (DE)
Berlin ve Paris'te yaşıyor ve çalışıyor.
Lives and works in Berlin and Paris.

Almanya'nın en önemli sanatçılarından biri olan ve çok yönlü bir üretkenlik sergileyen Rebecca Horn, performans, film, heykelsi enstalasyonlar, çizim ve fotoğraf boyama gibi alanlarda yapıt veriyor. 1968 yılından itibaren—Horn, Hamburg Sanat Akademisi'ndeki öğrenimini 1969'da bitirdi—kendi bedenini ve duyularını ana izlek olarak işleyen bir eylemler ve performanslar dizisi üretti. "Göğüsboynuzu" (1969), "Siyah Boynuzlar" (1971), "Parmak Eldiveni" (1973) gibi çalışmalarında bedene eklenen kimi uzantı parçalarıyla, vücudun kendi varlığını algılayışını ve bedenle uzam arasındaki dengeyi sorgulayan aygıt ve aletler tasarladı. Bu çalışmalarında sanatçı performansta tartışma konusu olacak kişiyi ve sınırlı sayıda katılımcıyı önceden belirledi. Deneyleri genelde yalnızca kendi deneyim alanıyla sınırlıydı. "Ölçüm Kutuları" (1970) isimli işinde Rebecca Horn bütün bedeniyle saydam, büyük bir kutunun içine giriyor ve kutunun kenarlarından ortasına doğru çapraz şekillerde çubuklar sokuluyor. Bu çubuklar sanatçının bedeninin her noktasına tepeden tırnağa temas ediyor ve sımsıkı sarıyor; sanatçı kutuyu terk ettiğinde ise, çubukların arasında bedeninin sureti beliriyor. Rebecca Horn'un erken dönem çalışmaları, heykellere hayat üfleyen fiziksel ve teknik işlevsellikleriyle, benzerleriyle karşılaştırılamayacak kadar eşsiz yapıtlardır.

JB

Rebecca Horn is one of the most versatile and important German artists; her oeuvre includes performances, films, large-scale sculptural installations, drawings and painted-over photographs. Since 1968—Horn concluded her study at the Hamburg School of Fine Arts in 1969—she has created a series of actions and performances whose subject is the body and its sensorium. She constructs apparatuses and frameworks, such as "Brusthorn" (Breasthorn) (1969), "Schwarze Hörner" (Black Horns) (1971), "Handschuhfinger" (Finger Gloves) (1973), and corporeal sculptures whose appendages and extensions explore the body's self-awareness and the equilibrium between human being and space. In these, the artist selects and works with a specific person, the figure in the performance subject to deliberations, and a limited number of participants. Her experiments are usually limited to her own realm of experience. In "Messkasten" (Measuring Boxes) (1970), Rebecca Horn herself stands in an open, wardrobe-like construction, through the sides of which are extended moveable rods that point diagonally toward the centre. The rods size her up, touching her body inch by inch from head to foot; when she leaves the box, her silhouette remains. The early work of Rebecca Horn is distinctive and unique in the highly precise physical and technical functionality with which the artist brings her sculptures and their movements in space to life.

JB

VKV-00303 ↪ 54
Handschuhfinger
Parmak Eldiveni | Finger Gloves
1973
Balsa ağacı, siyah branda bezi |
Balsa wood, black canvas
Ed. 10 + 4 AP
90 cm (uzunluk | length)
Fotoğraf | Photo © Uwe Walter, Berlin

VKV-00268 ↪ 53
Federkleid
Tüyden Elbise | Feather Dress
1972
6 siyah-beyaz fotoğraftan oluşan dizi |
Series of 6 b/w photographs
40 × 30 cm (çerçevesiz | without frame)
Fotoğraf | Photo © Uwe Walter, Berlin

VKV-00269 ↪ 52
Schwarze Hörner
Siyah Boynuzlar | Black Horns
1971
6 siyah-beyaz fotoğraftan oluşan dizi |
Series of 6 b/w photographs
40 × 30 cm (çerçevesiz | without frame)
Fotoğraf | Photo © Uwe Walter, Berlin

VKV-00270 ↪ 52
Messkasten
Ölçüm Kutuları | Measuring Boxes
1970
6 siyah-beyaz fotoğraftan oluşan dizi |
Series of 6 b/w photographs
40 × 30 cm (çerçevesiz | without frame)
Fotoğraf | Photo © Uwe Walter, Berlin

VKV-00271 ↪ 53
Überströhmer
1969
6 siyah-beyaz fotoğraftan oluşan dizi |
Series of 6 b/w photographs
40 × 30 cm (çerçevesiz | without frame)
Fotoğraf | Photo © Uwe Walter, Berlin

VKV-00272 ↪ 52
Brusthorn
Göğüsboynuzu | Breasthorn
1969
6 siyah-beyaz fotoğraftan oluşan dizi |
Series of 6 b/w photographs
40 × 30 cm (çerçevesiz | without frame)
Fotoğraf | Photo © Uwe Walter, Berlin

VKV-00267 ↪ 53
Brusthorn
Göğüsboynuzu | Breasthorn
1969
6 siyah-beyaz fotoğraftan oluşan dizi |
Series of 6 b/w photographs
40 × 30 cm (çerçevesiz | without frame)
Fotoğraf | Photo © Uwe Walter, Berlin

KH Hödicke (Karl Horst Hödicke)

1938, Nürnberg | Nuremberg (DE)
Berlin'de yaşıyor ve çalışıyor.
Lives and works in Berlin.

KH Hödicke, özellikle dışavurumcu renkliliğiyle kendisini belli eden, önceleri soyut türde, zamanla daha figüratif tarzdaki resim çalışmalarıyla tanınan ve Berlin'deki "Neuen Wilden" ("Yeni Vahşiler") akımına öncülük eden bir sanatçı. Hödicke, kullandığı medyanın maddeselliğiyle geniş bir tartışma içerisinde, nesnelerden *multiple*'lara (çoğaltılabilir eser), çizimlerden filmlere kadar pek çok farklı dalda yapıt üretti. "Wendung verboten" (1966), sanatçının zift ve katran kullanarak ürettiği ilk çalışmalarından biri. Ziftle doldurulmuş fırın tavasının içinde, yapış yapış katranla dolup taşan iki süt şişesi duruyor. Eserin ismi ise, şişelerin üstünde ancak kısmen okunabilen bir yazıdan, eleştirel bir yasaktan geliyor: "Başka amaçla kullanım yasaktır." Böylece bir söz oyunuyla kullanılan malzemelere atıfta bulunulmuş oluyor. Sanatçının örneğin 1966 senesinden bir *Life* dergisinin sayfalarını boyayıp üstüne bir kağıt mendil serdiği türden kolaj çalışmaları da oyunlu ve güncelle yakından ilişkili bir karaktere sahip. Bu yapıtta, bir çelişki oluşturacak şekilde, kağıt mendil yalnızca yapıştırıcının özensizce sürülüp biriktiği yerlerde saydamlaşıyor—Pop Art'ta Rauschenberg ya da Vostell'in kullandığı bulanıklaştırma tekniğiyle dalga geçen bir jest gibi.

TM

KH Hödicke is known primarily for his paintings—initially abstract, later figurative—with their distinctive expressionistic palette, and is considered a father figure for the Neue Wilden in Berlin. However, Hödicke has also created a multitude of objects, multiples, drawings and films that reflect a broader involvement with the materiality of his art materials. "Wendung verboten" (1966) was one of the first works he made using tar and pitch. Two frosted glass bottles stand in a roasting tray filled with bitumen. Instead of being filled with nourishing white milk, they are covered inside and out with suffocating tar. The work's title stems from the warning "Andere Verwendung verboten" (any other use is prohibited), still partly visible even as it is disregarded. The wordplay underscores the work's materials. Hödicke's collages, in which pages of magazines, such as a 1966 edition of *Life*, are partially painted-over and overlaid with a sheet of tissue paper, are also playful and topical. Paradoxically, the paper veil is transparent only where smeared with gobs of paste—a gesture that seems like a response to the smudging technique used by Rauschenberg and Vostell in Pop art.

TM

VKV-00302 ↪ 55
İsimsiz | Untitled
1965
Gazete kağıdı üzerine yumuşak dokuma üzerine gümüş bronz ve arap zamkı |
Silver bronze and gum arabicum on soft tissue on newsprint
48 × 59,3 cm
(çerçevesiz | without frame)
Fotoğraf | Photo © Uwe Walter, Berlin

VKV-00301 ↪ 56
Wendung verboten
1966
Fırın tavası içinde 2 süt şişesi, zift |
2 milk bottles in roasting pan, bitumen
27 × 36 × 21 cm
Fotoğraf | Photo © Werner Zellien, Berlin

Joe Jones

1934, New York (US) – **1993, Wiesbaden** (DE)

New York'taki Harnett Müzik Okulu'nda müzik teorisi ve caz öğrenimi gören Joe Jones, 1960'lı yılların başlarında müzik makineleriyle deneyler yapmaya başladı ve bozuk enstrümanlar ile rasgele bulduğu nesnelerden ses çıkaran aygıtlar yarattı. 1963 yılında Fluxus hareketine katıldı.

Jones'un tokmaklarını lastik, pinpon topu ve deri kayışlardan yaptığı müzikal nesneleri; pil, elektrik ya da güneş enerjisi ile çalışan ufak motorlar sayesinde ses çıkarıyor. Yapıta bir kabloyla bağlanan motorlar, çeşitli sayıda çalgıya — gitar, davul, keman ya da çan vb.— hükmediyor. Jones'un yapıtları, motorları çalıştırıldığı anda müzik üretmeye başlıyor; ancak burada şans büyük bir rol oynuyor, çünkü kompozisyonu o belirliyor. Mekanik enstrümanlar genelde büyük bir topluluk olarak sergileniyor, hatta bazen eksiksiz bir orkestraya tekabül ediyor.

"Otomatik Piyano" (1977) isimli işi de bu yöntemle üretilmiş. Yapıttaki piyano, elektrikli motorlara bağlı sekiz tokmak ile çalınıyor ve onların farklı vuruşları sayesinde her seferinde ortaya yeni sesler çıkıyor.

CD

Joe Jones, who first studied composition, music theory and jazz at the Harnett School of Music in New York, began to experiment with music-machines early in the 1960s, creating sounding objects that often were made of discarded instruments and randomly discovered items. In 1963 he became a member of Fluxus.

The musical objects Jones created have small motors driven by batteries, electricity or solar cells; which are attached to a rubber band, ping-pong ball or strip of leather, that serve as beaters. The motors hang on wires next to or over an arbitrary number of instruments such as guitars, drums, violins or bells. When the energy source is activated, Jones's music-machines begin to play by themselves, with chance playing an important role in determining the resulting composition. The motorised instruments are usually grouped together in larger ensembles and can constitute an entire orchestra.

"Player Piano" (1977) was also created for this mode of operation. The piano has eight small electric motors with attached beaters whose different rates of vibration serve to continually generate new sounds.

CD

VKV-00141 ↪ 82
Otomatik Piyano | Player Piano
1977
Piyano, 8 batarya ile 8 küçük elektrik motoru | Piano, 8 small electric engines with 8 batteries
130 × 140 × 65 cm
Fotoğraf | Photo © Murat Germen

Ilya & Emilia Kabakov

Ilya Kabakov **1933, Dnepropetrovsk** (SSCB | USSR [bugün | today UA])
Emilia Kabakov **1945, Dnepropetrovsk** (SSCB | USSR [bugün | today UA])
New York'ta yaşıyor ve çalışıyorlar.
Live and work in New York.

Ilya Kabakov 1970'li yıllarda Moskova Kavramsalcılığı'nın önde gelen temsilcilerindendi ve kolaj, enstalasyon ve tuvalleriyle duygusuzlaşmış Sovyet kültürünün parodisini yapan hicivli protestolar sergiliyordu. 1987'de Graz kentinden bir burs kazandı ve bir daha da Sovyetler Birliği'ne geri dönmedi. Bu sırada eşi Emilia ile birlikte "Totalen Installation" (Bütünsel Enstalasyon) kavramını geliştirdi ve bu kavram uyarınca 1960 ve 1970'lerde ürettiği çizim ve tablolarını üç boyutlu hale getirip sergi salonunu bir çeşit açık sahneye dönüştürdü. Daha sonra sergi salonlarını günlük eşyalarla da doldurmaya başladı ve kullandığı malzemelere müdahalede bulunmadan gerçekliğin simülasyonunu yaratmayı başardı. Bu yapıtlar doğrudan herhangi bir yorumda bulunma amacıyla yaratılmıyordu, birer metafordan çok daha fazlasıydılar, pek çok çağrışıma neden olan yoğun atmosferleri ziyaretçileri sanki ele geçiriyordu. "Kendisini görece özgür hisseden izleyici enstalasyona yaklaştığında enstalasyonun kendisini kontrol etmekte olduğunu duyumsar; bir anlamda izleyici enstalasyonun *kurbanıdır*. Aynı anda hem izleyici hem de kurbandır."

Halılardan meydana gelen "Uçuş" (2005–2007) isimli dizilerinde olduğu gibi, kaçma ve yok olma kavramları yapıtlarında sık sık kendisini gösteren motiflerdendi. Kaçma kavramı metafizik anlamıyla algılanabilir, ancak aynı zamanda Kabakov'un kendisinin Batı'ya göçü düşünüldüğünde sanatçının Sovyetlere yönelik fiziksel mesafesinin ve kişisel hatıralarının sebep olduğu bir vurgu olarak da anlaşılabilir.

BH

Ilya Kabakov was among the leading exponents of Moscow Conceptualism in the 1970s, and created collages, installations and murals as satirical protests that parodied an unemotional Soviet culture. In 1987 he accepted a residency in Graz and never returned to the Soviet Union. During this period he and his wife Emilia developed the concept of the "Total Installation", in which he initially translated his drawings and paintings from the 1960s and 1970s into three-dimensional form, thereby transforming the exhibition space into a kind of open stage. Later he began to fill the rooms with everyday materials as well, and to simulate reality by showing these things without altering them in any way. No commentary is intended; rather, these rooms are to be understood as metaphors whose intensive atmosphere releases associations that hold the viewer in thrall. "The viewer, who so far has felt rather free, finds himself controlled by the installation when he is near one, in a certain sense, he is its *victim.* But he is simultaneously both a victim and a viewer."

Themes of flying and disappearance are recurring motifs in the works, as in the series of tapestries titled "The Flying" (2005–2007). Flying can be understood in a metaphysical sense, but in light of Kabakov's immigration to the West, also as an expression of his physical distance from, and personal memories of, the Soviet system.

BH

VKV-00032 ↪ 51
Uçuş | The Flying
2005
Halı, yün ve keten | Carpet, wool and flax
200 × 285 cm
Ed. 38
Fotoğraf | Photo © Arndt & Partner, Berlin

Šejla Kamerić

1976, Saraybosna | Sarajevo (BA)
Saraybosna ve Berlin'de yaşıyor ve çalışıyor.
Lives and works in Sarajevo and Berlin.

Šejla Kamerić, yapıtları savaşın ve yerinden edilmişliğin izlerini taşıyan Saraybosnalı sanatçılar kuşağından. Boşnak sanatçı, doğduğu kentin uğradığı üç buçuk yıllık işgali yaşadı, bu işgal sırasında babası yaşamını yitirdi. En tanınmış yapıtı olan "Boşnak Kızı" (2003) adlı fotomontajda, BM Barış Gücü'nden, kim olduğu bilinmeyen bir Hollandalı askerin yazdığı aşağılayıcı bir yazının yanında sanatçının portresi görülüyor: "Dişsiz mi..? Bıyıklı mı? Bok gibi mi kokuyor..? BOŞNAK KIZI!" Kamerić'in yapıtları dışlama ve dış kontrol mekanizmalarını, ulusal kimlik inşasını ve ütopik özlemleri konu alıyor.

Sanatçı, "Özgür" (2004) adlı yapıtı hakkında, "Özgürlük (...) göreceli bir şeydir, mutlak değildir. Kalıcı bir his de değildir, gelir ve gider," diyor. Genç kadının bileğindeki mürekkep damgalı yazı, zamanla silinecek. Sanatsa Šejla Kamerić için bir özdeşleşme aracı, kendi deneyimlerini, anılarını ve düşüncelerini aktarma aracı. "Her ne kadar bir sanatçı olarak o günden bu yana son derece çeşitli konuları ele almış olsam da," diyor Kamerić, "savaşı her zaman içimde taşıyacağım."

JB

Šejla Kamerić belongs to the generation of artists from Sarajevo whose work bears the imprint of war and displacement. Together with her family, the Bosnian artist experienced the three-and-a-half-year occupation of her native city, during which her father lost his life. Her best-known work, the photomontage "Bosnian Girl" (2003), shows a portrait of the artist alongside the contemptuous scrawl of an unknown Dutch soldier in the U.N. peacekeeping force: "No teeth...? A moustache? Smell like Shit...? BOSNIAN GIRL!" Kamerić's works are concerned with the mechanisms of exclusion and external control, the construct of national identification, and utopian yearnings.

"Freedom (...) is something relative and never an absolute. It is not a permanent feeling, it comes and goes," she says about the work titled "Frei" (2004). And so in time will disappear the ink-stamped writing on the young woman's wrist. And as for art—it serves Šejla Kamerić as a means of self-identification; and to convey her own experiences, memories and opinions. "Even though I have since dealt with a large variety of subjects in my capacity as an artist," she says, "the war will always remain within me."

JB

VKV-00033 ↪ 171
Frei
Özgür | Free
2005
Ofset litografi (duoprint) |
Offset lithograph (duoprint)
Ed. 1/5
70 × 100 cm
(çerçevesiz | without frame)
Fotoğraf | Photo © Uwe Walter, Berlin

Aino Kannisto

1973, Espoo (FI)
Helsinki'de yaşıyor ve çalışıyor.
Lives and works in Helsinki.

Aino Kannisto, fotografik portreyle çalışıyor. Bizzat kendisi her seferinde kameranın önünde duruyor olsa da, ortaya çıkan sahnelerin birer otoportreye tekabül ettiğini söylemek çok zor. Bu fotoğrafların daha ziyade sanatçının kendisini sergileme ve böylece benliğini dönüştürme yeteneği sayesinde ortaya çıkan kurgusal rol-portreler olduğu söylenebilir. Kurgusal olan yalnızca fotoğrafta sahnelenen durum değil, aynı zamanda sergilenen kişilik de bir kurgudan ibaret: "Fotoğraftaki kişi kurgusal bir anlatıcı, tıpkı edebiyattaki anlatıcılar gibi." "Beni çevreleyen dünya, edebiyat, sinema, fotoğraf ve hatıralar, gün düşleri ve kâbuslardaki gibi sözcüklere dökülmesi çok zor imgelerden" hareket eden bu en ince ayrıntısına kadar düşünülüp renklendirilmiş fotoğraflar, önceden ziyaret edilmiş yerlerden, mekânlardan ve gerçek hayatta karşılaşılmış durumlardan yola çıkıyor. Belgrad'daki Türk hamamında gerçekleştirilmiş olan "İsimsiz (Pembe Çiçekli Elbise)" (2007) ve "İsimsiz (Kırmızı Çiçekli Elbise)" (2007) isimli yapıtları gibi... Kannisto'nun senaryoları bir hikâye örgüsü ve takip edilebilecek bir izlek sunuyor, ne var ki sunulan ayrıntılardan yalnızca belli belirsiz bir hikâye sezilebiliyor, hele ki karakterlerin bir tefekkür halinde mi yoksa bir eylem öncesinde mi oldukları asla anlaşılamıyor. İzleyici ona sunulan imgenin atmosferine dalıp kendi hayal ve fikirlerini üretmeye çağırılıyor.

BE

The artist Aino Kannisto works with the photographic portrait. And despite the fact that it is always she who poses in front of the camera, one can speak of these staged photographs as self-portraits only in a very qualified way. They may instead be considered fictional portraits of roles, which detach themselves from self-portraiture through the artist's enormous ability to transform herself. Not only is the situation fictional and fabricated, the personality portrayed is also a construct, as the artist explains: "The person in the image is a fictive narrator, just as there are narrators in literature." Influenced by "the world around me, literature, cinema and photography, and also by images more difficult to localise, such as memories, daydreams and nightmares", the photographs—carefully composed in terms of both space and colour, and considered down to the last detail—are often inspired by existing places, rooms and situations. For example, the photographs "Untitled (Pink Floral Dress)" (2007) and "Untitled (Red Floral Dress)" (2007) were taken at the former Turkish bath in Belgrade. Kannisto's scenarios suggest a story plot and contain paths that might be pursued, but it is only vaguely and intuitively that a story can be construed from the details given, and the protagonists' intentions, captured at a moment between introspection and action, can never be exactly determined. Instead, viewers are invited to become immersed in the charged atmosphere of the image, and be swept away by their own ideas and imagination.

BE

VKV-00226 ↪ 73
İsimsiz (Beyaz Ayna) |
Untitled (White Mirror)
2006
C-print, Diasec
90 × 110 cm
Fotoğraf | Photo:
Courtesy of the artist and Galerie m
Bochum, Germany ve sanatçının izniyle

VKV-00229 ↪ 75
İsimsiz (Pembe Çiçekli Elbise) |
Untitled (Pink Floral Dress)
2007
C-print, Diasec
90 × 110 cm
Fotoğraf | Photo:
Courtesy of the artist and Galerie m
Bochum, Germany ve sanatçının izniyle

VKV-00230 ↪ 74
İsimsiz (Kırmızı Çiçekli Elbise) |
Untitled (Red Floral Dress)
2007
C-print, Diasec
90 × 112 cm
Fotoğraf | Photo:
Courtesy of the artist and Galerie m
Bochum, Germany ve sanatçının izniyle

VKV-00225 ↪ 72
İsimsiz (Cevizler) | Untitled (Walnuts)
2006
C-print, Diasec
90 × 100 cm
Fotoğraf | Photo © Hadiye Cangökçe

Allan Kaprow

1927, Atlantic City, New Jersey (US) – **2006,**
Encinitas, California (US)

Resim ve sanat tarihi eğitiminden sonra New York'taki New School for Social Research'te (Toplumsal Araştırma için Yeni Okul) John Cage'in yanında aldığı bestecilik eğitimi, Allan Kaprow üzerinde kalıcı bir etki bırakmıştır. Jackson Pollock'un eylem resimleri ile kendi asamblajları ve *Environment*'ları üzerine kuramsal yazıları da içeren çalışmaları, Fluxus'tan farklı olarak "happening" adıyla anılan eylem sanatının gelişimini ileri taşımıştır. İlk *Environment*'larından biri, ilk kez 1961'de New York'taki Martha Jackson Galerisi'nde gösterilen "Yard"dır. İzleyiciler avluda araba lastikleri ve petrol varilleri arasında yollarını bulmak zorunda kalıyorlardı. Pek çok başka happening, nesne ve baskı bu öğeleri tekrar kullanmıştır. 1990'da "Yard" *Environment*'ı Sydney Bienali için yeniden üretildi ve bunun sonucunda yine "Yard" adıyla anılan nesne, bu *Environment*'ın beyaz boyalı lastiklerinden biri ortaya çıktı.

Kaprow'un eylemleri her zaman eylem öncesi ön hazırlık talimatlarına ve taslaklara dayanırdı. Her gösteriden sonra bu eylemlerden geriye, belge niteliğindeki malzemeler ve objeler kalırdı. Berlin'de 1976'da gerçekleşen aynı adlı eylemin hazırlık aşamalarını ve belgelerini içeren "Tanıklıklar" bunun bir örneğidir.

SS

After having studied painting and art history, Kaprow studied composition with John Cage at the New School for Social Research in New York, which made a lasting impression on him. Kaprow's works, including theoretical writings on the action painting of Jackson Pollock and his own assemblages and Environments, advanced the development of action art, called "Happenings," as distinct from Fluxus.

One of his early Environments was "Yard", shown for the first time in 1961 at the Martha Jackson Gallery in New York. In the courtyard, visitors had to make their way over mounds of car tyres and between oil drums. A number of subsequent Happenings, objects and prints made use of the same elements. The "Yard" Environment was reinvented for the 1990 Sydney Biennale and from it came the object (also titled) "Yard"—one of the tyres with white markings from the Environment.

As a rule, Kaprow's actions were based on preliminary instructions and sketches. Once an event was over, documentary materials and objects remained the only records of the action—as in the case of the work Testimonials, which consists of the preparation and documentation of the action of the same name in Berlin in 1976.

SS

VKV-00304 ↪ 64–65
Tanıklıklar | Testimonials
1976
Eylemin raporu. Kağıt üzerine monte edilmiş çizimler, fototip ve fotoğraflar | Report on the action. Drawings, photo-type and photographs mounted on paper
4 parça | 4 parts,
her biri 28 × 42 cm each
Fotoğraflar | Photos © Uwe Walter, Berlin

VKV-00305 ↪ 66
Yard
1990
Otomobil lastiği | Motor car tyre
Yükseklik | height 22 cm
Çap | diameter 64 cm
Fotoğraf | Photo © Uwe Walter, Berlin

Gülsün Karamustafa

1946, Ankara (TR)
İstanbul'da yaşıyor ve çalışıyor.
Lives and works in Istanbul.

Gülsün Karamustafa'nın yapıtı, temelde resim, nesne, enstalasyon ve filmlerden oluşuyor. Göç ve bunun etkileri, kültür ve kimliğin muvakkat karakteri, toplumsal cinsiyet, ulusal tarih ve kişisel biyografi arasındaki ilişki ile sunuş ve temsil, yapıtlarının farklı biçimlerde tekrar tekrar ortaya çıkan başlıca izleklerini teşkil ediyor.

"Şehirde Gizli Panter Modası" (2007) isimli videosu, şehvet uyandırıcı izlenimi sebebiyle kamusal alanda tabu sayılan "panter modası"nı gizlice tecrübe etmek için gün içerisinde bir araya gelen bir grup kadının kurgusal hikâyesini anlatıyor. Eş ve anne olarak yükümlülüklerinden uzaktaki bu kadınlar, teklifsiz bir atmosferde hareket ediyorlar. Film dişi bir "özgürleşme"yi sahneliyor ve böylece Türk toplumunda kadın olma halinin zorluklarına, karşıtlıklarına ve geçirdiği dönüşüme işaret ediyor.

Bu filmden bir dekor, alçıdan bir panter, daha sonra "Panter/Tabure" (2007) çalışmasının bir parçası oldu. Karamustafa, 1980'li yıllardan beri bulunmuş nesneleri, duvar halılarını, kıyafetleri ve dekor malzemelerini yapıtlarında kullanıyor. Bu çalışmalardaki sanatsal mekanizma aslında bir *ikame* mekanizması, çünkü bu nesneler, eserden önce gelen anlamlı bir şeyin yinelemesi olarak, ama asla bu şeyin özdeşine dönüşmeden kullanılıyorlar. Kitsch unsurların bir araya getirilmesi sanatın dışındaki gerçekliğe gönderme yapıyor. Bu kullanımın birincil amacı yüksek kültür, ahlak ya da tarihsel kimliğin uğradığı hasarı göstermek değil, göçle dönüşüme uğrayan bir toplumun geçicilik içeren durumlarını görselleştirmek ve gelenekle modernitenin kesişiminde ortaya çıkan kültürel ara-alanlara ışık düşürmek.

BH

Gülsün Karamustafa's oeuvre primarily encompasses paintings, objects and installations, and films. Her themes—which she repeatedly revisits and reworks in different forms—are migration and its repercussions, the transitory nature of culture and identity, gender, the relationship between national history and personal biography, presentation and representation.

The video "The City and the Secret Panther Fashion" (2007) tells the fictional story of a group of women who come together during the day to dress according to the secretly trendy "panther fashion", which has been deemed taboo in public, as it is considered suggestive. Away from their duties as wives and mothers, the women move in an unconstrained atmosphere. The film stages a female "liberation" and thereby points to the difficulties, contradictions and changes in women's status in Turkish society.

A decorative object from the film, a plaster leopard, was then incorporated into the work "Panther/Stool" (2007). Karamustafa has been using found objects such as wall hangings, clothing and decorative items since the mid-1980s. The artistic mechanism employed in these works is substitution; for the objects used are iterations of, but never identical to, a meaningful thing that precedes the works. The integration of elements of kitsch makes references to a reality external to art. Its primary purpose is not to point to any loss of high culture, integrity or historical identity, but rather to visualise transitory states in a society marked by migration, and to illuminate the emergence of cultural interzones between tradition and modernity.

BH

VKV-00183 ↪ 70
Panter/Tabure | Panther/Stool
2007
Bulunmuş porselen panter ve ahşap tabure | Found porcelain panther and wooden stool
65 cm (yükseklik | height)

VKV-00121 ↪ 71
Şehirde Gizli Panter Modası | The City and the Secret Panther Fashion
2007
Video, renkli, sesli | colour, sound
13'07"
Ed. 5 + 1 AP

Diána Keller

1983, Budapeşte | Budapest (HU)
Budapeşte'de yaşıyor ve çalışıyor.
Lives and works in Budapest.

Diána Keller, Budapeşte'deki Güzel Sanatlar Üniversitesi'nin İntermedya Bölümü'nde videolar üretmeye başlamıştı; bölümden geçtiğimiz yıl mezun oldu. 2004'ten itibaren ise sergilere katılmaya başlamıştı.

Keller'in yapıtları hareket ve hareket ettirilemezlik arasındaki karşıtlığa odaklanıyor. Bu yapıtların teması, her ne kadar görünürde içinde insanlar yer almasa bile yine de insanlar tarafından yaratılan, gerçeklikten uzaklaşan, yapay bir dünya. Bu videolar stüdyo ortamında hazırlanmış, önceden tasarlanmış durumlara dayanıyor; sanatçı bu dünyanın ve buradaki olayların son derece entelektüel yaratıcısı rolünü oynuyor.

Sanatçının son dönem yapıtlarının çıkış noktalarından biri, doğanın ışık, ateş ve su gibi kadim ana elementlerinin çağdaş bir biçimde işlenmesi. "Yedi Kırık" (2006) adlı yapıt, bir ışının kırılmasını yedi ardışık adımda gösteriyor. Sanatçının geometrik bir şekle soktuğu ve bir dizi adımla yönlendirdiği bu ışın, sürekli dönüşen bir heykel görüntüsü yayıyor ve sonunda karanlık arka planda tümüyle çözünerek yok oluyor. Dolayısıyla bu kompozisyonun yaratıcı elementi olan ışık sonunda sönüyor, dağılıyor.

Keller'in "Çiçekli Natürmort" (2009) başlıklı çalışması, sanat tarihinin bilindik bir resim janrını çağrıştırıyor: Vazo içinde çiçekler. Yalnızca ilk bakışta banal görünen bu "natürmort" aslında güllerin renklerini akıtmaya başlamaları ve yavaş yavaş griye dönmeleriyle canlanıyor. Zamana dayalı bu (video) sanat yapıtı, klasik resim üzerine, onun mimetik özlerinden biri olan rengi bozunuma uğratarak düşünüyor.

RS

Diána Keller began producing videos at the Department of Intermedia at the University of Fine Arts in Budapest where she graduated last year, and as recently as 2004 onwards, has been participating in exhibitions.

Her works focus on the contrast between movement and immovability. Their theme is an artificial world that maintains a certain distance from reality, but is nevertheless created by humans, although they take no visible part in it. These videos are based on pre-composed situations, prepared in a studio environment where the artist plays the role of a highly intellectual creator of this world and its events.

One of the starting points of her most recent works is a contemporary play that reviews the main primordial elements of nature, such as light, fire and water. The work "Seven Fractures" (2006) displays in seven successive steps the manner in which a ray of light breaks up. This beam of light, given a geometric shape and guided forward by the artist in a series of steps produces an image of a constantly transforming sculpture, until which time it completely dissolves into the dark background. As a result, light, the creative element of this composition, eventually fades out and disperses.

Her other video titled "Still Life With Flowers" (2009), recalls a common painterly genre of art history: flowers in a bowl. Appearing banal only at first sight, this "nature morte" actually comes to life as the roses start to bleed their colour and gradually fade out into gray. This time-based work of (video) art thus reflects upon classical painting by decomposing one of its mimetic essences, colour.

RS

VKV-00219 ↪ 76
Çiçekli Natürmort |
Still Life with Flowers
2009
Mini DV, siyah-beyaz ve renkli |
b/w and colour
5'04"

William Kentridge

1955, Johannesburg (ZA)
Johannesburg'da yaşıyor ve çalışıyor.
Lives and works in Johannesburg.

Apartheid sonrası Güney Afrika'sının sanatçı ve gözlemci olarak en etkili figürlerinden William Kentridge'in, çizim, animasyon, heykel, tiyatro, performans ve sahne tasarımı gibi çeşitli alanlarda verdiği eserler arasında en çarpıcı ve unutulmaz işleri, animasyonlarıdır. Kentridge, ilk örneği "Johannesburg" (1989) olan bu yapıtları üretirken kullandığı aynı kağıdın üzerine füzenle çizmek, silmek ve yeniden çizmekten oluşan benzersiz tekniğiyle animasyonlarına gerçek anlamda hareket, anlam ve hayat kazandırır. Aldığı tiyatro eğitimi ve 1975'ten bu yana gerçekleştirdiği sayısız yapım, Kentridge'in üretim aracı haline gelen bu tek ve anlamlı jesti geliştirmesinin yanında, diğer işlerinin kavramsal temelini oluşturan etkenlerden biridir.

Gölge, sanatçının tekrar tekrar geri döndüğü ve çizimlerinde, heykellerinde, duvar işlerinde kullandığı motiflerden biridir. Biçimsel olarak gölge üzerine kurulu ilk işleri olan "Gölge Alayı" (1999), tiyatro yapımları "Sabaha Karşı 4'te Zeno" ve çok sevdiği romancı Italo Svevo'ya bir selam niteliğindeki "Zeno'nun İtirafları"nı (2000) takiben, Kentridge gölgelere maddi biçim kazandırmakla ilgilenmeye başladı ve bronz heykeller üretti.

Kentridge'in "gölge" temasına nasıl yaklaştığını tiyatro analojisi aracılığıyla düşünmek gerekir: Tiyatro sahnesinde bedenler ve yüzler görürüz; yüz ifadeleri psikolojiye, iç dünyaya dair bilgi verirken, bedenler başka bir hikâye anlatır. Kentridge, dünyayı psikolojik bir perspektifle anlayamayacağımızı hatırlatmak ister bize —tıpkı nesneler dünyasını dokular, renkler ve detaylar gibi aslında görme eylemiyle aramıza giren aracılarla değil, ifadesiz gölgelerle anlayabileceğimiz gibi. "Telefon" (1999), sanatçının "gölge" kavramsallaştırmasının çarpıcı örneklerinden biri: Bu bronz gibi temel bir malzemeyle üretilmiş, konturdan ibaret telefonun gölgesi, tek boyutlu fiziksel bir varlık kazanıyor. Kentridge bizi, gölgelere bakarak aslında bildiğimiz, ama bildiğimizi bilmediğimiz bir şeyi yeniden keşfetmeye davet ediyor.

İB

As an artist and observer, William Kentridge is one of the most influential figures in post-apartheid South Africa; and within his body of artistic output covering diverse fields such as drawing, animation, sculpture, drama, performance and stage design, the most striking and unforgettable works are his animations. Kentridge uses an unprecedented technique in producing these works, as first exemplified in "Johannesburg" (1989), which involves drawing with charcoal, erasing and re-drawing on the same sheet of paper—a process which imbues his animations with a palpable sense of movement, with meaning and life. His training in the theatre and the innumerable productions he has been involved since 1975 constitute one of the factors that led him to develop this singularly meaningful approach which became his means of production, and laid the conceptual foundation for his other works.

The shadow is one of the motifs the artist returns to time and again, using it in his drawings, sculptures and murals. Following his first works structurally based on the shadow, which are "Shadow Procession" (1999), his theatrical plays "Zeno at 4 a.m." and "Confessions of Zeno" (2000), a tribute to his favourite novelist Italo Svevo, Kentridge became interested in the conception of imparting solid substance to shadows, in pursuit of which he produced bronze sculptures.

One may seek to understand Kentridge's approach to the theme of "the shadow" through the analogy of the theatre: on the stage we see faces and bodies; the former tell us about psychology and the inner world, whereas the latter have a different story to tell. Kentridge wants to remind us that we cannot grasp the world through a psychological perspective—just as we can only comprehend the world of objects through expressionless shadows, and not through intrusive intermediaries like texture, colour and details that stand between seeing and ourselves. "Telephone" (1999) is one of the striking examples of the way the artist conceptualises "the shadow": the shadow of a telephone, represented by a curved shape made of a basic material like bronze, gains a one-dimensional physical existence. Kentridge invites us to rediscover, by looking at shadows, something we actually know, but were not aware that we did.

İB

VKV-00034 ↪ 79
Telefon | Telephone
1999
Bronz | Bronze
25 × 19 × 25 cm
Ed. 1/14
Fotoğraf | Photo © Murat Germen

Alison Knowles

1933, New York (US)
Barrytown, New York'ta yaşıyor ve çalışıyor.
Lives and works in Barrytown, New York.

Alison Knowles'un besin maddelerine olan ilgisi kendi ifadesine göre 1950'lerin başında yabani mantar toplamayla başladı. Pratt Enstitüsü'ndeki resim eğitiminden sonra, izleyen yıllar, özellikle George Maciunas ve kendisi gibi New York Mikoloji Topluluğu üyesi olan John Cage ve Dick Higgins ile karşılaşmalarıyla şekillendi.

Knowles, Higgins ve başkaları ile birlikte Avrupa ve Amerika'da pek çok Fluxus *event*'inde aktif rol oynadı ve çeşitli festivallere katıldı. Fluxus performansları dışındaki işlerini kitap nesnelerinde ya da "ACE Sargı Bezi" (1974) gibi asamblajlarda farklı biçimlerde bir araya getirdiği çeşitli malzemelerle çalışmalar biçimlendiriyor.

Eşi Higgins'le Something Else Press yayınevindeki işbirliği ona yayınlarda ve sanat kitaplarında birlikte çalışma, grafik becerilerini kullanma ve kitap nesneleri yaratma olanağı sağladı. Dil ve şiir onun için her zaman anlamlı oldu, bunları levhalarda ve "Kağıt Şiirleri" (1971) gibi grafiklerde ya da günümüzde hâlâ yayınlanmakta olan radyo oyunlarında kullandı.

SS

According to Alison Knowles, her interest in food was aroused in the late 1950s while foraging for wild mushrooms. After studying painting at the Pratt Institute, the following years were shaped by formative encounters with George Maciunas and, above all, John Cage and Dick Higgins, who were fellow members of the New York Mycological Society.

Together with Higgins and others, Knowles played an active part in many Fluxus events in Europe and the USA, and travelled to various festivals. Outside of the Fluxus performances, her work features a wealth of diverse materials that she brings together in the most ingenious ways; in book objects or in assemblages such as "ACE-Bandage" (1974).

Working with her husband Dick Higgins at Something Else Press gave her the opportunity to collaborate on editions and artists' books, deploy her graphic skills, and create book objects. Language and poetics are always important for her, finding expression in posters and prints such as the "Paper Poems" (1971), and works for radio that are still being broadcast.

SS

VKV-00306 ↪ 118
ACE Sargı Bezi | ACE-Bandage
1974
Ahşap kutu içinde asamblaj |
Assemblage in wooden box
93 × 83 × 10 cm
Fotoğraf | Photo © Uwe Walter, Berlin

Servet Koçyiğit

1971, Kaman (TR)

Amsterdam ve İstanbul'da yaşıyor ve çalışıyor.
Lives and works in Amsterdam and Istanbul.

Servet Koçyiğit fotoğraf, video, metin ve enstalasyon gibi farklı araçlar kullanarak şiirsel ve muğlaklıktan uzak bir yapıt bütünü geliştiriyor. Sanatçının yapıtları genellikle gerçekliği ve günlük yaşamda bizi çevreleyen şeylerle ilgili kavrayışımızı ele alıyor. Globalle yereli birleştiren Koçyiğit, farklı yerlerde benzer durumlar, sorunlar ve çatışmalar yaşandığına dair inancını dile getiriyor. Dolayısıyla çeşitli araç ve konulardan oluşan yapıtlarında temalarını yerelleştirmemeyi yeğliyor.

Servet Koçyiğit'in yapıtlarında anlam, farklı bağlamlarda ve bizzat bu bağlamlar tarafından oluşturuluyor. Örneğin "Everything" (2009), yalnızca erkeklik ve kadınlığa değil, dilin kendisine de gönderme yapan, el yapımı bir tığ işi metin. Önyargıları ele alan bu yapıt, "Doğru mu?" sorusunu sordurmayı hedefliyor. Koçyiğit'in diğer metin yapıtları gibi bu da ilk bakışta dev birer önermeye benziyor, ama zamanla neredeyse boş ve anlamsız hale geliyor, olumlu ya da olumsuz her türlü yan anlamdan sıyrılıyor. Yapıtın üretim süreci de bu "dil saçmalığı"nı kanıtlamaya yönelik: Yapıtın tamamı, en sonunda bir iddiada bulunmak için aylar boyunca harcanmış el emeğine dayanıyor, bu da konuşma sürecinin yavaşlatılması olarak yorumlanabilir.

Koçyiğit'in yapıtlarına bir başka örnekse "You'll Never Walk Alone" ("Asla Yalnız Yürümeyeceksin") adlı popüler şarkıya gönderme yapan "Uğruna Ölmek" (2003) adlı video. İlk olarak 1945'te bir Broadway oyunu için yazılmış olan bu şarkı, yıllar içinde pek çok farklı grup tarafından yorumlandı ve sahiplenildi. Bu video, sanatçının kendi yorumunu sunuyor. İlk olarak II. Dünya Savaşı sırasında görev yapan İngiliz askerlerine adanmış olan şarkı, daha sonra gay hakları grupları, Hıristiyan toplulukları ve futbol taraftarları tarafından kullanıldı. Videoda sanatçı yerde yatarken, Liverpool Stadyumu'nda şarkıyı söyleyen 20.000 taraftarın ses kaydını duyuyoruz. Bir aşamada bu seslere sanatçının sesi de katılıyor, ardından göğsünden çeşitli renklerde kuşlar çıkıyor ve etrafta uçmaya başlıyor.

CW

Servet Koçyiğit develops a body of poetic, unambiguous works, using diverse media, like photography, video, text and installations. His works deal mainly with reality, with our understanding of the things surrounding us in everyday life. Merging the global and the local, Koçyiğit expresses his belief that similar situations, issues and conflicts apply across different locations. Thus, in his works consisting of various media and subjects, he prefers not to localise his themes.

In Servet Koçyiğit's works, the meaning is formed by and within different contexts. For example, "Everything" (2009), is a hand-made crocheted text work which makes allusions not only to the idea of masculinity and femininity, but also to language itself. Dealing with prejudices, the work aims to propose the question: "Is it True?" Like Koçyiğit's other text works, at first glance this also looks like a huge statement, yet becomes almost empty and meaningless in time while not having any positive or negative connotations. The production process of the work also proves this "absurdity of language": the entire work is the result of months of handcrafting for the ultimate purpose of claiming something, which can be interpreted as a slowing down the process of speaking.

Another example of Koçyiğit's works is the video entitled "To Die For" (2003), which refers to the popular song "You'll Never Walk Alone". The song, which was originally written for Broadway in 1945, has been taken up, reinterpreted and appropriated by many different groups over the years. The video introduces the artist's own rendition of the song. First adopted as a dedication to British soldiers serving in the Second World War, the song was taken up consecutively by gay rights groups, Christian communities and football fans. We observe the artist lying on the floor, as we hear the voices of 20,000 football fans singing the same song, recorded live at Liverpool Stadium. Eventually they are joined by the artist's voice, whereupon birds of various colours emerge from his chest, and fly around.

CW

VKV-00218 ↪ 58
Everything
2009
Tığ işi harfler, iplikler ve çerçeve | Crocheted letters, threads and frame
160 × 320 × 10 cm
Ed. 1/2

VKV-00035 ↪ 59
Uğruna Ölmek | To Die For
2003
Video
Renkli, sesli | Colour, sound
6' 24"
Ed. 1/5

Július Koller

1939, Piešt'any (SK) – **2007, Bratislava** (SK)

Július Koller 1959'dan 1965'e kadar Bratislava'daki Güzel Sanatlar Akademisi'nde öğrenim gördü ve bu dönemde yaptığı resimlerde şehir manzaraları ve mekân analizleriyle ilgilendi. Gayrıresmi Slovak sanat dünyasının en önemli temsilcilerinden biriydi ve 1960'lı yılların ortasından itibaren Nouveau Réalisme (Yeni Gerçekçilik), Happening, Fluxus ve Situasyonist Enternasyonal gibi akımlarla karşılaşmasının etkisiyle oyunsu bir ironiyle şekillenen tamamen kendine has bir yapıtlar bütünü geliştirdi. 1965 yılında "Anti-Happening (Sübjektif Objektivitenin Sistemi)" isminde, "öznenin bilinçlilik, çevre ve hakiki dünya üzerine yeniden inşa edilmesini" amaçlayan bir manifesto yayınladı. Sanata yönelik şüpheci tutumu kendisini başka anti-happening'lerde, anti-resim'lerde ve anti-*Environment*'larda da gösterdi. Bu şekilde, yok-sergi'ler için yok-davetiyeler bastırdı ya da 1970 yılında bir serginin ziyaretçilerini pinpon oynamaya davet etti. Koller bu eserleriyle bir yabancılaşma efektini ya da mizahi bir unsuru amaçlamıyordu, ona göre kavramsal tavırlar ve nesneler daha sık sergilenmeli, kültürel etkinlikler (yani "gösteri operasyonları") artırılmalıydı ki böylece mekân ve durumların işlev ve işgalleri üzerine tekrar düşünülsün ve sanat yapıtının gerçekliğinin doğrudan deneyimi izleyiciye iade edilebilsin.

BH

Július Koller studied at the Academy of Fine Arts in Bratislava from 1959 to 1965, a period in which he was painting cityscapes and analyses of space. He was among the most important representatives of an unofficial art scene in Slovakia; and on the basis of encounters with Nouveau Réalisme, Happenings, Fluxus and the Situationist International, from the mid-1960s onwards he developed a completely original and playfully ironic body of work. In 1965 he published a manifesto titled "Anti-Happening (System of Subjective Objectivity)" that aimed at "culturally forming a new subject, at awareness, at the environment and the real world". His sceptical stance towards art in turn found expression in anti-Happenings, anti-pictures and anti-Environments. He printed un-invitations to non-exhibitions, or invited visitors to play ping-pong in a 1970 exhibition. Koller was not interested in alienation or the humourous aspects of a situation, but rather in presenting conceptual activities or objects, and creating cultural events (so-called "demonstrative operations"), thereby providing the means to reflect on the functioning and instrumentality of places and situations, and so that the direct experiencing of the reality of the work of art might be restored to the viewer.

BH

VKV-00041 ↪ 194
Çal Kültürel Durum | Play Cultural Situation
2007
Piyano ve ağlarla enstalasyon | Installation with piano and nets
Değişen boyutlar | Variable dimensions
Fotoğraf | Photo © Murat Germen

Jarosław Kozłowski

1945, Śrem (PL)
Poznán'da yaşıyor ve çalışıyor.
Lives and works in Poznán.

Jarosław Kozłowski 1969'dan beri Poznán'da Görsel Sanatlar Akademisi'nde ders veriyor. NET (alternatif ağ) girişimi aracılığıyla 1972'de Andrzej Kostołowski ile birlikte uluslararası sanatçılarla iletişime geçti, ancak çalışmaları polis soruşturmaları tarafından sıklıkla engellendi. Fluxus sanatçılarıyla da bağlantıları oluştu ve böylelikle 1977'de kurduğu

Galeria Akumulatory 2'de (1972–1989) bir Fluxus festivali gerçekleşti. 1991'den 1993'e dek Varşova'da Çağdaş Sanat Merkezi'nde küratör olarak çalıştı.

Kozłowski, enstalasyonlar, çizimler, nesneler ve performanslarla çalışan bir kavramsal sanatçı. Zaman ve uzamı, dili, sesi ve bedeni inceliyor. Fluxus'la ilişkisi, sanatçının üzerinde güçlü bir etki bıraktı: Mizahi, ironik ve kısmen paradoksal bir çerçeve, yapıtlarını belirler hale geldi.

Işık enstalasyonu "Retorik Figürler II" 2006'da Belgrad'da 47. October Salon "Art, Life & Confusion" (Sanat, Yaşam ve Karmaşa) için gerçekleştirildi. Küçük bir kutudaki kırmızı bir ışıkla "No News from..." (...'dan Haber Yok) yazısı görülüyor, bunu tüm dünyadan 23 şehrin isimleri izliyordu. Bu enstalasyon Kozłowski'nin dilin kullanımına ve böylelikle belirgin olarak olanaklarına ve sınırlarına dikkat çektiği, bugüne dek dört parçası yapılmış bir dizinin ikinci kısmıydı.

KG

Jarosław Kozłowski has been teaching at the Academy of Fine Arts in Poznán since 1969. He and Andrzej Kostołowski established contacts with international artists in 1972 through their action called NET (an alternative network), yet police investigations repeatedly hindered their work. Contacts with Fluxus artists were also established and in 1977, it was possible for a Fluxus festival to take place at the gallery Kozłowski had opened, Galeria Akumulatory 2 (1972–1989). From 1991 to 1993, he was a curator at the Centre for Contemporary Art in Warsaw.

The conceptual artist works with installations, drawings, objects and performances. Kozłowski investigates space and time, language, sound and the body. He was strongly influenced by his involvement with Fluxus: since then, a humorous, ironic, at times paradoxical framework has characterised his work.

The light installation "Rhetorical Figures II" was realised in 2006 for the 47th October Salon "Art, Life & Confusion" in Belgrade. A red neon sign in a small box announces "No News from...", followed by the names of 23 cities around the world. This installation is the second of what is now a four-part series in which Kozłowski makes reference to the use of language, with pointed emphasis on its possibilities and limits.

KG

VKV-00101 ↪ 183
Retorik Figürler II | Rhetorical Figures II
2006
Sanatçı tarafından tasarlanan bir kutuda
neon yazı | Neon writing in a box designed by the artist
Ed. 10
25,5 × 100 × 3 cm
Fotoğraflar | Photos © Uwe Walter, Berlin

Arthur Köpcke

1928, Hamburg (DE) – **1977, Kopenhag | Copenhagen** (DK)

Büyük ölçüde kendi kendini eğitmiş bir sanatçı olan Arthur Köpcke, daha 1940'lı yılların ortasında resim, kolaj ve edebiyatla ilgilenmeye başlamış ve bu yıllarda Dada, Sürrealizm ve Rus Fütüristlerinden etkilenmişti. 1958'de Danimarkalı eşi ile beraber Kopenhag'da, Nouveau Réalisme (Yeni Gerçekçilik) sanatçılarını ve Daniel Spoerri, Jean Tinguely, Dieter Roth, Piero Manzoni, Robert Filliou, Al Hansen ve Emmett Williams gibi Fluxus sanatçılarının eserlerini sergileyen Galeri Köpcke'yi açtı. Köpcke, galeri faaliyetleriyle ve pek çok Fluxus *event*'inin katılımcısı ve düzenleyicisi olarak Fluxus'un İskandinav dünyasındaki anahtar ismi oldu.

Köpcke'nin kapsamlı sanat yapıtı, tahta ve parşömen resimlerin, kolajların ve asamblajların yanısıra nesneleri ve edebi çalışmaları da kapsıyor. 1963–65 arasında ortaya çıkan "reading/work-pieces-manuscript," (okuma/iş-parçalar-el yazması) sanat eserlerindeki farklı dalları birleştiriyor. Gazete kupürleri, partisyonlar, taslaklar, resimler ve metin parçalarından oluşan bu el yazması hem bir fikir kataloğu hem de bir eser dizini. Köpcke el yazmasında doğrudan izleyiciye hitap ediyor: Kullanım talimatları bizi düşünmeye ve aktif katılıma davet ediyor. İcra edilmesi şart olmayan, kavram olarak da geçerli olan bir oyun olarak "piece" (parça) prensibi Köpcke'nin sonraki çalışmalarının da temelini oluşturuyor.

KK

Largely self-taught as an artist, it was in the mid-1940s when Arthur Köpcke first became involved with painting, collages and literature, a time when he was influenced by Dada, Surrealism and the Russian Futurists. In 1958, he and his Danish wife opened Gallery Köpcke in Copenhagen, which showcased artists associated with Nouveau Réalisme and Fluxus, such as Daniel Spoerri, Jean Tinguely, Dieter Roth, Piero Manzoni, Robert Filliou, Al Hansen and Emmett Williams. Through his gallery activities, and as a participant and organiser of many Fluxus events, Köpcke became a key figure in Fluxus in Scandinavia.

Köpcke's substantial artistic oeuvre includes objects and literary works in addition to paintings and scrolls, collages and assemblages. The "reading/work-pieces-manuscript", created between 1963 and 1965, brings together diverse strands of his work. A collage of newspaper clippings, scores, sketches, illustrations and text fragments, the manuscript is simultaneously both a catalogue of ideas and a catalogue of works. In the manuscript, Köpcke directly addresses the observer: the instructions challenge us to think and actively participate. The principle of the "piece", a work that doesn't necessarily have to be performed but is equally valid as a concept, is also effective in Köpcke's other works.

KK

VKV-00310 ↪ 121
Puderbild
Pudra-resim | Powder-painting
1973
Üstüste grafik baskı, toz boya |
Overworked graphic print, pigment
37 × 26 × 2 cm (çerçeveli | with frame)
Fotoğraf | Photo © Werner Zellien, Berlin

VKV-00311 ↪ 120
...'nın bir Portresi | A Portrait of...
1966
Asamblaj. Ahşap üzerine monte edilmiş çeşitli objeler | Assemblage. Various objects mounted on wood
46 × 76 × 9 cm
Fotoğraf | Photo © Uwe Walter, Berlin

Konrad Lueg

1939, Düsseldorf (DE) – **1996, Düsseldorf** (DE)

Konrad Lueg, Sigmar Polke ve Gerhard Richter birbirlerini okul yıllarından tanıyordu ve daha sonra bir sanatçı grubu kurmasalar da arkadaşlık bağıyla bir arada kaldılar. Konrad Lueg ve Gerhard Richter 1963'te "Kapitalist Gerçekçilik" için bir gösteri düzenleyerek yıllarca kendileriyle özdeşleştirilecek olan bir kavramı biçimlendirmiş oldular. 1968'te Lueg, adını ve sanatsal uğraşını değiştirerek Konrad Fischer adıyla bugün efsanevi olan kavramsal ve minimal sanat galerisini kurdu.

"Krumme Lanke" isimli resmi, 1965'te sanatçılara Batı Berlin fenomeniyle ilgilenmeye yönelik yapılan bir daveti izleyen Hommage à Berlin (Berlin'e Saygı) sergisine katkı olarak ortaya çıktı. Joseph Beuys, KP Brehmer ya da Wolf Vostell gibi sanatçılar yapıtlarında politik itiraflarda bulunurken, Richter, Charlottenburg Şatosu'ndaki mobilyalardan bir barok masanın resmini yaptı, Sigmar Polke Berlin dışında Batı Almanya'da "Berliner" olarak bilinen bir hamur işini (fırıncısıyla beraber) resimledi, Konrad Lueg de apresiz tuval üzerine Berlin'in şehir manzarasını oluşturan pek çok gölden birinin konturlarını çizerek fosforlu boyayla adını ekledi.

RB

They knew each other from their student years at the Düsseldorf Academy and remained friends thereafter, even though they did not form an artists group: Konrad Lueg, Sigmar Polke und Gerhard Richter.

In 1963, Konrad Lueg and Gerhard Richter carried out a Demonstration for Capitalist Realism, coining a term that would come to identify the artists for some years. Lueg changed his name and his field of artistic activity in 1968 and, as Konrad Fischer, founded his now legendary gallery for conceptual and minimalist art.

Lueg painted "Krumme Lanke" in 1965 as his contribution to Hommage à Berlin, an exhibition that invited artists to address the phenomenon of West Berlin. While artists such as Joseph Beuys, KP Brehmer and Wolf Vostell produced works that made political statements, Richter painted a piece of furniture—a baroque table from Berlin's Charlottenburg Castle; Sigmar Polke painted a bakery item (together with baker), that was known in West Germany as a "Berliner"; and Konrad Lueg painted on an unprimed canvas the contours of one of the many lakes dotting the landscape of greater Berlin, adding its name in glowing colour.

RB

VKV-00314 ↪ 78
Krumme Lanke
Krumme Lanke Gölü |
Lake Krumme Lanke
1965
Keten bez üzerine akrilik ve kağıt harfler |
Acrylic and paper letters on linen
115 × 146 cm
Fotoğraf | Photo © Uwe Walter, Berlin

George Maciunas

1931, Kaunas (LT) – **1978, Boston, Massachusetts** (US)

George Maciunas, 1960'lı yılların başında ABD, Avrupa ve Japonya'dan sanatçılardan oluşan bir çemberi Fluxus adı etrafında birleştirdi. Bu ağ hem sanatçı ve sanat yapıtı hem de sanat işletmesi etrafındaki külte sırtını çeviriyordu: Sanat satın alınabilir olmalı, keyif vermeli ve kolay anlaşılır olmalıydı. Maciunas Fluxus'un başkanı olarak toplantılar düzenleyip yayınlar yaptı ve finans sorunlarıyla uğraştı.

"Piyano Parçası" (1970), Maciunas'ın oyunlarından birinin Ben Vautier tarafından yapılan yorumundan artakalandı. Oyun bir çekiçle bir piyanonun tuşlarına çiviler çakılmasını içeriyordu. Bu vahşi hareket Batılı, kentsoylu "klasik" müziğin bir sembolü olan piyanoya yönelmişti ve onu susturmayı amaçlıyordu. Bir yandan da müzik aletinin, tellere çekiçlerle vurulmasını içeren mekanik çalışma şekline işaret ediyordu. Maciunas'a göre bu gibi el hareketlerinin sesleri "çok daha belirgin bir biçimde çekicin sertliğine, bir piyanonun ses gövdesinin boşluğuna ve telin rezonansına dikkat çektiklerinden daha esaslı ve somuttu." "Flux Pinpon" (1976), alışılmamış bir pinpon setiydi: Oyun masası ikiye bölünmüş, kırılmış ve delinmişti, oynayan tarafların alanlarını ayırmaya yarayan ağ yoktu. Raketler değiştirilmiş, hatta uygunsuz ev eşyaları eklenmişti. Oyunun akışı mantıktan ve stratejik hesaplanabilirlikten yoksun olduğundan, oyuncuların öngörülemeyen top hareketlerine ve seslere uyum sağlamak için çaba göstermeleri gerekiyordu. Öte yandan oyun 1970'lerin "pinpon diplomasisi"yle de ilişkilendirilebilir.

TM

Early in the 1960s, George Maciunas attracted a circle of artists from the USA, Europe and Japan around him under the banner of Fluxus. The network was opposed to the cults of the artist and work of art, and to the art market as well: art was supposed to be affordable, fun, and easy to understand. As the chairman of Fluxus, Maciunas organised events, issued publications, and dealt with financial matters.

"Piano Piece" (1970) is a relic of Ben Vautier's performance of one of his pieces, which involved nails being hammered into the keys of a piano. The brutal gesture directed against the piano, as the symbol of Western bourgeois "classical" music, rendered it mute. At the same time, it alluded to the instrument's mechanical functioning, in which strings are hit by hammers. According to Maciunas, the noise created by his approach is "more material and concrete, since it indicates in a much clearer manner the hardness of the hammer, hollowness of the piano sound box, and resonance of the strings."

"Flux Ping-Pong" (1976) is an unorthodox table tennis set: the ping-pong table is cut in half, skewed, and drilled with holes; the net that ought to separate the players' sides is missing. The paddles have been tinkered with, and are even studded with inappropriate household objects. Players must become accustomed to the unpredictable behaviour of the ball and the noises, while the game proceeds without logic and calculated strategic moves are impossible. The game can also be associated with the "ping-pong diplomacy" of the 1970s.

TM

VKV-00202 ↪ 87
Piyano Parçası | Piano Piece
1970
Piyano, çiviler | Piano, nails
130 × 140 × 65 cm
Fotoğraf | Photo © Murat Germen

VKV-00143 ↪ 86
Flux Pinpon | Flux Ping-Pong
1976
Yeniden düzenlenmiş pinpon masası ve raketi | Reworked ping-pong table and ping-pong-bat
135 × 275 × 76 cm
Fotoğraf | Photo © Murat Germen

Walter Marchetti

1931, Canosa di Puglia (IT)
Milano'da yaşıyor ve çalışıyor.
Lives and works in Milan.

Marchetti çocukluğundan itibaren çok farklı işlerde çalıştı, örneğin tarım işçiliği, duvarcılık, eyercilik, şarap tüccarlığı, kaynakçılık, cam fabrikasında işçilik, tornacılık, çilingirlik, posta memurluğu, bir müzik ve plak dükkânında satıcılık, müzik danışmanlığı, ses teknisyenliği, çevirmenlik, sanat galerisi yönetmenliği ve basımevinde dizgicilik yaptı... Müzisyen olarak kendi kendini eğitti, fakat 1954–56'da besteci ve şef Bruno Maderna'yı tanıyınca onun aracılığıyla 1958'de Darmstadt'da Yeni Müzik İçin Yaz Kursları'nda John Cage'le, David Tudor'la ve başka bestecilerle tanıştı. 1964'te İspanyol besteci Juan Hidalgo ile birlikte Madrid merkezli çalışan ve Fluxus'tan ilham alan performansları ile tüm önemli çağdaş müzik festivallerinde ve ayrıca müze ve galerilerde sahne alan ZAJ grubunu kurdu. 1970'lerden beri piyanonun hem enstrüman hem de heykel olarak çağrışımlara açık bir nesne olduğu bireysel işler Marchetti'nin sanat çalışmalarının merkezinde duruyor. "Sesler, müziğimdeki en son şeydir: gerekli değildirler, boşturlar." Son dönem çalışmalarını, genellikle "klasik" temaların parodisiyle bağlantılı olarak müziğin görselleştirilmesi karakterize ediyor. Böylelikle Nam June Paik'in bestesi "Keman için Solo"dan kırılmış bir kemanın küçük parçaları su dolu bir akvaryuma atılarak Georg Friedrich Händel'den 250 yıl sonra yeni bir "Su Müziği"ne dönüşüyor.

RB

Since childhood, Marchetti has worked in the most varied types of occupations, including harvester, bricklayer, saddler, wine merchant, welder, glass factory craftsman, lathe operator, locksmith, postman, music and record shop salesman, music consultant, sound engineer, translator, gallerist, and print shop typesetter. As a musician he is self-taught, but in 1954/56 he became acquainted with the composer and conductor Bruno Maderna, and through him met John Cage, David Tudor and other composers at the 1958 Darmstadt International Summer Course for New Music. In 1964, he and the Spanish composer Juan Hidalgo founded Gruppe ZAJ, which operated out of Madrid and presented Fluxus-inspired performances at all the important contemporary music festivals, as well as in museums and galleries. Since the 1970s, his artistic work has centreed on solo performances in which the piano—as both instrument and sculpture—is his preferred vehicle for associations. "Sounds, in my music, come last: they are non-essential and empty." His later work is characterised by the visualisation of music, often linked with parodies of "classical" themes. And so he tosses the small shards of a shattered violin from Nam June Paik's composition "Solo for Violin" into an aquarium filled with water, creating a new "Water Music" 250 years after Georg Friedrich Händel.

RB

VKV-00315 ↪ 126
Wassermusik
Su Müziği | Water Music
1981
Akvaryum, su, keman parçaları |
Aquarium, water, parts of violin
35 × 60 × 30 cm
Fotoğraf | Photo © Uwe Walter, Berlin

Olaf Metzel

1952, Berlin (DE)
Münih'te yaşıyor ve çalışıyor.
Lives and works in Munich.

Olaf Metzel bilinçli olarak provoke edici içerikte heykel işleri üretiyor. Makineleri araç gereç ve hurdayı malzeme olarak kullanmak suretiyle klasik heykelle bağlarını koparıyor.

1990'da 8. Sydney Bienali için birkaç metal dolap üzerinde elektrikli testereyle çalıştı. Bu dolapları Bienal mekânlarından biri olan terk edilmiş bir gümrük deposunun (*Bond Store*) tavan arasında bulmuştu. Serginin bitmesinin ardından 12 ünite tekrar işlenerek ve yeniden biçimlendirilerek bir edisyon olarak ortaya çıktı. Sivri kesikler, eskiden kilitlenebilir olan yeşilimsi-bej dolapların içine yeni bir bakış olanağı kazandırıyor. Dolaplar işlevlerinden yoksun olarak odada yıkımın sessiz tanıkları olarak bulunuyor. İzleyici onların etrafında yürüyebilir ancak dikkat etmeli: Metallerin kesilen kenarları bıçak gibi keskin.

Riga'daki Bakanlıklar Binası'na yapılacak bir duvar resmi için hazırladığı tasarımda sanatçı varolan fotoğraflarla çalıştı. Altı parçalı dizi "Tomsky'den Esinlenerek" (1991) fotoğraf sanatçısı Ulrich Görlich'le bir ortak çalışma. Görlich bir fotoğraf emülsiyonunu doğrudan alçıpana uyguladı. Ardından Metzel'in burgusu, yüzeyi bir çizim kalemi gibi işleyerek fotoğrafları tanınmaz hale gelene dek yabancılaştırdı. Fotoğraflar Sovyet sanatçı Nikolai Tomsky'nin (1900–1984) komünizmi yücelten heykellerinden bazılarını gösteriyor. Görlich ve Metzel bu fotoğrafları Letonya'nın Riga kentinde yayımlanan dergilerden edindiler ve ortaya fotografik öğeler taşımakla birlikte, aynı zamanda bir rölyef olduğundan tek bir tür içinde sınırlandırılamayan bir dizi çıktı.

KG

Olaf Metzel intentionally creates potentially provocative material with his sculptural works. He breaks with classical sculpture by using machines as his tools and scrap metal as his medium.

For the 8th Biennale of Sydney in 1990, Metzel worked on a number of metal lockers with the help of a chainsaw. He had discovered them in the attic of an abandoned Bond Store, one of the Biennale venues. After the exhibition ended, 12 units were further reworked and reshaped, and brought out as an edition. Jagged gashes offer new views into the innards of the once lockable greenish-beige lockers. Now robbed of their function, they stand as mute witnesses to destruction. The viewer can walk around them, but be warned: the metal edges are sharp as knives.

For the design of a mural in the House of Ministries in Riga, the artist treated existing photographs. "After Tomsky" (1991), a six-part series, is a collaborative work with the photographer Ulrich Görlich. Görlich applied a photographic emulsion directly to plasterboard, then Metzel's router scored the surface like a stylus, altering the photographs beyond recognition. The pictures depict a number of sculptures glorifying communism, by Soviet artist Nikolai Tomsky (1900–1984). Görlich and Metzel obtained these photos from magazines published in the Latvian city of Riga and series that resists classification in any one genre was created, for it includes photographic elements and is also a relief.

KG

VKV-00203 ↪ 188
Gümrük Deposu Dolapları |
Bond Store Lockers
1990
3 parçadan oluşan metal heykel |
Metal sculpture in 3 parts
Ed. 12
219 × 130 × 72 cm
Fotoğraf | Photo © Murat Germen

VKV-00105 ↪ 185
Olaf Metzel (Ulrich Görlich'le birlikte |
In cooperation with Ulrich Görlich)
Nach Tomsky, Wolgograder Arbeiter
Tomsky'den Esinlenerek, Wolgogradlı İşçi | After Tomsky, Worker from Wolgograd
1991
Alçı zemin üzerine fotoemülsiyon, alçı, kömür | Photoemulsion, plaster, coal on plastercarton
150 × 50 × 3 cm (çerçeveli | framed)
Fotoğraf | Photo © Hadiye Cangökçe

VKV-00103 ↪ 184
Olaf Metzel (Ulrich Görlich'le birlikte |
In cooperation with Ulrich Görlich)
Nach Tomsky, Lenin
Tomsky'den Esinlenerek, Lenin |
After Tomsky, Lenin
1991
Alçı zemin üzerine fotoemülsiyon, alçı, kömür | Photoemulsion, plaster, coal on plastercarton
150 × 50 × 3 cm (çerçeveli | framed)
Fotoğraf | Photo © Hadiye Cangökçe

VKV-00106 ↪ 186
Olaf Metzel (Ulrich Görlich'le birlikte |
In cooperation with Ulrich Görlich)
Nach Tomsky, Matrose
Tomsky'den Esinlenerek, Denizci |
After Tomsky, Sailor
1991
Alçı zemin üzerine fotoemülsiyon, alçı, kömür | Photoemulsion, plaster, coal on plastercarton
150 × 50 × 3 cm (çerçeveli | framed)
Fotoğraf | Photo © Hadiye Cangökçe

VKV-00107 ↪ 187
Olaf Metzel (Ulrich Görlich'le birlikte | In cooperation with Ulrich Görlich)
Tomsky'den Esinlenerek, Özgürlüğün Savunulması için Anıt | Nach Tomsky, Monument for the Defense of Freedom
1991
Alçı zemin üzerine fotoemülsiyon, alçı, kömür | Photoemulsion, plaster, coal on plastercarton
150 × 50 × 3 cm (çerçeveli | framed)
Fotoğraf | Photo © Hadiye Cangökçe

Mandana Moghaddam

1962, Tahran | Tehran (IR)

Gothenburg ve Tahran'da yaşıyor ve çalışıyor.
Lives and works in Gothenburg and Tehran.

Mandana Moghaddam, kişisel tarihinden esinlenerek göç, sürgün, toplumsal cinsiyet, din, iletişim ve yalıtılmışlık temaları etrafında gezinen, mit ve arketiplere göndermeler yapan heykel ve enstalasyon çalışmaları üretiyor. 1999 tarihli işi "Sürgün"de, rasgele çalarak sergiyi gezmekte olan birini dünyanın başka bir yerindeki birine bağlayan telefonlar, insani etkileşimin şeklen güçlenirken aynı zamanda zayıfladığı bir dünyada yaşadığımız daimi sürgünlüğe işaret ediyordu. Kamusal alanda gerçekleştirdiği "Kuyu" enstalasyonu (2008) ise kuyunun sembolik ve mitolojik rolüne vurgu yaparak farklı dilleri konuşan, farklı kültürlerden, rasgele insanları bir araya getiriyordu.

Moghaddam, "Chelgis" dizisindeki (2003–2007) dört enstalasyon çalışmasıyla, sorgulayıcı bakışını toplumsal cinsiyet, din, örtünme meselelerine ve kadının hayatına, bedenine dair temel mücadele alanlarına yöneltiyor. "Kırk örgülü kız" anlamına gelen Chelgis, Pers mitolojisindeki, şeytani bir ruh tarafından güzel bir bahçede esir alınan ama bu ruhu ne görebilen ne de duyabilen Chelgis'in hikâyesine gönderme yapıyor. Bu kötü ruh, insanlar acı çeksin diye bahçeye giden suyun yolunu kesmiştir ve onu yok etmenin tek yolu içinde tılsımını sakladığı hayat şişesini bulup kırmaktır.

Sanatçı, "Chelgis I"de, ortalama bir insan boyunda, baştan aşağı örgülü saçlarla kaplanmış bir kadın figürünü, Pers mitolojisindeki Chelgis gibi, bir camekânın içine hapsediyor. Cinsel çekiciliğin simgesi olan ve İslam dini tarafından örtülmesi emredilen saçlar, bu kez örtünün malzemesine dönüşüyor ve kadın bedeni, camekân ve saçlardan oluşan iki katmanlı bir temsil sisteminin içine hapsoluyor. "Chelgis I"in parlak örgülü saçları, kötü ruhun hayat şişesinin içindekini simgeliyorsa, bu hikâyedeki kötü ruh aslında kadını iktidarsız bir cazibe nesnesine dönüştüren erkek-egemen fantezi midir? Kamusal alanda kadın saçının bir telinin bile görülmediği 1970'ler İran'ından günümüze, örtünme etrafındaki tartışmalar dindarlık/siyaset ikiliğini güçlendirmeye hizmet ederken, "Chelgis I" kadın bedeninin temsiliyle ilgili soruları taze bir bakış açısıyla tekrar gündeme getiriyor.

İB

Mandana Moghaddam creates sculptures and installations inspired by her personal history, dealing with themes such as migration, exile, gender, religion, communication and isolation, while referring to myths and archetypes. The phones that ring in "Exile" (1990) connected a viewer walking through the exhibition to a person in another part of the world, pointing to the eternal exile we experience in a world of weakened as well as formally strengthened human communication. The installation entitled "The Well" (2008) emphasised the symbolic and mythological role of the well by bringing together a random set of people who spoke different languages and came from different cultures.

In the four installations from the "Chelgis" series (2003–2007), Moghaddam directs her inquisitive gaze at issues of gender, religion, veiling and fundamental areas of contention regarding women's lives and bodies. Literally "the girl with forty braids," *Chelgis* refers to the Persian mythological story of a girl who is held captive inside a blissful garden by an evil spirit, which she can neither see nor hear. The only way to destroy this evil spirit, who has prevented water from flowing into the garden to torture people, is to find and destroy the bottle of life in which it keeps its magic potion.

In "Chelgis I," the artist imprisons inside a glass case a female figure of average human height who is covered with braids from head to toe; much like Chelgis in Persian mythology. Symbolising sex appeal and required by Islam to be covered, her hair is transformed into the fabric of her veil, and the female body thus becomes imprisoned by a double-layered system of representation, made up of the case and the hair. If the shiny and braided hair of "Chelgis I" symbolises the contents of the bottle of life owned by the evil spirit, then is the latter actually the male-dominant fantasy that turns woman into a powerless object of desire? From the Iran of the 1970s, where even a single strand of a woman's hair could not be seen in public space, to the present day, debates about veiling have only served to strengthen the duality of religiousness/politics; but "Chelgis I" reiterates the questions regarding the representation of the female body from a fresh outlook.

İB

VKV-00046 ↪ 77
Chelgis I
2003
Örgülü saç tutamları, cam çerçeve |
Braided hair, glass frame
170 × 60 × 60 cm
Ed. 2/3

Aydan Murtezaoğlu

1961, İstanbul (TR)
İstanbul'da yaşıyor ve çalışıyor.
Lives and works in Istanbul.

Hak ve özgürlüklerin askıya alındığı ya da belirli imtiyazlarla paylaştırıldığı yerde; temsil ve mesafe, itaat ve sadakat üzerinden test ediliyor. Böyle bir varoluş sürecinde ödev bilincini; özel alanda ailenin, kamusal alanda resmi söylemin belirleyiciliğini; kurumsallaşmış zihniyet kalıplarındaki zihinsel boşluklarda, çocuk-kadın-hayvan oluşla, kadınlık eğretilemeleriyle, kadın-adam halleriyle düşündüm daha çok.

"Karatahta" (1992–2009) ve sonrasında kullandığım kolektif imgelerin izleyicide yarattığı çekingenlikle, tartışma açmak yerine yeni dokunulmazlık ve suskunluk alanları türettiğini fark edince, bu kez daha dolaylı bir yoldan, mahremden kamusala ulaşmaya çalıştım. Doğrudan aile fotoğraflarına başvuruşum ya da kolektif imgelere aile imgelerini dahil edişim bununla ilgilidir.

"İsimsiz" (2001), sessiz tanıklıkların, birbirini anakronik kılan farklı kategorilerin yan yanalığında, alfabedeki bir illüstrasyonu performe etmeye kalkışır. Oradaki barış temennisinin, olabilirlik-yapabilirlik-sürdürülebilirliğini deneyimler. Barış ahlaki, vicdani bir meseledir; araçsal akılla değil, aşkla/kendine mesafelenmeyle ilgilidir. Meseleyi ütopik yahut absürd kılan da budur bence. Rasyonel, söylemsel ve homojen bir dil türetmek yerine, vicdan hukuk üretmelidir; o zaman hayvanı kendi çevresinde, insanı da kendi dünyasında özgür kılabilmek mümkün olabilir düşüncesindeyim...

Tahmin edileceği gibi bu iş, gayet kaotik bir çekim evresinde, saniyelere tekabül eden böyle bir yan yanalığı ve ayakta kalışı, üzerine birlikte düşünebilmek için uzun bir *instant*/an'a dönüştürme niyeti taşır.

Aydan Murtezaoğlu

In a place where rights and liberties are suspended or handed out as privileges, representation and distance are tested on the basis of obedience and loyalty. It is during such a period of existence that I have often focused my thoughts on sense of duty; on the significance of the family in the private sphere, and of official discourse in the public sphere; together with being a child-woman-animal, the metaphors attributed to womanhood, and the affairs of women and men within the voids to be found in institutionalised mindsets. After I realised that the collective images I used in "Blackboard" (1992–2009) and later works had created a kind of apprehension in the audience, which in turn created new spaces of immunity and silence, I tried to use a more indirect approach in going from the private to the public. This is the reason behind my use of family photographs and inclusion of family images among collective images.

"Untitled" (2001) attempts to perform an illustration in an alphabet, by making use of the concatenation of silent witnesses and different categories that render each other anachronous. It provides an experience of the possibility-feasibility-sustainability of the yearning for peace therein. Peace is a matter of morals and conscience, not of utilitarian intellect; it has to do with love and standing at a distance to one's self. And this, I think, is what makes the issue utopian or even absurd. Instead of creating a rational, discursive and homogeneous language, conscience ought to produce law; only then will it be possible to give freedom to animals in their own environment, and to mankind in his own world...

As you can imagine, this endeavour hopes to transform a coexistence and mode of survival of this sort, which lasts for a matter of seconds in a considerably chaotic phase of attraction, into an enduring moment, during which we can all think together.

Aydan Murtezaoğlu

VKV-00048 ↪ 154–155
İsimsiz (Ramiz Gökçe'den sonra) |
Untitled (after Ramiz Gökçe)
4 fotoğraftan oluşan dizi |
Set of 4 photographs
2001
2 × (150 × 110 cm) & 2 × (110 × 150 cm)
Ed. 5+1 AP

Zoran Naskovski

1960, Izbište (SP)
Belgrad'da yaşıyor ve çalışıyor.
Lives and works in Belgrade.

Zoran Naskovski video, fotoğraf, performans, enstalasyon ve resimle çalışıyor. Yapıtlarının çıkış noktası genellikle bulduğu şeyler: bit pazarında buldukları ya da televizyondan bant kayıtları. Çalışmalarının konuları Sırp toplumunun politik ve toplumsal koşulları ve müzik, spor, film ya da fetişizm;

her zaman yapmak istediği şey ise günümüzün görüntü takıntısının altında yatan mekanizmaları ortaya çıkarmak.

"Dallas'ta Ölüm" (2001) adlı videosunu tetikleyen şey yine bit pazarında bulduğu aynı adlı bir CD. Gusla müzisyeni Jozo Karamatic'in 1963'te John F. Kennedy'nin ölümü üzerine söylediği ağıtı içeriyor. Naskovski müziği Amerikan başkanının öldürülmesini ve yas tutan aileyi içeren belgesel film görüntüleri ve televizyon kayıtlarıyla birleştirmiş: Trajik olayı epik bir balada çeviriyor. Guslacılar sözlü geleneğe dahil ve öteden beri ülkelerinin yazılmayan tarihinin yazıcıları olmuşlar. Bu kez şarkıcı olayı dışarıdan birinin perspektifinden anlatıyor. Naskovski kolektif hafızamıza kazınmış olan resimleri kendi ülkesinin geleneğiyle birleştirerek kültürel aidiyet ve küreselleşme mefhumlarımızı sorguluyor.

BH

Zoran Naskovski works with video, photography, performance, installations and painting, whose raw material often consists of things that he finds, such as flea market artefacts and taped television clips. The political and social conditions in Serbian society, music, sports, film and fetishism are major themes in his work, which is always about disclosing the mechanisms that lie behind the contemporary obsession with images.

The inspiration for the video "Death in Dallas" (2001) was a CD of that title, another flea market find. It was a 1963 recording of the gusle player Jozo Karamatic singing a lament for the death of John F. Kennedy. Naskovski combined the music with documentary film and televised images of the murder of the American president and the mourning family: the tragic event is rendered into an epic ballad. Gusle players feature in the oral tradition, and from time immemorial have chronicled the unwritten history of their land. In this case, however, the singer tells the story from an outsider's perspective. By combining pictures seared deep into our collective memory with a tradition from his own homeland, Naskovski questions our notions of globalisation and cultural affiliation.

BH

VKV-00055 ↪ 193
Dallas'ta Ölüm | Death in Dallas
2001
Video
Renkli sesli | Colour, sound
17'
Ed. 2/5

Navid Nuur

1976, Tahran | Tehran (IR)
Lahey'de yaşıyor ve çalışıyor.
Lives and works in Den Haag.

"Evrensel Sürtünme Boşluğunun İçi" (2005/08) çalışmasının izleyicisi bir strafor kutusunun karanlık iç yüzeyinden uzayın derinliklerine bakıyor —en azından öyle gibi görünüyor. Bir transport kutusu ve çarkında alüminyum folyodan yapılmış bir top bulunan bir dia projeksiyonu ile Navid Nuur oyunbazlıkla makrokozmosu mikrokozmosta canlandırmayı başarıyor. Dia girişlerinde pek çok kez buruşturulmaktan üzerinde delikler açılmış alüminyum folyo bulunuyor, böylelikle projeksiyon yüzeyinde yıldızlı gökyüzünün bir benzeri ortaya çıkıyor.

Minimalist bir biçimde kullanılan günlük malzemeler Navid Nuur'un tüm yapıtlarının belirgin özelliği. Bu gizemli başlık ("Evrensel Sürtünme Boşluğunun İçi") çalışmanın ardında yatan fikre işaret ediyor: Nuur'un derdi ara uzamların araştırılması ve bir fikrin kavram ile somutlaşma arasında gidip gelen konumu. Bu anlamda sanatçı kendi çalışmalarını heykel ya da enstalasyon olarak değil "Interimodüller" olarak tanımlıyor. Zamansal ve uzamsal olarak çevreleriyle ve seyirciyle Nuur'un hedeflediği bağlantıyı kurmak için fazla hareketsiz olan bu formların aksine "interim" (ara) ve modül terimlerinden oluşturulmuş "Interimodüller", söz konusu bu ara alanda işe yarar görünüyor.

KK

Within the dark interior of a styrofoam box, the viewer gazing at the work "Inside the Void of Universal Friction" (2005/08) is able to glimpse the vastness of the universe—at least, that's how it seems. In a playful way, and with nothing more than a packing case and a ball of aluminium foil placed on a slide projector carousel, Navid Nuur is able to portray the macrocosm within a microcosm. Aluminium foil in which many holes have formed as a result of being repeatedly crushed is inserted in the carousel's slots; this enables an image of the starry sky to appear on the projection surface. The way in this work everyday materials are used in a minimalist fashion characterises Navid Nuur's entire body of work. The cryptic title "Inside the Void of Universal Friction" refers to the idea behind the work: For Nuur, it's about exploring the spaces in between; and the oscillation of an idea between its conceptualisation and actualisation. In this sense, the artist describes his works as "interimodules", not sculptures or installations. In his view, the latter are too static to be able to generate the connection with their environment and the observer in terms of space and timethat Nuur intends. But "interimodules"—the word is a fusion of the terms "interim" and "module"—prove effective in this intermediate zone.

KK

VKV-00056 ↪ 152
'EVRENSEL SÜRTÜNME BOŞLUĞUNUN İÇİ', 2005–2008
'INSIDE THE VOID OF UNIVERSAL FRICTION', 2005–2008
Karışık teknik | Mixed media

VKV-00245 ↪ 153
'EŞİKÇİ (SÜTUN OLARAK) II' 2007–2009
'THRESHOLDER (AS PILLAR) II', 2007–2009
Çiçekçi köpüğü kütleri, sertleştirici | Floral foam blocks, hardener
218 × 100 × 30 cm

Miclos Onucsan

1952, Gherla (RO)
Oradea'da yaşıyor ve çalışıyor.
Lives and works in Oradea.

Miklos Onucsan, çalışmaları için çıkış malzemesini sözcüklerden ve dilsel ifadeden alan bir sanatçı. Çalışmalarının başlıkları birer isimden daha fazlası. Başlıklar çalışmaların fikriyle beraber doğuyor ve onların somutlaşmasıyla, malzemeye dönüşmesiyle kavramın bir parçası olarak büyüyor. Böylelikle başlıklar sanatçının yaratıcı sürecini tanımlıyor ve bunu izleyici için görünür ve anlaşılır kılıyor.

Onucsan'ın örneğin "Farklı Çünkü Aynı, Aynı Çünkü Farklı II" (2008) ve "Gökten Düşen Şey, Göğe Fırlattığın Şeydir" (2009) gibi başlıkları yüzeysel ifadeler, banal yaşam bilgelikleri gibi görünüyor. Ama aynı zamanda bundan fazlasını içeriyorlar. Onucsan başlıklarıyla semantik durumları açıyor; niyeti izleyiciye, algısını yeniden düzenlemek ve aynı dünyanın farklı anlamlarını ortaya çıkarabilmek için tamamen gösterilen nesneye yoğunlaşma olanağını sunmak. Bu Miklos Onucsan'ın sanatının kendine özgü bir niteliği: Yeni, kendine ait, özel bir dünya kurmak yerine doğrudan ve dolaysız olarak günlük yaşamımızın dünyasıyla uğraşıyor.

KK

Words and linguistic expression are starting points for the works of artist Miklos Onucsan. In his case, therefore, the titles of works are more than mere names. The ideas for the works and their titles are born together and grow, as part of the concept, as the works are actualised and rendered through materials. Thus the titles define the artist's creative process and make it visible and comprehensible for the viewer.

Onucsan's titles such as "It's Different Because It's the Same, It's the Same Because It's Different II" (2008) and "What falls from the sky, is what you throw into the sky" (2009) seem like superficial statements, banal maxims. Nevertheless they are more than that. With his titles, Onucsan makes sense of semantic situations; he wants to give viewers the opportunity to concentrate fully on the objects before them, so they can reorient their perception and discern other meanings of the same world. This is the special quality of the art of Miklos Onucsan: it produces neither a new world nor a different, idiosyncratic, private one; but prefers to engage with the world of our everyday life directly and without any diversions.

KK

VKV-00111 ↪ 177
Çimen Burada Yatıyor | Here Rests the Grass
2002-2009
Fotoğraf | Photography
100 × 120 cm

VKV-00112 ↪ 175
Gökten Düşen Şey, Göğe Fırlattığın Şeydir | What Falls from the Sky is What You Throw into the Sky
2009
Neon enstalasyonu | Neon installation
220 × 22 × 8 cm
Fotoğraf | Photo
© Cathleen Schuster, Marcel Dickhage

VKV-00110 ↪ 176
Farklı Çünkü Aynı, Aynı Çünkü Farklı II | It's Different Because It's the Same, It's the Same Because It's Different II
2008
Nesne | Object
50 × 50 × 10 cm
Fotoğraf | Photo
© Cathleen Schuster, Marcel Dickhage

Ahmet Öğüt

1981, İstanbul (TR)
Amsterdam'da yaşıyor ve çalışıyor.
Lives and works in Amsterdam.

"Saydıklarımız", yalın ancak akıldan çıkmayan bir video işi. Yapıt, Phoenix'teki engin bir arazide yan yana duran ve devasa gri böceklere benzeyen yüzlerce uçağın ağır ağır akan görüntüsünden ve uçakları Tükçe, Kürtçe ve İngilizce tek tek sayan durağan bir dış sesten ibaret.

Öğüt, "Başkasının Arabası" ya da "Müşterek Mevzular, Keşfedici Aksiyonlar" gibi eserlerinde, nesnelerin geleneksel anlamlarını sorgulatan eylemleri gösterirken, bireylerin gerçekliklere müdahaleleriyle yarattıkları özgün ve dinamik anlam dünyalarına vurgu yapıyordu. "Saydıklarımız" ise, sağdan sayan kanat kanata vermiş askeri uçaklar ile, bu kutlamacılığı safiyane bir iyimserliğe indirgeyebilecek kadar katı bir gerçeklik sunmuş oluyor izleyicisine.

"Saymak" ("to count") fiilinin hem Türkçede hem de İngilizcede çift anlamlı oluşu herhalde tesadüf değildir. Sayılabilenler, hele ki sayıları da çoksa; soyut, teorik, dile getirilmesi zor olanlara nazaran daha etkili, daha güvenilir, daha "saygın" değiller midir? "Saydıklarımız", uçakların hem görüntüleri hem de adetleri ile Kantçı *yüce*'nin hem dinamik hem de matematik etkileyiciliğini akla getirerek, kutlayıp umut bağladığımız yeni melez değerlerimizin kırılganlığını ve güçsüzlüğünü hissettirmiyor mu? Daha da önemlisi, uçakları tek tek sayan dış sesin, hem Türkçe, hem Kürtçe, hem de İngilizce konuşuyor olması, "saydıklarımız"ın evrenselliğindeki adiliğin, kendimizi güvende hissettiren asıl varlıkların kabalıklarının; o kıvrak, iyimser ve postmodern kavramlarımızı bir anda yıkıp geçebilecek oluşlarını hatırlatmıyor mu?

TA

Tankut Aykut, *Sanat Dünyamız*. Sayı: 111, Yaz 2009. İstanbul: Yapı Kredi Yayınları, s. 31.

"Things We Count" is a simple yet unforgettable video work. It consists of the slowly flowing footage of hundreds of planes that look like giant gray insects standing side by side on a vast field in Phoenix, and a monotone voiceover that counts them one by one in Turkish, Kurdish and English.

In works like "Somebody Else's Car" or "Mutual Issues, Inventive Acts", Öğüt displayed actions that elicited questions about the traditional meanings of objects, emphasising the original and dynamic worlds of meaning created by individuals through their interventions on reality, just as in many works revolving around the theme of migration. With its military jet fighters flying in close wing formation in "Things We Count", however, it is a harsh reality that the audience is presented, which may reduce celebrations to naïve optimism.

That "to count" is a verb with double meaning both in Turkish and English must be more than a coincidence. Isn't it true that countables, especially if they are numerous, are much more effective, trustworthy and "respectable" than those that are abstract, theoretical, and difficult to express? Doesn't "Things We Count" bring to mind the dynamic and mathematical impressiveness of the Kantian *sublime* through the sight and number of the planes, thereby insinuating the fragility and weakness of our new hybrid values we celebrate and have great hopes for? More importantly, doesn't the external voice that counts the planes one by one in Turkish, Kurdish and English remind us that the cheapness of the universality of "the things we count" and the crudeness of the real things that make us feel safe are capable of destroying in a single instant all our nimble, optimistic and postmodern concepts?

TA

Tankut Aykut, *Sanat Dünyamız*. Issue: 111, Summer 2009. İstanbul: Yapı Kredi Publications, p. 31.

VKV-00238 ↪ 156
Saydıklarımız | Things We Count
2008
DVD'ye aktarılmış HD video, renkli, sesli |
HD-video transferred to DVD, colour, sound
6'20"
Ed. 1/5 + 1 AP

Erkan Özgen

1971, Mardin (TR)
Diyarbakır'da yaşıyor ve çalışıyor.
Lives and works in Diyarbakir.

Erkan Özgen yapıtlarında, iktidarın baskıcı doğasını, milliyetçilik, ulus-devlet ve kimlik meselelerini, Diyarbakır'ın gündelik gerçeklikleri üzerinden seçtiği konularla dile getirir. "Kayıp Beden" (2005) isimli çalışması, iktidarın sahalardan daracık sokaklara taşıp bu uzamlarda top koşturduğu, tribünlerden evlere geçerek, oturma odalarını işgal edip boy gösterdiği bir zamanda çekilmiştir. Kayıp, çıplak bir beden, postallarını giymiş, ayağında sektirdiği topla, uzun ve dolambaçlı bir yolculukla ülkeyi baştan başa dolaşıp, histeriye yakalanmış bir ruh haliyle huzur ve mutluluk bulmaya çalışmakta... Bedenin, topu oldukça uyumlu ve ideal bir kıvraklıkla denetiminde tutma çabası, düşük bir tempoyla başlayan ve zaman zaman yükselen bir gerilimle ne zaman ve nerede şiddete dönüşeceğini beklemeye ve görmeye koyulduğunuz, finale kadar devam eden, dört buçuk dakika süren ve izleyenleri geren, uzun soluklu bir "topu kontrol" mücadelesi... Finalde, duvarla postal arasında sıkışan top patlıyor ve maç sona eriyor. Çıplak bedenin, yokuştan aşağı inerken içe dönük seri hamlelerle topun kaçmasını engellemesi, topun denetimini kaybetmemekteki kararlılığının güzel bir göstergesi. Bu çabanın yarattığı sinir bozukluğu ise bir süre sonra izleyiciye de bulaşıyor.

SÖ

In his works, Erkan Özgen deals with the oppressive nature of political power, nationalism, the nation state and questions of identity through the subjects he chooses from daily realities in Diyarbakır. "Lost Body" (2005) was filmed at a time when the powers that be moved from football fields to narrow streets, from the stands to homes, where they showed up in living rooms. A lost and naked body, with boots on, bounces a ball and travels in a hysterical state all over the country on a long and meandering trip, trying to find peace and happiness... The effort of the body to keep the ball bouncing with an ideal litheness, and its struggle to "control the ball" starts off at a slow pace but occasionally gives way to a tension, and you begin to wonder when and where it will turn into violence; you keep watching until the finale, for four and a half minutes, in palpable suspense... In the final scene the ball gets pressed against the wall by the boot, it bursts and the game is over. The naked body keeps the ball from rolling away with quick dabs as they go downhill, a good indication of its determination not to lose control of the ball. After a while, the audience also begins to suffer the effects of the contagious anxiety created by this effort.

SÖ

VKV-00058 ↪ 192
Kayıp Beden | Lost Body
2005
Video, 4'30"
Ed. 6 + 1 AP

Ebru Özseçen

1971, İzmir (TR)
Münih'te yaşıyor ve çalışıyor.
Lives and works in Munich.

Ebru Özseçen'in sanatsal yapıtları, uzam ve beden arasındaki psikolojik, sosyolojik ya da zamansal ilişkilerin farklı yönlerine odaklanıyor ve kentsel heykelden iç mekân ve çevre tasarımına, video enstalasyondan fotoğrafa, ses enstalasyonlarına, nesnelere ve çizimlere dek uzanan bir yelpazeyi kapsıyor. Çalışmaları, çizim ve mimari, figür ve soyutlama, çağdaş toplumda bireysel ve kolektif bellek gibi ikilikleri ele alıyor. Gündelik pratikleri, olayları ve ritüelleri dönüştürerek ve araştırarak, toplumsal normlar ve bireysel fantezinin küçük bir rolden kesinlikle fazlasını oynadığı iç ve dış mekânın müphemliğini ve özel ile kamu arasındaki karşıtlığı gündeme getiriyor. İç ve dış arasındaki bu ince buğudan, toplum ve birey hakkında düşünceler barındıran düşler, fanteziler ve özlemler çıkıyor. Ebru Özseçen bu "iç istekler"i "dış uzamlar" aracılığıyla yakalamaya çalışıyor.

Bu yönlerin hepsi, sanatçının "Çenekıran" (2008) adlı çok katmanlı ve incelikli yapıtında bir araya geliyor; bu yapıt aynı zamanda çoklu prodüksiyonlarda endüstriyel tasarım stratejilerini de yansıtıyor.

BH

Ebru Özseçen's artistic work focuses on different aspects of the psychological, sociological or temporal relationship between space and body, and covers a diverse range of fields, from urban sculpture to strategies of interior and environmental design, from video installation to photography, sound installations, objects, and drawings. The subject matter in her work concerns dualities like rendering and architecture, figure and abstraction, and individual and collective memory in contemporary society. By transforming and exploring everyday practices, events and rituals, she addresses the ambivalence of inner and outer space, and the opposition between public and private, in regard of which social norms and individual fantasy surely play more than a minor role. Emerging from the subtle vapour between the inner and the outer are dreams, fantasies and longings embodying reflections on society and the individual. Ebru Özseçen tries to capture these "inner desires" via "outer spaces."

In a multilayered manner, all of these aspects come together in her sophisticated work "Jawbreaker" (2008), which at the same time reflects strategies of industrial design in multiple productions.

BH

VKV-00260 ↪ 142
Çenekıran | Jawbreaker
2008
Video multiple:
DVD, nesne, grafik, mukavva kutu |
DVD, object, graphic, cardboard box
74 dakikada 52 gr zevk |
52 g of pleasure in 74 minutes
Ed. 8 + 2 AP
Kutu | Box 4,5 × 19,5 × 18 cm
Ed.1/8

Nam June Paik

1932, Seul | Seoul (KR) – **2006, Miami, Florida** (US)

Nam June Paik'i uluslararası bir izleyici kitlesine tanıtan video enstalasyonları ve video heykelleri oldu, oysa 20. yüzyıl müziği ile olan çatışması olmadan çalışmalarını düşünebilmek mümkün değil.

Aslen besteci olan ve bir süre Köln'de WDR'nin "Elektronik Müzik Stüdyosu"nda çalışan Koreli sanatçı, farklı performanslarla Fluxus hareketinin bir üyesi olarak ortaya çıktı ve 1950'li yılların sonunda müziği, görselleştirme olanakları bakımından araştırmaya başladı. Bu, Paik'in üzerindeki güçlü John Cage etkisinin de sonucu. Cage hazırlanmış piyanolarını, ses kayıt cihazlarını ve plakçalarlarını yalnız müzik enstrümanları olarak kurarken, Paik onları aynı zamanda görsel nitelikleri olan objeler olarak gördü. Elektronik müziğin görselleştirilmesindeki bir sonraki mantıksal gelişim aşaması ona göre televizyondu. Paik televizyonları bir tür müzik enstrümanına dönüştürdüğü TV sanatını ilk olarak 1963'te bir sergide sundu. İlk başlarda televizyon alıcıları, onların manipüle edilmiş ve çarpıtılmış yayınları ile çalışırken 1965'ten itibaren tam o sıralar ulaşılabilir hale gelen bir ortam olan video ile deneyler yapmaya başladı. Yaratım süreci boyunca bu ortamın kullanımı için çok çeşitli olanaklar geliştirerek video kayıtları ve enstalasyonlarının, objelerinin, partisyonlarının, çizimlerinin ve yağlıboya resimlerinin televizyon kurumu ve iletişim temasını aydınlatmasını ve sorgulamasını sağladı.

KK

Nam June Paik is known to an international audience primarily through his video installations and video sculptures, yet his oeuvre would have been inconceivable were it not for his involvement with the music of the twentieth century.

The Korean artist, who originally was a composer and worked for a time at the WDR Studio for Electronic Music in Cologne, appeared in various performances as a member of the Fluxus movement and, in the late 1950s, began to sound out possible modes for visualising music. John Cage proved to be a decisive influence on Paik. While Cage employed his prepared pianos, tape recorders and record players solely as instruments, Paik saw them as objects with visual qualities as well. The next logical development in visualising electronic music was, he found, through the medium of television. Paik presented his TV art, which saw the transformation of televisions into a kind of musical instrument, for the first time in a 1963 exhibition. Initially he worked with manipulating and distorting the images on television screens, but as of 1965 he became one of the first artists to experiment with the medium of video, which had just become widely available. He went on to develop a multitude of possibilities for making use of this medium. The videotapes and all his installations, objects, scores, drawings and oil paintings illuminate and carry out inquiries into the institution of television and the theme of communication.

KK

VKV-00273 ↪ 96
RCA
1975
Kağıt üzerine mürekkep | Ink on paper
28 × 35,4 cm (çerçevesiz | without frame)
Fotoğraf | Photo © Uwe Walter, Berlin

VKV-00317 ↪ 98
x y'dir, y x'tir | x is y, y is x
1974
Gazete kağıdı üzerine pastel | Wax crayon on newsprint
57,7 × 72,2 cm
Fotoğraf | Photo © Uwe Walter, Berlin

VKV-00316 ↪ 99
İsimsiz | Untitled
1974
Kağıt üzerine yağlıboya | Oil on paper
40 × 48 cm (çerçeveli | framed)

VKV-00318 ↪ 99
İsimsiz | Untitled
1975
Tuval üzerine yağlıboya | Oil on canvas
50 × 60 cm

VKV-00319 ↪ 97
İsimsiz | Untitled
1980
Siyah kağıt üzerine pastel (montaj) | Wax crayon on black paper (montage)
51,7 × 48 cm
(çerçevesiz | without frame)
Fotoğraf | Photo © Uwe Walter, Berlin

VKV-00320 ↪ 101
İsimsiz | Untitled
1979
Duralit üzerine mürekkep ve kartpostal | Ink and postcard on hardboard
35 × 45 cm
Fotoğraf | Photo © Uwe Walter, Berlin

VKV-00142 ↪ 100
Fransız Saati Televizyonu | French Clock TV
1989
Duvar saati, 3 monitör, 3 ahşap raf, tripod üzerinde video kamera, transformatörler, elektrik kablosu | Clock, 3 monitors, 3 wooden boards, video camera with tripod, transformators, electric cable
260 × 140 × 200 cm
Fotoğraf | Photo © Uwe Walter, Berlin

VKV-00244 ↪ 92–93
Joseph Beuys / Nam June Paik
George Maciunas Anısına | In Memoriam George Maciunas
1978-82
Düsseldorf Sanat Akademisi'ndeki 7 Temmuz 1978 tarihli George Maciunas anma konseri, Joseph Beuys'un "Filzkeil"ı ve Nam June Paik'in "Urklavier"ini içeren ahşap kutu; performans kaydı | Wooden box with an LP of the George Maciunas memorial concert from July 7th, 1978 at Düsseldorfer Kunstakademie, the "Filzkeil" by Joseph Beuys and the "Urklavier" by Nam June Paik; performance video
Kutu | Box 13,6 × 62 × 41 cm
Filzkeil 5,7 × 8,8 × 25,2 cm
Urklavier ~ 40 × 25 × 15 cm.
Piyano düeti | Piano-duet 74'
Ed. 47/47
Fotoğraf | Photo © Uwe Walter, Berlin

Dan Perjovschi

1961, Sibiu (RO)
Bükreş'te yaşıyor ve çalışıyor.
Lives and works in Bucharest.

Dan Perjovschi, 1999'daki Venedik Bienali Romanya Pavyonu'nun zeminini, post-komünist toplumda yaşamı ve Doğuyla Batı arasındaki politik, ekonomik ve toplumsal dönüşüm süreçlerinde sanatın rolünü tematize ettiği çizimlerle kapladı ve mekânı kavrayan "rEST" adlı bir enstalasyon gerçekleştirdi. Bu ironik-sarkastik yorumun seyircinin ayakları altında sararıyor olması, Doğu kimliğinin yok oluşuna dikkat çekmeyi amaçlayan stratejinin bir parçasıydı. O zamandan beri yerel ve küresel perspektifte toplumsal, kültürel ve siyasal süreçlerle olaylar, Perjovschi'nin genellikle belirli bir yerden ya da belirli bir durum ve onun bağlamları üzerinden gelişen ve eylem sanatı, performans ve kamusal alanda sanat arasında konumlandırılabilecek çalışmalarının temel konuları oldu. Karikatürleri ve karikatüre benzer çizimleri keçeli kalem, tebeşir ve kömür gibi en basit malzemelerle, en az çizgiyle, dikkati temel olana çekerek, sivri bir dille karmaşık bağlamların çelişkilerini ortaya koyuyor. "İsimsiz (Manzara Sanatçısı)"nın (2008) gösterdiği üzere, sanatçının ücret sistemlerine bağımlılığını gözardı etmiyor. "İsimsiz (Gölgeler)" (2007) ve "İsimsiz, Vatanseverlik (Bayrak)" (2007) adlı çalışmaları politik anıştırmaların yanısıra özgün olanın anlamı ve değeri sorularını da gündeme getiriyor. Perjovschi bir çiziminin hemen 100 kopyasını yaparak, sanatsal bir anlatım aracı olarak çizimle bağlantılı olan vasıtasızlık ve biriciklik özelliklerinden bilinçli olarak kaçınıyor.

BE

For the Venice Biennale in 1999, Dan Perjovschi created a large-scale installation titled "rEST", in which he covered the floor of the Romanian pavilion with drawings whose subject was life in a post-communist society and the role of art in the processes of political, economic and social transformation between East and West. Having his sarcastically ironic commentary fade as it was trodden under the feet of the Biennale audience was part of his strategy to call attention to the disappearance of "East-identity". Since then, the basic themes of Perjovschi's work—which often develops on site and/or derives from a specific situation and its contexts, and which belongs somewhere between action art, performance and art in public space—have concerned social, cultural and political processes and events from global and local perspectives. In just a few strokes, and with the simplest means—markers, chalk, charcoal, his cartoons and caricature-like drawings direct the eye to the essentials, highlighting the contradictions in complex interrelationships. Nor does he forget the artist's dependence upon these constantly evolving frames of reference, as shown, for instance, in "Untitled (Landscape Artist)" (2008). Along with their political allusions, the works "Untitled (Shadows)" (2007) and "Untitled, Patriotism (Flag)" (2007) inquire into the meaning and valuation of the original. Perjovschi intentionally subverts the directness and one-of-a-kind mystique associated with drawing as an artistic means of expression when he immediately makes 100 copies of one of his drawings.

BE

VKV-00061 ↪ 139
Sin Titulo (Sombras)
İsimsiz (Gölgeler) | Untitled (Shadows)
2007
100 çizim | 100 drawings
36 × 25 × 7 cm
Fotoğraf | Photo © Hadiye Cangökçe

VKV-00062 ↪ 139
Sin Titulo, Patriotismo (Bandera)
İsimsiz, Vatanseverlik (Bayrak) | Untitled, Patriotism (Flag)
2007
100 çizim | 100 drawings
36 × 25 × 7 cm
Fotoğraf | Photo © Hadiye Cangökçe

VKV-00063 ↪ 140
İsimsiz (Gösterici ve Polis) | Untitled (Demonstrator and Police)
2008
Döşemelik muşamba üzerine sabit markör | Permanent marker on linoleum floor covering
50 × 92 cm
Fotoğraf | Photo © Hadiye Cangökçe

VKV-00064 ↪ 141
İsimsiz (Don Kişot) | Untitled (Don Quixote)
2008
Döşemelik muşamba üzerine sabit markör | Permanent marker on linoleum floor covering
86 × 109 cm
Fotoğraf | Photo © Hadiye Cangökçe

VKV-00065 ↪ 140
İsimsiz (Manzara Sanatçısı) | Untitled (Landscape Artist)
2008
Döşemelik muşamba üzerine sabit markör | Permanent marker on linoleum floor covering
67 × 112 cm
Fotoğraf | Photo © Hadiye Cangökçe

Goran Petercol

1949, Pula (HR)
Zagreb'de yaşıyor ve çalışıyor.
Lives and works in Zagreb.

Goran Petercol'ün yapıtları 1975'ten beri kendine özgü bir biçimde mekân sorusuyla meşgul, çünkü sanatçı özel olarak mekânlara müdahale etmek ve geçiş temalarıyla ilgileniyor. "Nesnelerin kullanımını mümkün kılan aralarındaki alan. Örneğin bardağın kullanılır olması için sıvının boşaltılabileceği bir boşluğa ve kavranabilmesi için etrafında boş alana ihtiyaç var. Ben bu ara uzamlarla çalışıyorum" diye tarif ediyor çalışmalarını. 1980'li yılların başında teller, kalaslar, tuğlalar ya da çubuklar gibi buluntularını mekâna yerleştirip spotlarla aydınlattığı ilk enstalasyonları ortaya çıktı. Bu nesneler tesadüfen konulmuş gibi görünse de gerçekte iyice düşünülerek birbirleriyle bağlantılandırıldılar. Sanatçı burada hem kendiliğindenlik ile kontrollü süreçler arasındaki ilişkiyi, hem de nesne ile gölgenin, resim ile yansımanın ilişkisini tartışmaya açıyor. Buradakinde her şeyden önce ışık, temel ve yapılandırıcı çalışma malzemesi. Petercol, "Yansımadan Sonra" (2007) dizisindeki gibi ışık objeleri ile, metal heykellerle ve enstalasyonlarla, dokunulabilir malzeme ve dokunulamaz formlar ve uzam ile ara uzam ya da bilme ile görme arasındaki ilişkiye dair soru ile çekişmesini güçlendirirken, heykel kavramının kapsamını da belirleyici bir biçimde genişletiyor.

BH

Since 1975, Goran Petercol's works have displayed a focused attention on the question of space, for the artist is particularly interested in the subject of intervening spaces and transitions. Describing his work, he says, "It is the interstitial space of objects that enable their use. For example, for a glass to be used there has to be a void in order for the liquid to be poured into it, as well as free space around it for it to be capable of being grasped. I work with these interstitial spaces." Early in the 1980s he made his first installations, in which he placed simple found objects such as wire, boards, bricks and bars in space and illuminated them with spots. Although the objects seemed to have been left there by chance, they were actually arranged in relation to one another with great deliberation. The artist here draws attention not only to the relationship between spontaneity and controlled process, but also to the relationship between object and shadow, image and reflection. In subsequent works, light itself became his central and structuring working material. With light objects such as works from the series "After Reflection" (2007), metal sculptures and installations, Petercol has intensified his involvement with tangible material and intangible forms, investigating the relationship between open space and interstices and between knowing and seeing, thus decisively expanding the concept of sculpture.

BH

VKV-00066 ↪ 160
Yansımadan Sonra (9) |
After Reflection (9)
2007
Beyaz ahşap tabure, elektrikli ampul |
White wooden chair, electric bulb
47 × 35 × 35 cm
Fotoğraf | Photo © Murat Germen

Sigmar Polke

1941, Oels (DE)
Köln'de yaşıyor ve çalışıyor.
Lives and works in Cologne.

Sigmar Polke, henüz Düsseldorf Sanat Akademisi'nde öğrenciyken Gerhard Richter ve başkalarıyla birlikte sosyalist devlet sanatına ironik bir yaklaşımla ve Batılı meta dünyası tarafından şekillenen Pop Art'a eleştirel bir mesafe ile "Kapitalist Gerçekçilik"i kurdu.

Polke'nin 1960'lardan kalan kağıt üzerine çalışmaları, zamanın sanatsal kalıplarına karşı yıkıcı bir tutum izliyor. Sanatın teknikler üzerinde bir hakimiyet sergilemesi gerektiği görüşüne karşı, çizimleri ve suluboya resimleri teknik olarak ilkel görünüyor; sanatın yalnızca ciddiyetle değerlendirildiği bir zamanda Polke'nin çalışmaları mizahi bir karakter taşıyor. İronik mesafeyle metaların ve tüketimin dünyasını yakalayıp sanatsal olarak yeniden yorumlayan gündelik yaşama yönelik sanatıyla Polke, eğitimli orta sınıf yerine "sokaktaki adam" için sanat yapmayı amaçlıyor.

"Bir Patatesin Diğer Bir Patatesin Etrafında Dönmesini Sağlayan Alet"i (1969) ile de Polke sanatçıyı ilham sahibi ve yenilikçi olmak zorundaymış gibi gören geleneksel sanatçı imgesini karikatürize ediyor. Polke'nin Marcel Duchamp'ın "Bisiklet Tekerleği"ne (1913) dayanarak yorumlanabilecek aleti, dönmekte olan bir çubuğa geçirilmiş bir patatesin yerde bulunan başka bir patatesin etrafında elektrik motoru yardımıyla döndüğü, dönüştürülmüş bir tabureden oluşuyor.

KK

In 1963, while still a student at the Düsseldorf Art Academy, Sigmar Polke, together with Gerhard Richter and others, founded "Capitalist Realism" in ironic reference to the art of state socialism and as a critical response to the Pop Art of the commodified Western world.

Polke's works on paper from the 1960s subversively undermine the artistic conventions of the time. Whereas art was supposed to demonstrate competent mastery of techniques, his drawings and watercolours seem primitive from a technical point of view; the works have a humorous character at a time when art was supposed to be serious. With an art of everyday subjects that views the world of goods and consumption with ironic detachment and translates it into artistic terms, Polke wants to create art for the man on the street, rather than for the cultivated middle class.

Polke caricatures popular notions of the supposedly inspired and innovative "Artist" with his "Apparatus Whereby One Potato Can Orbit Another" (1969). The apparatus consists of a converted stool beneath which a potato speared on a rotating rod driven by a tiny electric motor circles another potato lying on the floor; it can be read as alluding to Marcel Duchamp's "Bicycle Wheel" (1913).

KK

VKV-00323 ↪ 47
İsimsiz | Untitled
1966
Kağıt üzerine sulu boya ve kara kalem |
Watercolour and pencil on paper
21 × 29,7 cm
(çerçevesiz | without frame)
Fotoğraf | Photo © Uwe Walter, Berlin

VKV-00324 ↪ 47
İsimsiz | Untitled
1966
Kağıt üzerine sulu boya ve kara kalem |
Watercolour and pencil on paper
29,7 × 21 cm
(çerçevesiz | without frame)
Fotoğraf | Photo © Uwe Walter, Berlin

VKV-00321 ↪ 47
İsimsiz | Untitled
1965
Kağıt üzerine tükenmez kalem ve lak |
Ballpoint pen and lacquer on paper
29,7 × 21 cm
(çerçevesiz | without frame)
Fotoğraf | Photo © Uwe Walter, Berlin

VKV-00322 ↪ 46
İsimsiz | Untitled
1966
Kağıt üzerine sulu boya ve akrilik |
Watercolour and acrylic on paper
61,5 × 86 cm
(çerçevesiz | without frame)
Fotoğraf | Photo © Uwe Walter, Berlin

VKV-00325 ↪ 48
İsimsiz | Untitled
1966
Kağıt üzerine suluboya | Watercolour on paper
61,7 × 86 cm
(çerçevesiz | without frame)
Fotoğraf | Photo © Werner Zellien, Berlin

VKV-00326 ↪ 44
Çeşitli Karakter Dönüşümlerinin Sonucu Olarak Yüz İfadesindeki Değişiklikler | Physiognomical Changes as Consequences of Several Character Transformations
1967
Kağıt üzerine suluboya ve tükenmez kalem | Watercolour and ballpoint pen on paper
21 × 14,5 cm
(çerçevesiz | without frame)
Fotoğraf | Photo © Uwe Walter, Berlin

VKV-00328 ↪ 44
İsimsiz | Untitled
1968
Kağıt üzerine suluboya ve tükenmez kalem | Watercolour and ballpoint pen on paper
20,6 × 14,5 cm
(çerçevesiz | without frame)
Fotoğraf | Photo © Uwe Walter, Berlin

VKV-00329 ↪ 49
Polke-Droge
Polke İlacı | Polke Drug
1966
Kağıt üzerine kurşunkalem, keçeli kalem | Pencil, felt-tip pen on paper
21 × 14,7 cm
Fotoğraf | Photo © Hadiye Cangökçe

VKV-00330 ↪ 49
Riesendinger: gefüllt mit Glas, Heu, Zucker
Dev Şeyler: cam, saman ve şekerle doldurulmuş | Giant Things: filled with glass, hay, sugar
1968
Kağıt üzerine tükenmez kalem, suluboya | Ballpoint pen, watercolour on paper
20,7 × 17,2 cm
Fotoğraf | Photo © Hadiye Cangökçe

VKV-00327 ↪ 45
Bir Patatesin Diğer Bir Patatesin Etrafında Dönmesini Sağlayan Alet | Apparatus Whereby One Potato Can Orbit Another
1969
Ahşap stant, 4,5 volt pille çalışan elektrikli motor, tel | Wooden stand, electric engine with a battery of 4,5 volts, string
80 × 40 × 40 cm
Fotoğraf | Photo
© Anette Kradisch, Nürnberg

Sophia Pompéry

1984, Berlin (DE)

Berlin'de yaşıyor ve çalışıyor.
Lives and works in Berlin.

Sophia Pompéry yeni resimlerin üretiminden çok mevcut olanların yorumlanmasıyla ilgileniyor. Video enstalasyonu "üstü ışıtır, altı yakar" (2009), iki ucundan yanan iki fitilli bir mumu gösteriyor. Yalnızca uzaktan gelen bir elektrik süpürgesi sesi bir mumun nasıl olup da başaşağı dururken yanabildiğini fiziksel olarak açıklıyor. 2009'da Berlin Sanatlar Üniversitesi'ndeki mekânsal deneyler enstitüsünde Olafur Eliasson'un yanında eğitim almış olan sanatçı, özellikle video projeksiyonları, ses enstalasyonları ve ışıkla çalışıyor. Sophia Pompéry, kendisini video çalışmalarında optik yanılsamalar ve alışılmamış görme biçimleri vasıtasıyla algılamanın sınırlarını bulandıran ve izleyici, zaman ve mekân arasındaki göreceli ilişkiyi soruşturan bir mekân stratejisti olarak tanımlıyor.

JB

Sophia Pompéry is interested not so much in creating new pictures, but rather in interpreting and commenting on existing ones. Her video installation "lighting up, burning down" (2009) shows a candle with two wicks that burns on both ends. Only the noise of a vacuum cleaner off-camera explains how the physical feat of a candle burning upside-down is achieved. In her spatial interventions, the conceptual artist, who in 2009 studied with Olafur Eliasson at the Institute for Spatial Experiments, Berlin University of the Arts, works mainly with video projections, audio installations and light. Sophia Pompéry sees herself as a strategist of space who blurs the boundaries of perception in her video works by means of optical illusions and unfamiliar points of view, and who teases out the relationships between observer, time and space.

JB

VKV-00138 ↪ 81
üstü ışıtır, altı yakar | lighting up, burning down
2009
PAL, renkli, sesli, döngü | colour, sound, looped
0'20"
Ed. 1/5

Diter Rot (Dieter Roth)

1930, Hanover (DE) – **1998, Basel** (CH)

Diter Rot çalışmalarında organik malzemeler kullanmaya 1960'larda başladı. Çikolatayı kazıma makinesinden geçirerek baskı yöntemiyle işledi ya da "Roket"te (1968) olduğu gibi ezerek biçim verdi. "Ördek Avı" (1972) isimli çalışmasında küçük oyuncak askerler, devasa ördek ve kuğularla girdikleri çatışma sırasında aniden ortalığı kaplayan hamursu bir çikolatanın içinde sıkışmış durumda görünüyor. Bu hareketli sahne, donuk çikolata sayesinde yekpare bir kütle olarak varoluyor.

Rot'un yapıtlarında; özellikle erotik, şehevi ve eskatolojik çağrışımlarıyla ve bir malzeme olarak sunduğu çeşitli plastik imkânlarla çikolata ve çürüyüş süreçleri gözlenebilen birçok organik materyal önemli yer tutar. Çöp, toz, küf ile peynir ve baharat gibi yemek artıklarından meydana gelen çalışmaları izleyiciyi zorlar niteliktedir. Rot'a göre koku duyusu "belleğin temel vasıtasıdır". Bu nedenle yıkma işlemi başlı başına bir görsel güce karşılık gelir. Rot'a göre, "her şey bir gün estetiğe dönüşecektir". Ayrıca, Rot'un yapıtları arasında, sanatçının mizah duygusu ile dile yönelik duyarlılığını da kanıtlayan (yayımlanmış olarak da) grafikler ve nesneler, kitaplar ve şiirler, filmler, konserler ve ses kayıtları da bulunmaktadır.

TM

In the mid-1960s, Diter Rot began to use organic material in his works. He took chocolate, for instance, and put it through an etching press or gave form to it by *squashing*—a term Rot wittily introduced into his technical repertoire—in "Rocket" (1968). The little toy soldiers in "Duck Chase" (1972) get stuck fast in chocolate, as if in a pond that has frozen over in an instant, during their hostile encounter with the indomitable hens and ducks. The hardening of the brown mass even makes the scenery in the wooden crate transportable.

Beyond the associations—at once sensual-erotic and scatological—evoked by the various sculptural possibilities offered by chocolate, the decomposition of organic materials has central significance for Rot. Works made from household trash, dust, mould, or foods like cheese and spices burden the viewer with certain demands. According to Rot, smell is a "main vehicle for memory". The process of rotting creates its own sculptural effect. In Rot's opinion, "everything becomes aesthetic in time". Rot's body of work also includes prints and objects (some in editions), books and poems, films, concerts and recordings, all of which testify to his humour and sensibility for words.

TM

VKV-00332 ↪ 133
Rakete (Schokoladenbombe)
Roket (Çikolata Bombası) |
Rocket (Chocolate Bomb)
1968
Sıkıştırma. Beyaz kağıt üzerinde karton roket içinde çikolatadan yumurtalar | Compression. Chocolate eggs in cardboard rocket on white paper
72,5 × 45,5 cm
(çerçevesiz | without frame)
Fotoğraf | Photo © Uwe Walter, Berlin

VKV-00331 ↪ 132
Entenjagd
Ördek Avı | Duck Chase
1972
Plastik figürler ve çikolata içeren kutu | Box with plastic figures and chocolate
60 × 50 × 5 cm
Ed. 20
Fotoğraf | Photo © Uwe Walter, Berlin

Annette Ruenzler

1968, Speyer (DE)
Berlin'de yaşıyor ve çalışıyor.
Lives and works in Berlin.

Annette Ruenzler'in paradoksal nesneler yapma eğilimi var. Hayali bir şekilde bir araya getirilmiş insan ve hayvanlara ait beden parçalarından yapılmış heykellerin yanısıra, çizim ve grafiklere şiirsel metin parçalarını ustalıkla birleştiriyor. Sürrealist gibi görünen malzeme asamblajları sıkıntı duygusu yaratıyor ve tekinsiz görünüyor. Kompozisyonlarında Arte Povera göndermeleri de görülebilir. Art Basel 2008'de Ruenzler bir oda düzenledi. Şaşırtıcı iç mekânda, ustalıkla biçim verilmiş bir krom sandalye bulunuyordu. "Kabul Edilemez Bir Konumun Güzelliği" adlı mobilya için Ruenzler parlak krom çerçeveyi, örülmüş sarı insan saçından yapılmış bir oturma yüzeyiyle tamamlamıştı. Dokuma sırasında kesintiye uğramışçasına pek çok saç teli yüzeyden dışarı sarkıyor. Yalnızca üç ayak üzerinde durduğundan, sandalye kullanılabilir durumda değil; sol ön kısımda bulunması gereken dördüncü ayak eksik. Bu paradoksal sandalye iki katlı beyaz bir kaide üzerinde sergileniyor.

KG

Annette Ruenzler has a penchant for making paradoxical objects. Along with sculptures fancifully assembled from fragments of human and animal body parts, she incorporates artistic, poetic lines of text into drawings and prints. Her surrealist assemblages of materials unleash anxieties to uncanny effect. References to Arte Povera are also recognisable in her compositions.

At Art Basel 2008, Ruenzler set up a room. Its disconcerting interior held a chair with an elaborately designed seat. She furnished the shining chrome frame of this object, titled "The Beauty of an Unacceptable Position", with a seat made of braided blond human hair. Many strands of hair hang down from the seat, as if the weaving had ceased in mid-process. The chair is not for sitting, since just three legs support it; a fourth leg that should be at the front left side is missing. The paradoxical chair is presented on a two-tiered white pedestal.

KG

VKV-00069 ↪ 105
Kabul Edilemez Bir Konumun Güzelliği |
The Beauty of an Unacceptable Position
2008
Krom, nikel, ahşap, insan saçı, cila/ahşap | Chrome, nickel, human hair, varnish/wood
112 × 70 × 70 cm
Fotoğraf | Photo © Murat Germen

Reiner Ruthenbeck

1937, Velbert (DE)
Düsseldorf'ta yaşıyor ve çalışıyor.
Lives and works in Düsseldorf.

Reiner Ruthenbeck, 25 yaşındayken fotoğrafçı olarak çalışmayı bırakıp Düsseldorf'ta Joseph Beuys'un yanında resim eğitimi almaya karar verdi. Beuys'u öğretmeni olarak seçmesinin nedeni onu Sürrealist olarak görmesiydi. 1968'de eğitimini tamamlayarak bir araç olarak resmi geride bıraktı ve heykelin malzeme çeşitliliğine odaklandı. Çalışmaları için kauçuğun yanısıra keçe, cam, metal, ahşap, kağıt ve kumaş kullanıyor. Onun için yalnızca yüzeyin ve malzemenin niteliği önem taşıyor. Amacı nesnenin kendisine ses kazandırmak, herhangi bir şekilde öncüleriyle ilişkisini incelemek değil.

Siyah "Kauçuk Halka" (1969) bu türden bir nesne. Tek bir çiviyle tutturulmuş olarak beyaz bir duvarda sadelikle asılı. Her tür makinede karşımıza çıkan bu malzeme temas ettiği yüzeyde oval olarak bükülüyor. Belki de bu halka daha önce büyük bir yüke maruz kalmıştı. Ama şimdi sakin. Yalnızca yerçekimi biçimi ovale çeviriyor. Çatlamış yüzeyiyle halkanın sert kauçuğu, nesneye sıcak ve kullanılmış bir hava veriyor. Bu gösterişsiz görünen nesne yalnızca varolarak algımızı sorguluyor.

IH

After working as a photographer, Reiner Ruthenbeck decided at the age of 25 to study painting under Joseph Beuys in Düsseldorf. His choice of teacher was informed by the assumption that Beuys was a Surrealist. In 1968, Ruthenbeck's studies ended; painting as a medium was left behind, and he concentrated instead on a wide variety of sculptural materials. Along with rubber, Ruthenbeck uses felt, glass, metal, wood, paper and fabric in his works; accentuating solely the surface quality and nature of the materials. His aim is to give voice to the object itself, rather than its relationship to precursors of any kind.

The black "Rubber Ring" (1969) is one such object. It hangs modestly on a white wall, supported by a single nail. The material, found in all kinds of machines, is bent out of shape into an oval at the contact surface. Perhaps it was once subjected to a heavy load; now, however, the ring is at rest. It is gravity alone that pulls the form into an oval. The hard rubber of the ring with its brittle surface has a warm and used feeling. An apparently insignificant object thus engages our powers of perception just by dint of its existence.

IH

VKV-00333 ↪ 157
Gummiring
Kauçuk Halka | Rubber Ring
1969
2 cm × 70 cm çap | diameter
Fotoğraf | Photo © Uwe Walter, Berlin

Michael Sailstorfer

1979, Velden (Vils) (DE)
Berlin'de yaşıyor ve çalışıyor.
Lives and works in Berlin.

Heykeltıraş, obje ve enstalasyon sanatçısı Michael Sailstorfer, 1999'dan 2005'e dek Münih Güzel Sanatlar Akademisi'nde, aralarında Olaf Metzel'in de bulunduğu bir kadrodan eğitim aldı. Yapıtlarında, bulunmuş malzemelerin bir tutam ironi ve arka plandaki mizah ile bağlantılandırılması belirleyici rol oynuyor, bu arada çalışmalarının kapladığı hacim, onları çevreleyen mekân kadar önem taşıyor. Günlük objeler parçalanıyor, deforme ediliyor, yeniden birleştirilip başka bir şekilde ortaya konuyor. Tüm bu metamorfozlarda, nesnelerin hem duyumsal nitelikleri hem de ironi ve toplumsal eleştiri boyutları zeki bir mizahla sorgulanıyor.

Yedi metre uzunluğu ve üç metre yüksekliğiyle neredeyse korkutucu bir ölçeğe sahip şişirilebilir tank "T 72" (2007) bu anlamda bir istisna değil. Tank düzenli bir ritimle hava kaybediyor ve tekrar şişiriliyor. Böylelikle tehlikeli görünümünü kaybediyor, çünkü tonlarca ağırlıktaki çelik bir gövdenin aksine, kullanılan hava hacminin sınırlı bir tahribat gücü var. Michael Sailstorfer'in biçim dönüştürmeleri ve bağlam kaydırmaları, mevcut nesnelerin hikâyelerini oyuncu ve nükteli bir teknikle anlatan el yapımı yorumlar olarak tarif edilebilir.

IH

The sculptor, installation and object artist Michael Sailstorfer studied with Olaf Metzel and others at the Academy of Fine Arts in Munich from 1999 to 2005. His works are notable for the way they combine found materials with a touch of irony and enigmatic humour, and the space that they occupy is equally as important as the space that surrounds them. Everyday objects are taken apart, contorted, put together in new ways and given new meanings. During these material metamorphoses, the objects' sensory qualities as well as their ironic and socially critical dimensions are explored with ingenious humour.

The inflatable tank "T 72" (2007), measuring an intimidating seven meters long by nearly three meters high, is no exception. The tank deflates and re-inflates in a regular cycle. This robs it of its dangerous appearance, since unlike a mass of real steel weighing tonnes, the volume of air has limited powers of destruction. Michael Sailstorfer's transformations and contextual shifts could also be described as handmade interpretations of existing objects that tell their stories playfully and with technical wit.

IH

VKV-00071 ↪ 172–173
T 72
2007
Şişirilebilir model tank, 4 hava motoru, Siemens kontrol sistemi |
Inflatable tank dummy, 4 air conveyer, Siemens control system
250 × 700 × 270 cm
Fotoğraf | Photo © Murat Germen

Karin Sander

1957, Bensberg (DE)
Berlin'de yaşıyor ve çalışıyor.
Lives and works in Berlin.

Karin Sander lise eğitiminin ardından sanat restoratörlüğü eğitimine başladı. Öğreniminin ilk haftalarında bir mimari resmin restorasyonuna katılma olanağına sahip oldu: "Burada ilk birkaç köşeyi hassasiyetle onardım, ancak daha sonra verileni hiç dikkate almamaya başladım. Uygun biçim kurallarına göre olan ama yine de farklı şekillerde bir araya getirdiğim dekoratif desenleri ekledim. Hiç kimse bir şeyin tekrarlanması ve yeniden kurulmasının belirli bir sınıra kadar mümkün olduğunu, ondan sonra kendi bağımsızlığını kazanmaya başladığını fark etmedi."

Sander'in çalışmalarının merkezinde rekonstrüksiyon yerine dekonstrüksiyon var. Çalışmalarında çevresini "parçalara ayırarak" ya tekrar kuruyor ya da bizim bir nesneyi yeniden keşfetmemizi sağlıyor. Onun yapıtları çevremizde banallikleri yüzünden görmeden geçeceğimiz bağlamları, nesneleri ya da durumları vurguluyor.

Böylece "Pinpon Topu, Yeşil, Cilalı" (2009) ya da "Tuval Üzerine Pinpon Topu II-IV" (2008/09) çalışmalarıyla bizi bir pinpon topunun ne gibi gelişim olanakları barındırdığı konusunda bilinçlendiriyor. Yüzey cam gibi olana kadar işleniyor ya da nesne tuval üzerine yerleştirilerek bütün resmi belirliyor.

IH

After attending school, Karin Sander began training to be an art restorer. In the first weeks of the training course, Sander had the opportunity to work on the restoration of an architectural painting: "I restored the first few corners with precision, but then I ceased to pay any attention at all to what was in front of me. I introduced quite different patterns that, though they came from the appropriate canon of forms, were nonetheless discrete ornamental patterns; moreover these were arranged in different ways. No one noticed that the reconstruction and repetition of a thing is possible only up to a certain point, and then it begins to take on a life of its own."

Not reconstruction, but deconstruction is at the core of Sander's work. She "takes apart" her environment and puts it back together again, or allows us to appreciate an object in a completely new way. Her works highlight interrelationships, objects or circumstances in our surroundings that we usually overlook because of their banality.

So with the works "Ping-Pong Ball, Green, Polished" (2009) and "Ping-Pong Ball on Canvas II-IV" (2008/09), she makes us aware of the potential possessed by a ping-pong ball. The surface is treated until it is smooth as glass or, in the case of the latter, the object is positioned on canvas and becomes something that commands the entire image.

IH

VKV-00200 ↪ 84
Tischtennisball auf Leinwand IV
Tuval Üzerine Pinpon Topu IV |
Ping-Pong Ball on Canvas IV
2008/09
Tuval üzerine pinpon topu |
Ping-Pong ball on canvas
30 × 24 × 7 cm
Ed. 5
Fotoğraf | Photo © Uwe Walter, Berlin

VKV-00198 ↪ 84
Tischtennisball auf Leinwand II
Tuval Üzerine Pinpon Topu II |
Ping-Pong Ball on Canvas II
2008/09
Tuval üzerine pinpon topu |
Ping-Pong ball on canvas
30 × 24 × 7 cm
Ed. 5
Fotoğraf | Photo © Uwe Walter, Berlin

VKV-00199 ↪ 84
Tischtennisball auf Leinwand III
Tuval Üzerine Pinpon Topu III |
Ping-Pong Ball on Canvas III
2008/09
Tuval üzerine pinpon topu |
Ping-Pong ball on canvas
30 × 24 × 7 cm
Ed. 5
Fotoğraf | Photo © Uwe Walter, Berlin

VKV-00197 ↪ 85
Tischtennisball, grün, poliert
Pinpon Topu, Yeşil, Cilalı |
Ping-Pong Ball, Green, Polished
2009
Pinpon topu | Ping-Pong ball
3,9 cm çap | diameter
Ed. 5
Fotoğraf | Photo © Uwe Walter, Berlin

Carles Santos

1940, Vinarós (ES)
Vinarós'ta yaşıyor ve çalışıyor.
Lives and works in Vinarós.

Carles Santos kariyerine çağdaş deneysel müzik alanında uzmanlaşan bir piyanist olarak başladı. Kompozisyonlarında geleneksel ifade biçimlerini ortadan kaldırmaya ve müzikal araçları kullanarak çok temel bir enerjiyi açığa çıkarmaya çalışıyor. İfade tarzı Dadaist ironi, Sürrealist nükte ve Akdeniz'e özgü coşkuyla ayırt ediliyor. İnsan sesiyle yaptığı, klasik olanakların sınırlarının ötesine taşan çalışmalar, ilgi alanlarının merkezinde bulunuyor.

Santos'un piyano yapıtlarında, performansçının kendi bedeni sık sık enstrümanın sesinin üzerine ve ötesine geçti ve böylelikle performansa veya müzikal tiyatroya giden yolu açtı. 1960'lı yılların başından beri Santos yine müziği ön planda tutarak film, video, fotoğraf ya da enstalasyonla da uğraşmakta. Bu çalışmalar öncelikle yapıbozumcu bir yaklaşım ve kavramsal bir ölçülülükle şekillendi, ancak sonraki yıllarda giderek daha dramatik bir ton aldı.

Sınıflandırılmaya meydan okuyan sanatsal çalışmalarıyla, müzikal fikirlerinin başka araçlarla genişletilmesiyle ve sahnedeki varlığıyla (farklı rolleri anti-illüzyonist bir biçimde bir araya getirişindeki maharetle), Carles Santos aynı zamanda hem ciddi bir yorumcu, hem de trajik olanla komik olanın en derin boyutlarını ortaya koyan bir müzikal palyaço.

BH

Carles Santos began his career as a pianist specialising in contemporary experimental music. In his compositions, he attempts to burst open traditional forms of expression and release a distinctly primordial energy through musical means. His approach features a combination of Dadaist irony, Surrealist wit and Mediterranean exuberance, while his interest centres on work with the human voice, which he pushes far beyond the limits of classical possibilities.

Santos's piano pieces often evolve into situations where the performer's own body comes into play above and beyond the sounds of the instrument, thereby opening the route to performances or music theatre. Since the mid-1960s, Santos has also worked with film, video, photography and installations, where again he makes music the theme. These works are initially marked by a deconstructive approach and conceptual austerity, but later on they become increasingly dramatic.

With his genre-defying artistic work, the extension of his musical ideas into other media, and his stage presence—a feat of anti-illusionist mediation between different roles, Carles Santos is at once a serious interpreter and a musical clown who taps into the deepest dimensions of the tragic and the comic.

BH

VKV-00149 ↪ 91
Parçalanmış Piyano ve Fotoğrafı | Destroyed Piano with Photograph
2008
Piyanonun çeşitli parçaları, renkli fotoğraf | Piano in different parts, colour photograph
Değişen boyutlar | Dimensions variable
Fotoğraf | Photo © Uwe Walter, Berlin

Stuart Sherman

1945, Providence, Rhode Island (US) – **2001, San Francisco** (US)

Stuart Sherman kısa performanslarında kendini, çeşitli oyuncakları ve gündelik nesneleri birbiri ardına farklı durumların içine soktuğu senaryolar geliştirdi. Bunu yaparken nesneler onun için aktörlere eşdeğer bir anlam taşıyordu. Sherman her şeyden önce "spectacle" olarak nitelendirdiği bu gösterilerden ötürü nesne tiyatrosunun belirleyici bir figürü sayılıyor.

"Bavul"da da (1984) nesne bağımsızlığını kazanıyor: Zemine bırakılmış bir seyahat bavulu, hemen yanındaki duvara basamaklar gibi yerleştirilmiş aynı türden üç benzeriyle tamamlanıyor. Bu takım, biri tarafından taşınması gerekmeksizin yukarı tırmanabilen bir bavulun hareketinin aşamalı resmi gibi. Bavul kendi başına yola koyuluyor, duvarın içinde kayboluyor ve böylelikle seyirciden kaçıyor. Genellikle sanat yapıları için mahfaza, hatta Duchamp tarafından taşınabilir minyatür müze olarak kullanılan bavul, hizmet işlevinden kurtarılmış gibi görünüyor. "Her zaman fiziksel dünyanın aynı anda hem fikirler hem şeylerden oluşması ilgimi çekti —hem de sözcüklerden. [...] Her zaman şeyler arasındaki daha önce görülmemiş olan gizli yasaları, ilişkileri ve karşılıkları keşfetmeye çalışıyorum. Araştırmayla, görüntüler, fikirler, diller ve hareketin birbiriyle bağlantısını yeniden tanımlamaya çok meraklı olduğumu düşünüyorum," diye tarif ediyor Sherman çalışmalarını.

TM

In his short performances, Stuart Sherman developed scenarios in which he guided himself and all sorts of toys and everyday objects through various situations, one after another. As characters, the things shared equal footing with him. Primarily on the basis of these performances, which he called "spectacles", Sherman is considered to be a seminal figure in the evolution of the theatre of objects. In "Suitcase" (1984), the object also takes on a life of its own: a suitcase on the floor is complemented by three others of the same kind that project like steps from the neighbouring wall. The ensemble gives the appearance of a series of time-lapse photos of a suitcase that is climbing without having to be carried by anyone. It sets off alone on a trip, disappearing into the wall and eluding the viewer. Often used as a container for works of art or even as a portable miniature museum by Duchamp, the suitcase is freed of its service function. Describing his work, Sherman said, "I've always been intrigued by the physical world as being composed of ideas and things at the same time—as well as words. [...] I'm always trying to discover hidden laws, relationships and correspondences between things that haven't been noted before. I think I'm very much involved in research, redefining how images and ideas and languages and movement can be related to each other."

TM

VKV-00334 ↪ 134
Koffer
Bavul | Suitcase
1984
Enstalasyon. Installation. Tekrar eden sahte deri bavullar | Overworked fake leather suitcases
200 × 70 × 50 cm
Fotoğraf | Photo © Werner Zellien, Berlin

Serge Spitzer

1951, Bükreş | Bucharest (RO)
New York'ta yaşıyor ve çalışıyor.
Lives and works in New York.

Bükreş'te doğan ve 1980'lerde New York'a yerleşen Serge Spitzer pek çok kalıcı kamusal alan işi ve büyük ölçekli geçici enstalasyonun yanısıra, çizimler, fotoğraflar, heykeller ve video işleri de üretiyor. Çalışmalarını buluşturan ortak zemin, paylaşılan evrensel "gerçeklik" fikrini benzersiz bir kavramsal zenginlikle keşfe çıkması. Bir hikâye anlatmak veya bir şeye parmak basmak yerine —Spitzer'in kendi ifadesiyle— "imada bulunan" işlerinin merkezinde, bizi birleştiren "gerçeklik" ve ayıran sınırlar yer alıyor. Spitzer'in enstalasyonları, gündelik gerçeklikle sıkı ilişkilerini korurken, sanatçının toplumsal ve siyasi konulara dair duyarlılığını kavramsal imalarla ve çoğunlukla ironik bir tonla ifade ediyorlar.

Spitzer, daha önce René Block küratörlüğünde gerçekleştirilen 4. Uluslararası İstanbul Bienali (1995) kapsamında, "Altın Halı"yı Aya İrini'nin kubbesinin altına yerleştirmişti. Sanatçı, sınırlandırılmış alan, yerinden edilme ve tarih meseleleri üzerine düşünürken, halıları çeşitli bağlamlarda kullanmaya çok daha önce başlamıştı. Ancak özellikle İstanbul'da "halı"yla uğraşan bir iş üretmek, İslam kültürü ve Türk geleneklerindeki kültürel ve felsefi imaları bakımından yeni bir anlam kazanıyordu. Bu altın yaldızlı, rulo haline getirilmiş makine halısı, izleyicilerin başlarını kaldırdıklarında fark edebilecekleri bir yere yerleştirilmişti. Halı, bu kez, yüksek bir rafın üzerinde beliriyor ve izleyiciye Spitzer'in 1995'te Bienal kataloğunda kullandığı, rulolanmış, ülke, adi, altın, gelenek, yumuşak, tarih, geçici, gizli, yön, pis, yukarıda, gerçek gibi anahtar kelimelerle, İstanbul'un yaldızlı saraylarını ve görkemli tarihini çağrıştırmayı sürdürüyor. Spitzer'e göre halı, sınırları belli olan, insana evini, eşyalarını, kendine ait olan şeyleri, özel alanını hatırlatan bir nesne, ancak: "Halıya baktığımız zaman halının üstüne bakarız, bir de halının altı vardır. Halının altında olan şeyler genelde gizli olan şeylerdir, sakladıklarımız. Halının altında kir vardır; halının üstü temizlenir, altı ise kirli kalır. Halıyı yuvarlayıp köşeye koyarsanız başka bir anlam yüklemiş olursunuz."

İB

Born in Bucharest and settled in New York in the 1980s, Serge Spitzer has been producing a great body of permanent public works and large-scale temporary installations alongside drawings, photographs, sculptures and videos. The common ground underlying his oeuvre is the exploration of and reflection upon the shared universal "reality" which he pursues armed with a unique conceptual substance. The "reality" that unites and the boundaries that separate us occupy the centre of his works that, instead of telling a story or pointing something out, in his own words "imply" something. Spitzer's installations preserve their strong ties with everyday reality, expressing the artist's sensitivity about social and political issues through conceptual implications which are mostly conveyed with an ironic tone.

During the 4th International İstanbul Biennial (1995) curated by René Block, Spitzer placed his "Golden Carpet" underneath the dome of Hagia Sophia. It was long before, during a period of contemplation on issues like delimited space, deportation and history that the artist first began using carpets in different contexts. Producing a work especially in Istanbul that dealt with "the carpet," however, took on new meaning with regard to its cultural and philosophical connotations in Islamic culture and Turkish traditions. This machine-woven, gilded and rolled up carpet was placed at a height where it could be noticed by viewers when they looked up. This time, the carpet appears on a high shelf and continues to remind the viewers of the gilded palaces and magnificent history of Istanbul by evoking key words such as rolled, territory, base, golden, tradition, soft, history, temporary, hidden, direction, dirty, above, reality, as used by Spitzer in the Biennial catalogue in 1995. For Spitzer, the carpet is an object with clearly defined boundaries, reminding one of his home, his own stuff, belongings and private sphere, but: "When we look at a carpet, we look at its top; yet there's also the underside. The things under the carpet are generally kept secret, they are the things we hide. There is dirt under the carpet; you clean its top, but the underside remains dirty. When you roll up a carpet and put it in a corner, you give it new meaning."

İB

VKV-00117 ↪ 174
Altın Halı | Golden Carpet
1994-1995
4. Uluslararası İstanbul Bienali için üretildi | Produced for the 4th International İstanbul Biennial
Altın renkli yün halı | Gold coloured wool carpet
27 m^2
Fotoğraf | Photo © Hadiye Cangökçe

Superflex

Danimarkalı sanatçılar Rasmus Nielsen (∗1969), Jakob Fenger (∗1968) ve Bjørnstjerne Christiansen (∗1969), 1993'ten beri SUPERFLEX adıyla birlikte çalışıyorlar. Projelerinde güç ilişkilerini, üretim koşullarını ve kişisel organizasyonu sorguluyor, projelerine kendi verdikleri ad olan "araçlar" ile kullanıcının ekonomik üretim koşullarının sorgulanmasına katılımını talep ediyorlar. "Copy" adlı serilerinde SUPERFLEX copyright, ticari marka ve manevi mülkiyet sorunlarıyla uğraşıyor. Kopyalama yolu ile "yeni orijinaller" yaratıyorlar.

"Copy Right" enstalasyonunun (2007) birer beyaz ahşap kaide üzerinde sergilenen beyaz ve kahverengi sandalyesi, verniklenmiş yüzeylerle eğri bir kontrplaktan oluşuyor. "Myren" (karınca) modelinin taslağını 1952'de Danimarkalı tasarımcı Arne Jacobsen yaptı. Bu tasarım, mobilya üreticisi Fritz Hansen tarafından, endüstriyel seri üretim için yaratıldı ve dünya çapında en çok satan oturma mobilyalarından biri oldu. Başka üreticiler küçük değişikliklerle bu sandalyeyi sayısız defa çoğalttılar. Bu yapıtta sanatçılar, sandalyenin iki taklidini alarak testereyle biçimini düzelttiler. Bu müdahalenin kanıtı, ahşap kaidenin üzerinde, sandalyenin parlak krom kaplı dört bacağının yanında duran kesikler ve talaş tozları. Bu müdahaleyle SUPERFLEX, Jacobsen sandalyesine orijinal hatlarını geri kazandırmaya çalıştı. Böylelikle, fikri mülkiyet ve sanat nesnelerinin izinsiz çoğaltılmasına yönelik güncel tartışmalara katkıda bulunuyor.

KG

The Danish artists Rasmus Nielsen (∗1969), Jakob Fenger (∗1968) and Bjørnstjerne Christiansen (∗1969) have been working together under the name Superflex since 1993. Their projects interrogate power relationships, the conditions of production and self-organisation. With their "tools"—as Superflex dubs their projects—they call for users to actively question the economic conditions of production. In the "Copy" series, Superflex deals with the problems of copyrights, logos and intellectual property. They use copy processes to create their series of "new originals".

The white and brown chairs displayed on two white wooden pedestals in the installation "Copy Right" (2007) are made from single pieces of molded plywood with varnished surfaces. In 1952, Danish designer Arne Jacobsen created the model "Myren" (ant). The Fritz Hansen furniture company was licensed to manufacture the Ant chair. This model is one of the most widely sold pieces of seating furniture worldwide. Others have reproduced it countless times with slightly modified copies. In this work, the artists took a saw to two of these knock-off versions of the chair to amend the form. The evidence is visible in scraps of plywood and sawdust scattered around the four gleaming chromium-plated legs of the chairs. With this intervention, Superflex attempted to restore the original contours of the Jacobsen chair. In so doing, they contribute to the current debate about intellectual property and the unlawful reproduction of art objects.

KG

VKV-00190 ↪ 43
Copy Right
(Tek Sandalye, Beyaz Versiyon) |
Copy Right
(Single Chair, White Version)
2006
Beyaz ahşap sandalye, talaş, ahşap kesikleri, beyaza boyanmış ahşap platform, enstalasyon el kitabı |
White wooden chair, sawdust, wood cutouts, white painted wooden platform, installation manual.
85 × 90 × 90 cm
Ed. 2. AP/5+2 AP
Fotoğraf | Photo © Murat Germen

VKV-00191 ↪ 43
Copy Right
(Tek Sandalye, Kahverengi Versiyon) |
Copy Right
(Single Chair, Brown Version)
2006
Beyaz ahşap sandalye, talaş, ahşap kesikleri, beyaza boyanmış ahşap platform, enstalasyon el kitabı |
White wooden chair, sawdust, wood cutouts, white painted wooden platform, installation manual.
85 × 90 × 90 cm
Ed. 2. AP/5+2 AP
Fotoğraf | Photo © Murat Germen

Bülent Şangar

1965, Eskişehir (TR)
İstanbul'da yaşıyor ve çalışıyor.
Lives and works in Istanbul

Erken dönem işlerimde, kendimi ve yakın çevremi de kullanarak gazetelerin üçüncü sayfalarından, daha çok da orta sınıfın hayatından olayları kurguladım. Şiddet temelli resmi bir söylemle namus, utanç ve suç hallerinin bir tür kontrol ve baskı aracı olarak medya tarafından kullanılışını imlemek istiyordum. Toplumdaki kırılgan unsurlardan yine kendi çevremdeki kadınlar ve gençlerle çalıştım. Anlatının süreklilik göstermediği, baskı-kontrol altında tutulmuşluğun zihinlerde yarattığı boşluklara tekabül ettiği, takıntılı halde çoğaltılıp sıralanan görüntülerden oluşan fotografik seriler ürettim. Küçük farklarla tekrarlardan oluşan bu serilerdeki sinematografik unsurlara ve türetilen mimari formlara, müzik ve sinemaya olan ilgim üzerinden de bakmak mümkün.

Sistematize olmuş bir vicdanla davranma meselesini erken dönem "kurban serileri" (1994–2004) içinden düşündüm öncelikle. Sessiz yığınların tanıklığı ya da mobilize edilmesi, her türlü insansız üst söylemle kontrol altına alınması; sistem muhafazakârlığını ve suretsiz baskı sistemini sürekli güncellemekteydi. Ve hangi paradigmadan bakıldığıyla ilgili olarak, sisteme takılanlar da, onu olumlayanlar da kurban olarak niteleniyordu. Bu paradoksla, sonraki evrede ürettiğim ve özellikle pek çok anlamı olan "Suret" (kopya, yüz, tasvir, biçim, vs.) serileri, bu anlamda, zihniyet kalıplarını, meta-söylemlerle denetlenip cezalandırılan mülksüzlerin suçüstü hallerini ve kapanmayı imler.

BÜLENT ŞANGAR

My early works were put together with events compiled from "page 3" news and even more so, the lives of the middle class, also using myself and close circle of friends. I wanted to show how the media used an official discourse based on violence and incidents revolving around honour, shame and crime as weapons of control and oppression. I worked with women and young men around me, people who constituted fragile elements of society. I produced photographic series made up of obsessively reproduced images with no continuity in narration, matching the emptiness of mind which is typical of a controlled state. It is also possible to examine the cinematographic elements and derivative architectonic forms of these series that are made up of small variations and repetitions in the light of my interest in music and cinema.

I first considered the issue of acting with a systematised conscience during my early "victim series" (1994–2004). Turning the silent masses into witnesses or mobilising them, and controlling them by using all sorts of meta-discourses that did not involve man served to continuously update the conservatism of the system, and a system of faceless oppression. Depending on which paradigm was used, those who got caught in the system as well as those who supported it were victimised. In this sense, the "Suret" (copy, face, description, form etc.) series, which I produced during the next period and presents a multiplicity of meanings based on this paradox, refers to the "caught redhanded" predicament and closure of the dispossessed, who, controlled by mindsets and meta-discourses, are punished.

BÜLENT ŞANGAR

VKV-00074 ↪ 158–159
Suret
2003–2004
9 Fotoğraftan oluşan seri | Set of 9 photographs
9 × (100 × 67 cm)
Toplam | Total 300 × 201 cm

Cengiz Tekin

1977, Diyarbakır (TR)
Diyarbakır'da yaşıyor ve çalışıyor.
Lives and works in Diyarbakir.

Cengiz Tekin, çalışmalarında, aile, din, gelenek, ölüm gibi temel yaşamsal ve hatta mahrem konuların içinden küçük çatlaklar açarak, bu konuları farklı açılardan üzerine konuşulabilir hale getirir. Neredeyse kara mizaha varan bir doğrudanlıkla ürettiği çalışmaları, sanatın iç meselelerinden güncel politik olaylara kadar geniş bir yelpazede seyreder. Sanatçının yorganların arasındaki belli belirsiz bedeni ("İsimsiz", 2003), perdenin altından görülen çıplak bacakları ("İsimsiz", 2003), babasının oturduğu sedirin altından sarkan eli ("Sakin Durum", 2005) gelenekle ve klişelerle hesaplaşmanın gizlenmekle/gizlenememekle olan bağını açığa çıkarmaya yöneliktir.

"Serbest Vuruş" (2005) çalışmasına gelinceye kadar sanatçı, aile/gelenek meselesini evin içinde, saklayarak/maskeleyerek açığa çıkarır. "Serbest Vuruş"ta ise artık sahaya çıkma vakti gelmiştir. Artık aile ile yüzleşilmiş ve onun bir parçası olarak maça devam etmek gerektiğinin farkına varılmıştır. Sivil giysiler, çıkılan saha, golcünün forması, coğrafi ve etnik tanımlamaların ortasında aile, kazananı belirsiz bir oyuna davet edilmiştir. 2009'a gelindiğinde yine eve dönülür ("Normalizasyon", 2009) ama bu ev, ne yorganların arasına gizlenilen ne de babanın otoritesi altında ezilen evdir. Ev, neredeyse işgal edilmiştir. Kimliği belirsiz bir devlet görevlisi evin tam ortasını kazmaktadır. Ev, mahremiyetini kaybetmiş, şimdi bu adamın ne aradığını sordurur hale gelmiştir. Adamın bir mezar mı kazdığı bir hazine mi aradığı belirsizdir. Bu belirsizlik sanatçının aynı yıl ürettiği "Armağan" (2009) adlı çalışmasında da gözlenmektedir. Bir grup çocuğun elindeki bir poşet para havaya savrulmaktadır. Paranın çocuklara nasıl ulaştığı belirsizdir ve sanatçının derdi, paranın nereden geldiği değil nereye gittiğidir. Ne Doğu geleneğinin devamıdır bu "armağan" ne de çocukların kapitalizm karşıtlığı... Çocuklar bir poşet parayı havada kuşlarla dans ederken izlemenin harcamaktan daha keyifli olabileceğini fark etmişlerdir sadece...

AT

In his works, Cengiz Tekin prizes open small cracks in matters of a fundamental, vital and even private nature, such as family, religion, tradition and death, thereby making it possible to talk about them from different perspectives. His works, produced with a directness bordering on black humour, treat a broad range of subjects from the internal issues of art to current political events. The body of the artist, barely visible beneath the covers ("Untitled", 2003), his bare feet sticking out at the bottom of the curtains ("Untitled", 2003), his hand protruding from beneath the sofa his father sits on ("Calm Situation", 2005) are all attempts at exposing the connection hiding/an impossibility of hiding has with settling accounts with tradition and clichés.

Until "Free Kick" (2005), the artist exposes the family/tradition issue by hiding or masking it inside the home. With Free Kick, the time has come to set forth into the field. He has now come to terms with his family and realised that he must carry on with the game as an integral part of it. The family is invited to a game with no clear winner, surrounded by civilian clothes, the field, the uniform of the scorer and geographical and ethnic descriptions. In 2009 it is time to go back home ("Normalisation", 2009), but this home is not the one where he hid under the covers or was crushed under his father's authority. The house now appears to be practically under occupation. An unidentified state official is digging a hole right in the middle of the house. The home has lost its privacy, and the question now is about what the man is doing here. It is unclear whether he is digging a grave, or looking for some treasure. The same uncertainty is observable in "Potlatch" (2009), produced the same year. A group of children are scattering around a bagful of money. It is unclear how they got hold of the money, and the artist is not interested in where the money came from, but rather where it is going. This "present" is neither the continuation of the Eastern tradition nor the children's opposition to capitalism... It's simply that the children have realised it will prove far more enjoyable to watch the bills dance in the air with the birds than to spend it...

AT

VKV-00078 ↪ 62
Sakin Durum | Calm Situation
2005
C-print
70 × 105 cm
Ed. 1/5

VKV-00239 ↪ 61
Serbest Vuruş | Free Kick
2005
C-print
83 × 125cm
Ed. 1/5

VKV-00240 ↪ 60
Armağan | Potlatch
2009
C-print
83 × 125cm
Ed. 1/5

VKV-00241 ↪ 63
Normalizasyon | Normalisation
2009
C-print
99 × 134 cm (çerçeveli | framed)
Ed. 1/5

Endre Tót

1937, Sümeg (HU)
Köln'de yaşıyor ve çalışıyor.
Lives and works in Cologne.

Endre Tót dili ve sanatın bağlamını, sunum ve temsilin diyalektiğini, sanatçının rolünü ve resmin olanaklarını mizah duygusu ve yaratıcılıkla araştırıyor.

Yokluk, boşluk ve hiçlik fikirleriyle yüzleşmek, yapıtlarının yinelenen ana temalarından biri. Bu konuyla ilgisi başlangıçta kendi yaşamından kaynaklanmışsa da —Tót Demir Perde nedeniyle Batı sanatının gelişiminden kopuk kalmıştı— bugün, aşırı görsel yükleme çağında tutarlı bir biçimde uygulanmış bir konsept haline dönüşmüş durumda. Sanatçının 1970'lerden beri çok farklı yapıtlarda ve "Namevcut Resimler" ve "Kararan Resimler" gibi serilerde kullandığı hiçlik, "sıfır" sözcüğü ve "0" sayısıyla düz bir görsellik kazanıyor. Bunlar için ünlü sanatçıların yapıtlarını, önemli olayların basın fotoğraflarını ya da ünlü kişilerin portrelerini seçiyor ve yerlerine, "Adem ile Havva (A. Dürer'den esinlenerek)" (2005/06) adlı yapıtında olduğu gibi tamamen aynı boyutlara sahip boş kupür yüzeyler ya da kontur çizgileri koyuyor. Mesaj artık imgenin kendisi değil, orijinale gönderme yapan metin. Tót bu şekilde izleyenlerin görsel belleğini sorguluyor ve anılarını canlandırıyor. Resimleri, göstergelere benzer birer yer tutucu haline geliyor; yaratıcılık edimini ve sanatın algılanış biçimini eleştiriyorlar.

BH

With humour and imaginativeness, Endre Tót explores language and the context of art, the dialectic of presentation and representation, the role of the artist, and the possibilities of painting.

Coming to terms with the ideas of absence, emptiness and nothingness has been a recurring and central motif in his works. While his initial involvement with this subject was due to his own life circumstances—the Iron Curtain had isolated Tót from the development of Western art—today, in an era of visual overload, it has assumed the form of a concept applied with good measure. Nothingness is granted a form for literal visualisation with the word zero and the digit 0, which he has used in very diverse types of works since the 1970s, and in the series of "Abwesende Bilder" (Absent Pictures) and "Blackout Paintings". For these, he selects works of well-known artists, press photos of prominent events, or portraits of famous people, replacing them with black, empty and cut-out surfaces or contour lines with identical dimensions, as in the work "Adam und Eva (nach A. Dürer)" (2005/06). Now, the messenger is no longer the image itself, but the text, which refers to the original. In this way, Tót questions the viewers' visual recall, and stimulates their memories. His pictures become placeholders with the character of indicators; they make a critical assessment of the practice of authorship and the perception of art.

BH

VKV-00186 ↪ 107
Adam im Paradies ohne Eva
Adem Cennette, Havvasız |
Adam in Paradise without Eve
2005
Tuval üzerine akrilik | Acrylic on canvas
150 × 100 cm
Fotoğraf | Photo © Uwe Walter, Berlin

VKV-00185 ↪ 106
Adam und Eva (nach A. Dürer)
Adem ile Havva
(A. Dürer'den esinlenerek) |
Adam and Eve (after A. Dürer)
2005/06
Tuval üzerine akrilik | Acrylic on canvas
200 × 150 cm
Fotoğraf | Photo © Uwe Walter, Berlin

Nasan Tur

1974, Offenbach (DE)

Berlin'de yaşıyor ve çalışıyor.
Lives and works in Berlin.

Nasan Tur, ilişkilerin uçsuz bucaksız sahasında bırakılmış ayak izlerinin peşinden giden biri olarak tanımlanabilir: Bireyler arası ilişkiler, siyaset ve toplum arasındaki, gerçek ve hayal arasındaki, sanat ve gözlemci arasındaki ilişkiler. Sanatçı bu ilişkilerin çeşitli yönlerini araştırıyor, burada da beden, hareket, edim ve konuşma önemli birer rol oynuyor. Hareket ve donmuş anlar arasındaki etkileşimde Tur tekil anları yalıtmaya ve böylece bu ilişkilerde dile getirilemeyeni açığa çıkarmaya çalışıyor.

Tur'un yapıtında sürekli olarak yinelenen bir tema, bedenle kentsel ya da toplumsal çevre arasındaki ilişki. "Kollar" (2006) başlıklı çalışmasında sanatçı bize hareketler sunuyor. Bu yapıtın özgün malzemesi, konuşma yapan politikacıların uluslararası basında çıkmış fotoğraflarıydı. Tur dirsekten aşağısını ve elleri ayrıntılı olarak gösteriyor, eller yumruk oluyor ya da zafer işareti yapıyor, ve böylece bir mesaj ya da ideoloji hakkında bilgi veriyor. Özgün siyasal bağlamından koparılan bu hareketler yine anlaşılır olmayı sürdürse de kişisel olmaktan çıkıyor. Özgürleşerek bir takım siyasi beyanların cesur niteliklerinin metaforları haline geliyorlar.

BH

One might describe Nasan Tur as an explorer examining the footprints left in the vast field of relationships: relationships between individuals, between politics and society, between reality and imagination, between art and the observer. The artist investigates the various aspects of these relationships, where body, gesture, action and speech play central roles. In the interplay between movement and frozen instances, Tur attempts to isolate single moments, and thus reveal that which is inexpressible in these relationships.

A constantly repeated theme in his work is the issue of the relationship between the body and the urban or social environment. In "Arms" (2006), the artist presents us with gestures. The original material for this work was international press photos of politicians giving speeches. Tur provides detailed depictions of the lower-arms and hands, where the hands form a variety of gestures, like a fist or a victory sign, thereby giving information about a message or ideology. By taking them out of their original political context, the gestures, though they remain understandable, are de-personalised. Liberated, they become metaphors for the bold quality of some political statements.

BH

VKV-00082 ↪ 180–181
Kollar | Arms
2006
15 fotoğraftan oluşan seri | Series of 15 photos
C-Print
Her biri 250 × 100 × 6 cm each
Ed. 5+2 AP
Fotoğraflar | Photos © Nasan Tur

Ben Vautier

1935, Napoli | Naples (IT)

Nice'te yaşıyor ve çalışıyor.
Lives and works in Nice.

Ben Vautier, happening'ler ve eylem sanatı yoluyla yaşamı ve sanatı kışkırtıcı biçimde birbirine bağlamaya gayret gösteren Fluxus hareketinin Fransa'daki öncülerinden sayılıyor. Arman, Yves Klein ve George Maciunas gibi Nouveau Réalisme (Yeni Gerçekçilik) sanatçıları ile birlikte Vautier, günlük yaşamın gerçekliğini en baştan sorgulamak ve kendi kişiliği ile birlikte onu sanata dönüştürmek için farklı nesneler ve malzemelerle deneyler yaptı. Vautier'nin yapıtlarında söz ve yazı, özellikle de imza, merkezi bir önem taşıyor; resimler sanatçının kişisel ifadelerine dönüşüyor. Yazı biçiminin form ve dil üzerinde yoğunlaşması ve cümle ve düşüncelerin basit görünen yapısı ana renklere, genellikle de siyah ve beyaza indirgeme yoluyla güçlendiriliyor. Sanatçı, farklı dillerde izleyici ile diyalog kurmaya çalıştığı bu yazılı resimlerde mizah, kendine yönelik ironi ve felsefi düşünceyi kendine özgü bir biçimde buluşturuyor. Vautier, sanatın sadece bir imza ve tarih meselesi olduğunu iddia ederken (1972), sanatçı olarak konumunu, sanat pazarının işleyişini ve yaratıcı deha olarak sanatçı fikrini ironik bir biçimde sorgulamak için bilinçli olarak kullanıyor.

KK

Ben Vautier is among the pioneers of the Fluxus movement in France, which sought to connect art and life in provocative ways through Happenings and events. Together with artists of Nouveau Réalisme such as Arman and Yves Klein, and with George Maciunas, Vautier experimented with the most varied kinds of materials and objects to pose fresh questions about everyday reality and to transform those elements, as well as himself, into art.

Words and script, especially the signature, take on central significance in Vautier's works; pictures become personal statements by the artist. The condensed form and language in the text paintings, and the seeming simplicity of the sentences and thoughts, is intensified by a reduction to neutral colours—usually black and white. In these written images, with which the artist seeks dialogue with the viewer in different languages, he combines humour, self-irony and philosophical reflection in a special way.

When Ben Vautier maintains that art is only a question of signature and date (1972), he consciously uses his position as an artist to question, tongue in cheek, the mechanisms of the art market and the idea of the artist as a creative genius.

KK

VKV-00335 ↪ 89
Sanat sadece bir imza ve tarih meselesidir | Art is only a question of signature and date
1972
Kağıt üzerine serigrafi |
Silkscreen print on paper
59 × 42 cm (çerçevesiz | without frame)
Ed. 100
Fotoğraf | Photo © Uwe Walter, Berlin

VKV-00275 ↪ 88
Kunst
Sanat | Art
1971
Kağıt üzerine serigrafi |
Silkscreen print on paper
50 × 70 cm (çerçevesiz | without frame)
Ed. 30/100
Fotoğraf | Photo © Uwe Walter, Berlin

VKV-00336 ↪ 90
Piyanoda bir şeyler çal |
Play a tune on the piano
1972
Kontrplak üzerine sentetik boya |
Synthetic art colour on plywood
50 × 137 cm
Fotoğraf | Photo © Uwe Walter, Berlin

Wolf Vostell

1932, Leverkusen (DE) – **1998, Berlin** (DE)

Wolf Vostell, 1958'de Paris'te "Tiyatro Sokaktadır" başlığıyla ilk happening'ini gerçekleştirdi. Allan Kaprow'la beraber, izleyicileri dolaysız biçimde içine alan, günlük yaşama yakın eylemlere ve durumlara dayanan sanatsal eylem biçiminin öncülerindendi. 1960'lı yılların başında Vostell, Almanya'daki Fluxus hareketinin ana karakterleri arasındaydı ve 1962'den 1969'a kadar sanatçı meslektaşlarının oyunlarını, partisyonlarını ve kavramlarını yayımladığı *dé-coll/age—Bulletin aktueller Ideen* dergisini çıkardı.

Toplumsal ve politik gelişmeler ve olaylar Vostell'in genellikle dekolajlardan, ara eylemlerden, *Environment*'lardan ve nesnelerden oluşan kapsamlı çalışmalarının başlangıç noktasını oluşturuyordu.

Vietnam Savaşı ile mücadelede 1967'den beri "Phantom" (1968), "B 52" (1968) ve "B 52 (ruj bombardıman uçağı)" (1968) gibi bir dizi nesne resmi ortaya çıktı. Kabaca taranmış serigrafiler basından alınmış ve ABD ordusu tarafından Vietnam Savaşı'nda kullanılmış savaş uçağı Phantom'u ya da uzun menzilli bombardıman uçağı B 52'yi gösteren fotoğraflara dayanıyor. Bu bombardıman uçakları ruj ya da çikolata gibi tüketim malları attıklarında ya da "Phantom" ampullerle aydınlatılıyor gibi göründüğünde Vostell'in nesne resimleri Amerikan savaş politikasına eleştirel bir yorum niteliği kazanıyor. Reklam sloganı "You are in the Pepsi Generation" (Pepsi Kuşağındasınız", 1966) Vostell'in aynı adlı kolajında Amerikan ordusunun esir aldığı ağzı bağlı bir Vietnamlıyı gösteren 1965 tarihli bir *Life* dergisinin kapağıyla beraber okunduğunda kökten bir anlam kaymasına uğruyor.

BE

In 1958, Wolf Vostell realised his first Happening in Paris under the title "Das Theater ist auf der Straße" (Theater is in the Street). Along with Allan Kaprow, he was one of the pioneers of this form of action art, which directly involves the audience in activities and situations based on everyday life. Early in the 1960s, Vostell was among the protagonists of the

Fluxus movement in Germany, and from 1962 to 1969 he edited *dé-coll/age—Bulletin aktueller Ideen*, in which he published pieces, scores and concepts by artist colleagues.

Social and political processes and events are often the starting point for Vostell's extensive body of work, which encompasses dé/collage, intermedia actions, Environments and objects.

Starting in 1967, Vostell created a series of object-pictures such as "Phantom" (1968), "B 52" (1968) and "B 52 (Lippenstiftbomber)" (1968) in response to the Vietnam War. The grainy silkscreen prints are based on press photographs depicting the Phantom fighter plane and the B 52 long-range bomber deployed by the U.S. Army in that war. When consumer goods like lipsticks or chocolate bars rain down from these bombers, or when light bulbs appear to illuminate the Phantom, Vostell's object-pictures become a critical comment on American war policy. The advertising slogan "You are in the Pepsi Generation" also assumes a significantly different interpretation in the collage of the same name (1966), where it is shown juxtaposed with a 1965 *Life* magazine cover depicting a gagged Vietnamese prisoner of the U.S. marines.

BE

VKV-00337 ↪ 182
Phantom
1968
Mukavva üzerine serigrafi, elektrikli ampuller, pleksiglas kapaklı ahşap kutu | Silkscreen print on cardboard, electric light bulbs, wooden box with Plexiglas cover
Ed. 3/3
100 × 120 × 10 cm
Fotoğraf | Photo © Uwe Walter, Berlin

Emmett Williams

1925, Greenville, Güney Carolina | South Carolina (US) **– 2007, Berlin** (DE)

"Yaşam bir sanat eseri, sanat eseri de yaşamdır. Fluxus bütün bir ömrü bir müzik parçası olarak, müzikal bir süreç olarak görürdü." Emmett Williams'ın Fluxus'un karakteristik özelliğini betimlerken kullandığı sözler, sanatçının güzel sanatlar alanındaki kendine has, çok yönlü yaratıcılığı, yazarlığı ve performans sanatçılığı için de kullanılabilir. 1962 yılında Wiesbaden'da düzenlenen ilk Fluxus Festivali'ne katılmasından beri, hayata yönelik esprili ve poetik bakışı yalnızca Fluxus'un vakanüvisliğini yaparken değil, başka birçok alanda da ortaya çıktı ve harekete yön veren öncü sanatçılardan biri oldu.

"Asker/Öl" (1970) gibi serigrafilerinde, kelimelerin teşrih edildiği, yorumların önerildiği türden somut bir şiir anlayışına ne kadar yakın olduğu görülebilir. "'A Yolculuğu' İçin Etüt" (1979) isimli yapıtında da Williams sözlerin çok anlamlılığıyla oynuyor ve "a" harfinin görsel niteliklerini —harfe tanınmayacak hale gelene kadar mikroskopla yaklaşarak— araştırıyor. "Richard Hamilton Bir Moteli Etüt Ediyor" (1982) ve "Richard Hamilton 982" (1982) isimli çalışmalarında Emmett Williams, Hamilton'ın "İç mekânlar 1964–79" isimli kataloğu için hazırlanan deneme baskılarını montajladı. Bu montajların arasında arkadaşı ve meslektaşı Hamilton'ın bir portresi ve işlerinin baskı sırasında üzerine başka motifler basılmış resimleri vardı. Emmett Williams pek çok sanatçı meslektaşıyla çeşitli portre ve seri yapıtlarında birlikte çalıştı. Bir yayıncı arkadaşını konu ettiği "Barry Seace'in Karşı-Portresi" isimli çalışması, Fluxus'un kendisini gördüğü gibi, yani Karşı-Sanat olarak görülebilir.

BE

"Life is a work of art, and the work of art is life. Fluxus saw all of life as a piece of music, as a musical process." Emmett Williams' description of a characteristic feature of Fluxus is directly applicable to his own multi-faceted body of work as a visual artist, writer and performer. He participated in the first Fluxus Festival in Wiesbaden in 1962, and remained one of the movement's leading lights, whose droll and poetic view of life also imbued Williams's own literary activity as the chronicler of Fluxus.

An affinity with concrete poetry is evident in silkscreen prints such as "Soldier" (1970), where words are dissected and interpretations proposed; Williams also plays with the ambiguities of words in "Study for 'A Journey'" (1979), sending the letter "a" off to investigate its visual qualities —a microscopic approach that leads to the letter's disintegration. In "Richard Hamilton Studies a Motel" (1982) and "Richard Hamilton 982" (1982), Emmett Williams creates montages of page proofs made in the production of Hamilton's catalogue Interiors 1964–79. They include a portrait of his friend and colleague Hamilton and pictures of his works that, in the course of the printing process, have been printed over, by other motifs. Emmett Williams worked with a number of different artist colleagues and referred to them in his works, in a variety of portraits and series. And the "Anti-Portrait von Barry Seace" (1976), which includes reference to a printer friend, can be viewed the way Fluxus saw itself, as anti-art.

BE

VKV-00277 ↪ 129
"A Yolculuğu" için Etüt |
Study for "A Journey"
1979
Beyaz mukavva üzerine 10 fotokopi |
10 photocopies on white cardboard
59,5 × 80 cm
(çerçevesiz | without frame)
Fotoğraf | Photo © Uwe Walter, Berlin

VKV-00276 ↪ 128
Asker/Ölü | Soldier
1970
Mukavva üzerine serigrafi |
Silkscreen print on cardboard
59 × 44,5 cm
(çerçevesiz | without frame)
Fotoğraf | Photo © Uwe Walter, Berlin

VKV-00341 ↪ 130
Richard Hamilton 982
1982
Sanatçının beyaz mukavva
üzerine monte edilmiş baskıları |
Artist's proofs mounted on
white cardboard
42 × 74 cm (çerçevesiz | without frame)
Fotoğraf | Photo © Uwe Walter, Berlin

VKV-00342 ↪ 131
Richard Hamilton Bir Moteli
Etüt Ediyor |
Richard Hamilton Studies a Motel
1982
Sanatçının beyaz mukavva
üzerine monte edilmiş baskıları |
Artist's proofs mounted on
white cardboard
50 × 70 cm (çerçevesiz | without frame)
Fotoğraf | Photo © Uwe Walter, Berlin

Maaria Wirkkala

1954, Helsinki (FI)
Espoo'da yaşıyor ve çalışıyor.
Lives and works in Espoo.

"Çalışmanın ön koşulu bir durumu izlemek ve onu çıkış noktası olarak kullanmakta yatıyor." Maaria Wirkkala temel öğeleri uzam, zaman ve dil olan, ve genellikle mekâna özgü enstalasyonlardan oluşan çalışmalarının amacını böyle anlatıyor. Tutumlu ama iyi düşünülmüş, yoğun düzenlemelerle iç ve dış mekânları incelikle harekete geçiriyor. Genellikle anlatılmamış hikâyeleri barındıran bulunmuş objeleri ya da gündelik nesneleri koridorlar, köprüler, meydanlar ya da limanlar gibi geçiş alanlarına yerleştiriyor. Böylelikle mekânlar 4. Uluslararası İstanbul Bienali'ndeki "Unaccompanied Luggage" (Terk Edilmiş Bagaj, 1995) adlı çalışmasında olduğu gibi kişisel ve kolektif belleklerde anılar ve çağrışımları serbest bırakan sembolik anlamlar yükleniyor. Tarihi Yerebatan Sarnıcı'nda, kullanılmış erkek ayakkabıları, bir sandalye ve birkaç çift çocuk botu şiirsel-melankolik bir *Environment*'ın parçalarına dönüşmüştü. Yalnızca müzik ile sanat arasındaki ilişkiyi sorgulamakla kalmayıp sanatçının anılarını da aktaran "Sahne Arkası"nın (2009) temel konularından biri de zaman. Kuyruklu piyano, Joseph Beuys'un Wirkkala için kişisel bir anlam taşıyan "Klavier-Oxygen" (1985) çalışmasına gönderme yapıyor. "Sahne Arkası"ndaki duvar kağıdını tanınmış bir Finli tasarımcının kızı olarak gençlik yıllarında kendisi tasarlamış; zebra, başka bir önemli çalışmasında da görülüyor. Maaria Wirkkala'nın çalışmaları geleneksel anlamda sanatsal nesneler değil, daha çok dilin ulaşabildiği alanın dışında kalan semboller ve işaretlerle işleyen kurgulanmış imgeler.

BH

"The prerequisite for working consists of observing a situation and using it as a starting point." This is how Maaria Wirkkala describes the intention of her works, often site-specific installations, whose central elements are space, time and language. Through sparing but well thought-out and highly condensed arrangements, she energises interiors and outdoor spaces in subtle ways. She often makes use of transitional areas such as corridors, bridges, plazas or ports, in which she places found objects or everyday things that hold untold stories. The sites are thus charged with symbolic meaning, evoking recollections and associations in personal as well as collective memory, as for instance in her work "Unaccompanied Luggage" at the 4th International İstanbul Biennial (1995). In the ancient Yerebatan Cistern, worn men's shoes, a chair and a pair of children's boots formed the components of a poetic melancholy Environment. Time, in a certain way, is also a defining theme of the work "Backstage" (2009), which deals not only with the relation between music and art, but also speaks of the artist's memories: the grand piano refers to the work "Klavier-Oxygen" (1985) by Joseph Beuys, which has a very personal meaning for her. Wirkkala, the child of a famous Finnish designer, created the design for the wallpaper used in "Backstage" as a young girl; the zebra seen there is also featured in another of her important works. Maaria Wirkkala's works are not art objects in the conventional sense; rather, they are constructed images that work with symbols and signs that lie beyond the realm of language.

BH

VKV-00237 ↪ 42
Sahne Arkası | Backstage
2009
Piyano parçaları, duvar kağıdı,
plastik zebra | Parts of Piano forte,
wallpaper, plastic zebra
Fotoğraf | Photo © Peter Anders, Berlin

www.arter.org.tr